Fidel Castro
y el
Directorio
Revolucionario

José Álvarez, Ph.D.

ISBN: 1541276701
ISBN-13: 978-1541276703

A los mártires del
"Directorio Revolucionario 13 de Marzo".

Y al recuerdo lacerante
De aquella tarde de miércoles
Cuando, fuera de propósito,
Estuve a escasos pasos del cadáver
De su fundador tirado en la calle.

ÍNDICE

TABLAS

ILUSTRACIONES

Fidel Castro y el Directorio Revolucionario

AGRADECIMIENTOS

Un libro es el producto del esfuerzo de muchas personas. Este proyecto no es una excepción.

Entre todas ellas quiero agradecer de manera especial a Francisco J. Proenza, José (Pepe) Vázquez y Daniel Estevill.

Estoy en deuda con Lucy Echeverría Bianchi, hermana de José Antonio, fundador y jefe del Directorio Revolucionario, mártir del 13 de marzo de 1957. Sin su apoyo moral, sus gestiones y la ayuda financiera de la Fundación que dirige, este manuscrito no hubiera podido convertirse en libro.

La FUNDACIÓN JOSÉ ANTONIO ECHEVERRÍA, una organización sin fines de lucro, donó los fondos necesarios para costear la impresión de este libro y facilitó varias gestiones.

Gracias a mi esposa Mercy por seguir apoyándome a pesar del largo tiempo que lo viene haciendo.

LISTA DE ACRÓNIMOS

BI   Buró de Investigaciones

BRAC   Buró para la Represión de Actividades Comunistas

CIA   Central Intelligence Agency
            Agencia Central de Inteligencia

CRI   Cuban Research Institute
            Instituto de Investigaciones Cubanas

CTC   Confederación de Trabajadores de Cuba

DGI   Dirección General de Inteligencia

DN   Dirección Nacional

DNO   Dirección Nacional Obrera

DR   Directorio Revolucionario

DR-13   Directorio Revolucionario "13 de Marzo"

FCR   Frente Cívico Revolucionario

FECEP   Federación Estudiantil de Centros de Enseñanza Privada

FEU   Federación Estudiantil Universitaria

FIU   Florida International University
            Universidad Internacional de la Florida

FON   Frente Obrero Nacional

GARE   Grupo Arquitectónico de Renovación Estudiantil

ICAIC   Instituto Cubano de Arte e Industria Cinematográficos

JAE   José Antonio Echeverría

JLC   Junta de Liberación Cubana

MINFAR Ministerio de las Fuerzas Armadas

MININT Ministerio del Interior

MNR   Movimiento Nacional Revolucionario

MRC   Movimiento de Resistencia Cívica

M-26-7 Movimiento 26 de Julio

OA   Organización Auténtica

OAH   Oficina de Asuntos Históricos del Consejo de Estado

ORI   Organizaciones Revolucionarias Integradas

PSP   Partido Socialista Popular

SIM   Servicio de Inteligencia Militar

UIR   Unión Insurreccional Revolucionaria

URSS   Unión de Repúblicas Socialistas Soviéticas

LA NECESIDAD DE REPENSAR LA HISTORIA

El día que Fulgencio Batista tomó el poder por la fuerza en la madrugada del 10 de marzo de 1952, yo tenía once años de edad y era un estudiante de sexto grado, interno en un colegio católico de Santiago de Cuba. Cuando la noche cayó sobre la ciudad, ya en manos de los usurpadores, me encontraba observando desde una de las ventanas del dormitorio a la muchedumbre reunida en el cercano Parque Céspedes.

A pesar de mi corta edad, como me preocupaba el futuro de Cuba, me involucré en la lucha contra la dictadura, especialmente después de fundarse el Movimiento 26 de julio en el verano de 1955. Cuando Batista huyó el primero de enero de 1959, yo acababa de cumplir 18 años. El tiempo entre esas dos fechas estuvo repleto, primero, con las acciones de un niño pretendiendo ser adulto y luego con las de un adulto a quien le habían robado su adolescencia. Al cabo de casi siete años de lucha sentí que podía compartir la frase de Baudelaire: "Tengo más recuerdos que un hombre milenario".

La felicidad fue compartida por casi todos los cubanos. Fuimos testigos del deseo del pueblo de construir un país mejor, de fortalecer la nación cubana. Esa unidad de criterio no duró mucho. La lucha con mi familia, algunos de mis amigos, y mi fuero interno duró casi tres años.

El sueño estaba intacto, pero la realidad se mantenía golpeando duro y yo estaba preocupado por las medidas que se ejecutaban que eran contrarias a la agenda revolucionaria, como la habíamos entendido durante la rebelión: las elecciones prometidas fueron suspendidas indefinidamente, la toma de los sindicatos por dirigentes comunistas era sancionada por el gobierno, la nacionalización del sistema educacional y la confiscación de la propiedad privada independientemente de la probidad de su origen sembraban la duda de manera constante. Otro aspecto que me molestaba era la denigración de quienes se negaban a continuar apoyando al régimen, incluso aquellos cuyas credenciales de revolucionarios eran incuestionables, como era el caso del comandante Huber Matos y otros en un número cada vez mayor. Muchos de mis íntimos amigos decidieron abandonar el país. Otros regresaron a la lucha armada, ahora contra el gobierno que habían ayudado a triunfar. Algunos de estos últimos terminaron en la cárcel o frente a un pelotón de fusilamiento.

Busqué y encontré la tranquilidad en mi fe inquebrantable: los sacrificios del pasado no podían haber sido en vano. Las injusticias individuales tenían que considerarse en contexto, como pequeñas imperfecciones o las manchas temporales en el sol mencionadas por José Martí. La realización del proyecto revolucionario de Cuba compensaría con creces los inevitables errores cometidos ante los enormes desafíos.

Ese era mi estado mental hasta la primera noche de diciembre de 1961 cuando, dirigiéndose a todo el país, Fidel Castro proclamó el carácter comunista de su revolución y confesó que había sido marxista-leninista durante la mayor parte de su vida. La "revolución insospechada," –como la llamó Mario Llerena—había llegado a su fin. El indecente desviste ideológico de Castro, lleno de oportunismo, fue la gota que derramó la copa de mis ocultas desavenencias. No hay peor muerte que el fin de la esperanza, y no había ya ninguna para que la revolución volviera a su curso original. Resultaba obviamente doloroso que Fidel Castro estaba decidido a ir tan lejos como fuera necesario y a hacer lo que fuera necesario para mantener el poder absoluto que había adquirido.

Llegaba así el final de mi lealtad al régimen de casi tres años en el poder. Las playas de la Habana del Este ofrecieron sus arenas a un hombre roto una semana antes de cumplir 21 años. Mi análisis de los últimos acontecimientos, junto con el comportamiento de Castro, me llevaron al convencimiento de que en realidad Castro no estaba confesando su fe en el comunismo sino que proclamaba una nueva doctrina: el castrismo –lo cual hacía la situación aún peor, porque el país quedaba a su merced.

Después de mucho reflexionar encontré fuerzas para volver a casa y enfrentar al mundo y a mi familia. Contrario a mis expectativas, encontré amor y comprensión en el hogar, pero lo opuesto afuera. Durante más de siete años antes de que finalmente pudiera abandonar el país, fui condenado al ostracismo, rechazado y discriminado, principalmente por oportunistas que ni habían participado en la lucha contra la dictadura de Batista.

Desde entonces me interesó saber CUÁNDO la revolución se había desviado de su curso original, si es que algún día lo tuvo. Luego me pregunté QUÉ había realmente sucedido. Quería averiguar qué o quién me había quitado la adolescencia y parte de mi juventud y se había robado las vidas de tantos amigos y conocidos. Había más. Estaba consciente de que la necesidad de buscar la verdad no era una empresa individual. Era un esfuerzo colectivo, una motivación de los miembros de mi generación y otras anteriores. Necesitábamos averiguar. La experiencia de los años 50, y su secuela, habían abrumado a mi pueblo, y debíamos buscar una explicación y una salida.

Necesitaba saber la verdad, no la interpretación política que se cambia como el vaivén de los vientos, o que brotan de profundas heridas que obstaculizan una evaluación objetiva. Salí en busca de la verdad total, llana y real, sin importarme cuán dolorosa o cuán alejada de mis creencias anteriores o actuales o de las interpretaciones históricas pudieran resultar. Y busqué la verdad con la misma pasión de antes. Todo lo que pudiera esperarme no era de gran preocupación. Demasiados años, la mayoría de ellos fuera de la isla e inmerso en la vida de una universidad liberal estadounidense, me habían dado la facultad de analizar los hechos a cierta distancia. No iba a experimentar de nuevo la debacle que siguió a la confesión de Castro en 1961. Y aquí necesito agregar una advertencia: la liturgia no incluiría un exorcismo de mi pasión por Cuba. "Cuba es" – en palabras de Guillermo Cabrera Infante—"un paraíso del que huimos tratando de regresar" y todavía no sólo amo sino tengo fe en Cuba y en los cubanos. He escuchado hasta el aburrimiento a personas decirme que han pasado muchos años y a muy pocos les interesan estos tópicos. Les respondo con las palabras de un político norteamericano[1] que, en 1980, después de una larga vida dedicada a las causas justas, dijo: "… el trabajo continúa, la causa perdura, la esperanza vive todavía y el sueño nunca morirá".

Por todo lo anterior se hace necesario repensar la historia. El mismo Fidel Castro[2] lo expresó bien claro, desde su punto de vista:

> Cuando se escriba la historia real de esta lucha, y se confronte cada hecho ocurrido con los partes oficiales del régimen, se comprenderá hasta qué punto la tiranía es capaz de corromper y envilecer las instituciones de la república… ¿Qué les importa, después de todo a los déspotas y verdugos de los pueblos la desmentida de la historia? Lo que les preocupa es salir del paso, aplazar la caída inevitable…

Resulta interesante comparar las palabras de Castro con el juicio que hizo su amigo de toda la vida Alfredo Guevara en una entrevista concedida unos meses antes de morir.[3] "Yo no sé cómo nos van a juzgar; debía saberlo porque ya empezaron y puedo sentir que van a ser muy agudos y a veces crueles, injustos". Se refiere entonces al libro *Fidel Castro Ruz: Guerrillero del tiempo*, de Katiuska Blanco Castiñeira:

> …y no le voy a mandar una carta diciéndole que las cosas no fueron de la manera en que él las está contando. Pienso que él tiene su versión y yo tengo la mía; pero no quiero ninguna contradicción. Quiero ser muy cuidadoso, yo tengo miedo… No es que esté cambiando la Historia pero es que se pone a hablar y a hablar… como hacen los viejos, que se les olvidan las cosas.

Tratando de poner la Historia en su correcto lugar comencé mi labor con *Principio y fin del mito fidelista,*[4] *Frank País y la revolución cubana,*[5] *Frank País:*

---

[1] Edward Kennedy durante la Convención del Partido Demócrata de 1980 (http://www.americanrhetoric.com/speeches/tedkennedy1980dnc.htm).
[2] Blanco Castiñeira (2012b: 479).
[3] Ver http://www.letraslibres.com/mexico-espana/entrevista-alfredo-guevara.
[4] (2008).
[5] (2009a).

Architect of Cuba's betrayed revolution,[6]*Anatomía de un incendio,*[7]*Fidel Castro's agricultural follies: absurdity, waste and parasitism,*[8] *Tu libertad no es mía,*[9] y otros en proceso, además del documental *Doble asesinato: Frank País y la revolución cubana,* de dos horas de duración y accesible en You Tube.

Resulta obvia la ausencia de una obra que ponga al descubierto el desprecio que sentía Fidel Castro por los dirigentes del Directorio Revolucionario y todo cuanto hizo por mantenerlos alejados del poder al principio y tenerlos bajo su dominio después. Este libro intenta continuar el escaso análisis que se ha hecho de tan importante tópico.

Por último, existía un motivo más personal para emprender ese proyecto de investigación: mis padres. Quería decirles cuánto sentía haber sido parte de la convulsión que puso fin al bienestar económico y la felicidad de nuestra familia y la de muchas familias cubanas.

Tener una suscripción y la lectura diaria del *Diario de la Marina* no los hizo reaccionarios. Ganar dinero trabajando horas interminables en un negocio honesto e invertir los retornos sabiamente no era un crimen contra la clase trabajadora. Mi capacidad para analizar lo que consideraba la realidad cubana en aquel momento había sido producto de mis estudios en las mejores escuelas pagadas por mis padres. Quiero decirles cuánto les debo.

Mis padres no podrán leer los resultados de mi investigación. Mi padre murió de tristeza a los 68 años, dos años después de su llegada a los Estados Unidos en 1969, cuando comprendió que el regreso iba a tomar demasiado tiempo. El emigrante español amaba tanto a Cuba que no podía vivir lejos de ella. Mi madre murió años después, a los 94, y ya estaba incapacita para leer. Poco antes de su muerte, en uno de sus momentos de lucidez, le recordé a Cuba. "¿Deseas volver?", le pregunté. Sus ojos brillaron y pudo abrir su boca para decirme: "¡Sí!" La abracé y lloramos juntos..

Al relatar este capítulo de mi vida, para que no se olvide el sufrimiento familiar que conlleva el drama cubano, quiero decirles a mis padres que también me comprometí en esta labor de repensar la historia porque, después de tantos años, creo sinceramente, como Javier Cercas[10] en su *Anatomía de un instante*, haber comprendido que yo no tenía tanta razón y ellos no estaban tan equivocados, que no soy, y nunca fui, mejor que ellos y que no puedo ni quiero serlo ya.

---

[6] (2009b).

[7] (2014).

[8] (2016).

[9] (2016).

[10] (2009).

4

PREFACIO

Hace varios años, cuando trabajaba en el manuscrito *Principio y fin del mito fidelista*,[11] surgió el deseo de investigar a profundidad la relación excluyente y de abierto antagonismo de Fidel Castro hacia los dirigentes del Directorio Revolucionario. En aquella ocasión, mientras analizaba todos los obstáculos que el jefe guerrillero de la Sierra Maestra interponía a los pactos de unidad entre las distintas organizaciones revolucionarias que luchaban contra la dictadura de Fulgencio Batista, me referí con especial interés a la fundada por José Antonio Echeverría. Decía que, a pesar del pacto firmado por Ernesto Guevara con las fuerzas del Directorio el 1 de diciembre de 1958 en El Escambray, y de los numerosos combates en que participaron junto a las guerrillas del Movimiento 26 de Julio, Fidel Castro había ordenado a Camilo Cienfuegos y Ernesto Guevara marchar sobre la capital sin las tropas del Directorio. En aquel entonces encontré una interesante interrogante en un libro que sobre Ernesto Guevara había publicado Paco Ignacio Taibo. Apuntaba ingenuamente el escritor hispano-mexicano:

> ¿Por qué? ¿Un ramalazo de sectarismo, desconfianza política en estos momentos de incertidumbre hacia la fuerza que representa a buena parte de los estudiantes radicales? ¿Voluntad de capitalizar la victoria sólo para el 26 de Julio? Nunca quedará claro el motivo de esta desafortunada decisión.[12]

Afortunadamente, la predicción de Taibo resultó incorrecta. Parte de la interrogante fue despejada en el año 2010 con la publicación de un libro donde el mismo Fidel Castro[13] transcribe una carta enviada al comandante Guevara el 26 de diciembre de 1958 desde Palma Soriano, a las puertas ya de Santiago de Cuba.

La justificación que respalda su orden de que sean Cienfuegos y Guevara quienes avancen primero sobre la capital es porque el 26 de Julio se ha ganado ese derecho de manera exclusiva. De acuerdo a Fidel Castro, los militantes del DR son soberbios, presumidos y con planes de compartir los frutos de una victoria que no les pertenece y luego formar una fuerza particular que Fidel Castro no puede tolerar. Y le dice: "No comprendo por qué vamos a caer en el mal que motivó precisamente el envío tuyo y de Camilo a esa Provincia. Ahora resulta que cuando podíamos haberlo superado definitivamente, lo agravamos".

---

[11] (Álvarez: 2008).
[12] (1996: 334).
[13] (2010a: 343-345).

La reveladora carta superó toda la evidencia acumulada con anterioridad y me decidí a tratar de exponer los métodos empleados por Fidel Castro para minimizar la contribución del DR y luego someterlos a los designios de su poder absoluto.

No cabe duda de que el recelo (incluyendo sus tres acepciones: "temer", "desconfiar" y "sospechar") ha dominado las relaciones de Fidel Castro con el grupo que consideraba un fuerte contrincante para disputarle el poder. Ese recelo, a pesar de los años transcurridos en el ejercicio del poder absoluto, nunca terminó.

Este libro no es una historia del Directorio Revolucionario 13 de Marzo, y mucho menos una biografía de su fundador y jefe José Antonio Echeverría. El objetivo principal es la discusión de las relaciones entre Fidel Castro y dicha organización. En algunas partes resulta imposible evadir temas que aparentan no estar directamente ligados al tópico principal pero se hace necesario para comprender episodios que se relatan más adelante. La rivalidad existió desde los comienzos de la lucha y se hizo presente en incontables eventos. Se puede afirmar que, cada vez que se le presentaba una oportunidad, Fidel Castro acudía a la ofensa y la calumnia para atacar a los dirigentes del Directorio Revolucionario. Tal vez, entre las más inapropiadas, se pudieran citar: "En el asalto a Palacio se derramó la sangre inútilmente", aparecida en las portadas de casi todas las publicaciones de Cuba con motivo de una entrevista de la prensa norteamericana a Fidel Castro. En una carta que le envía a Echeverría y sus compañeros les llama "cobardes", agregando "especialmente tú, José Antonio, que me prometiste te unirías al alzamiento". Los califica de "asesinos" en público "porque segaron la vida de Blanco Rico, que era una persona decente".[14] Finalmente, en su famosa carta enviada a Guevara en los finales de la lucha se refiere a los militantes del Directorio de la siguiente manera: "Tan soberbios y presumidos son, que ni siquiera han acatado tu jefatura ni la mía".

---

[14] Resulta interesante hacer notar que ese atentado se discutió varias veces en México entre Fidel Castro y Juan Pedro Carbó Serviá, que mantenían buenas relaciones. El objetivo inicial era el coronel Esteban Ventura. Si este no aparecía, el comando tenía órdenes de dispararle a otro dirigente del régimen. Es por eso que la víctima resultó ser Antonio Blanco Rico, jefe del SIM, "el organismo con la historia más sangrienta de toda la dictadura de Batista desde su creación en 1934". Lo anterior aparece en unas declaraciones de Julio García Oliveras a la *Revista Temas*, No. 56, octubre-diciembre 2008, en
http://temas.cult.cu/articulo_academico/soy-solo-un-sobreviviente-entrevista-a-julio-garcia-oliveras/

Por razones que trataremos de explicar, ese desprecio se prolongó durante los largos años en que ejerció el poder absoluto. A pesar de la contribución de los militantes del Directorio, su larga lista de mártires y encarcelados, exiliados, perseguidos y calumniados, el aparato propagandístico de Fidel Castro se encargó de minimizar ese historial. No todas las afirmaciones que se hacen en las páginas siguientes están avaladas por pruebas irrefutables que incluyen documentos, fotos, artículos o testimonios personales. La presentación de evidencias circunstanciales resulta a veces necesaria cuando se trata de un tema que se ha mantenido en relativo secreto durante tanto tiempo. La conclusión se deja a la lógica del lector. Pero hay dos interrogantes que, a diferencia de la de Taibo, pudieran estar condenadas a quedar sin respuesta: Primero, ¿qué motivó a Fidel Castro a revelar una carta que lo denigra a estas alturas cuando, más de medio siglo después, del antagonismo de Fidel Castro solo quedaba el mal sabor en la boca de los dirigentes del DR? Una interrogante complementaria sería: ¿Por qué la publica en unas Memorias[15] donde él aparece como el estratega único de una lucha armada que contó con cientos de cubanos de otras organizaciones que marcharon a la vanguardia y por ello no sobrevivieron a la victoria del primero de enero? Segundo, ¿qué motivó a la dirigencia del Directorio, después de los esfuerzos de los primeros días de 1959, a plegarse y mantener su lealtad a Castro durante todos estos años?

Se ha publicado poco sobre esta extraña relación. El historiador cubano residente en el extranjero Sergio López Rivero lo llama "uno de los temas vedados de la historiografía tradicional cubana".[16] Existen documentos anteriores al primero de enero de 1959 que conservan su contenido original. Pero esos no se reproducen en Cuba. Los escasos dirigentes del DR que han publicado sus memorias en la isla, han llegado a auto-censurarse —omitiendo partes de documentos antiguos y tergiversando hechos— para no molestar al dictador. López Rivero[17] aclara que esas contribuciones no pueden tomarse en cuenta como documentos históricos. Su verdadero valor reside en mostrar la manera "en que se han prestado a manipular la historia, después de ser absorbidos por el grupo político de Fidel Castro". Esos testimonios se mezclan con varias de las experiencias del autor, especialmente la que le tocó

---

[15] Castro Ruz (2010a: 343-345).

[16] Ver "El Directorio por fuera", en http://eichikawa.com/2008/10/el-directorio-por-fuera.html.

[17] "El Directorio en entredicho (Reclamando la versión de Cubela y Castelló)", 30 de agosto de 2011, (http://eichikawa.com/2011/08/el-directorio-en-entredicho-reclamando-la-version-de-cubela-y-castello.html)

vivir la tarde del 13 de marzo de 1957 y el testimonio franco de sus sentimientos referentes a la lucha en la que participó. La historia completa nunca se conocerá. Lo impiden la desaparición física de la mayoría de los protagonistas que se llevaron sus experiencias a la tumba, y la imposibilidad de entrevistar a antiguos dirigentes del DR que residen en la isla. Tal vez la oportunidad de poder hablar sin temor llegue demasiado tarde.

Lo anterior no cambia con la muerte de Fidel Castro, que nos deja esperando inútilmente por unas Memorias que contaran la realidad. Duro golpe para el esclarecimiento de este importante tópico de la historiografía cubana.

José Álvarez, Ph.D.
Otoño de 2016

1 UNA CAUSA, DOS CAMINOS: LOS PROTAGONISTAS

Yo soy yo y mi circunstancia.
José Ortega y Gasset, *Meditaciones del Quijote* (1914).

Fig. 1.1. Fidel Castro Ruz y José Antonio Echeverría.
Fuente: Fotos de archivo.

Introducción

Pocos meses antes de suicidarse el 22 de febrero de 1942, el escritor austriaco Stefan Zweig publicaba su obra póstuma *Novela de ajedrez*.[18] Más que la descripción del juego y sus reglas, el autor utiliza el famoso pasatiempo para internarse en los sentimientos de los protagonistas. Lo único que estos comparten es la pasión que el ajedrez es capaz de despertar en quienes lo practican, porque poseen una mentalidad, educación e historia totalmente disímiles, lo cual los afecta de diversas maneras en las dos partidas que juegan durante un largo viaje trasatlántico.

Existe cierta similitud entre la novela de Zweig y el proceso de rebelión contra la dictadura de Batista. Durante ese tiempo, Fidel Castro jugó partidas geniales contra sus más serios contrincantes por el poder al que él aspiraba con carácter absoluto.

---

[18] Zweig (2014).

9

Para tratar de comprender la incipiente solapada rivalidad convertida luego en abierto antagonismo entre Fidel Castro y el Directorio Revolucionario que ha perdurado hasta nuestros días, debemos adentrarnos en las personalidades y circunstancias que definieron las vidas de los protagonistas iniciales. ¿Quiénes eran en realidad Castro y Echeverría? Después de tantas décadas y decenas de biografías, la pregunta resultaría irrelevante si este libro no estuviera encaminado a tratar un tópico casi ignorado por completo en la historiografía. Se trata de intentar explicar los motivos del desprecio que Castro sentía por el jefe y los dirigentes del DR. El adentrarnos en el "yo" y las "circunstancias" de ambos pudiera arrojar más luz sobre los motivos del rechazo mutuo que existió entre ellos desde el principio.

Fidel Alejandro Castro Ruz

De Birán a Belén

Fidel Castro vino al mundo el 13 de agosto de 1926 en la finca Manacas, propiedad de su padre, localizada en el barrio de Birán, término municipal de Mayarí, provincia de Oriente. Es el fruto de la unión de Ángel Castro con Lina Ruz, empleada del hogar Castro-Argueta, con quien tuvo siete hijos antes de contraer matrimonio.[19] En aquella zona rural vivió Fidel sus primeros años. José Pardo Llada, compañero de estudios y amigo, describe así la casa donde pasó seis días de vacaciones: "En esta casa de campo grande, sórdida, sucia, donde nunca vi un libro, ni un cuadro, ni una flor, se crió Fidel". El ambiente no tenía nada de hogareño. Pardo Llada no recordaba haber escuchado un solo diálogo entre padre e hijo. La madre, doña Lina, dirigía lo que parecía ser un campamento militar.

Pasaba la mayor parte del día en la enorme cocina, asistida por tres "negritas parlanchinas". A las 11 de la mañana convocaba al almuerzo haciendo un disparo de escopeta al aire. Respondían la familia, la servidumbre y los macheteros, quienes comían juntos, de pie. Pardo Llada afirma que "había algo de tribu salvaje en aquellas costumbres primitivas de la familia Castro".[20]

---

[19] Para muchos autores, su condición de bastardo, y el no haber sido bautizado hasta la edad de ocho años y medio, lo afectarían toda su vida (Raffy (2006: 22-35).
[20] (1988: 13, 14).

Fig. 1.2. Casa de la familia Castro Ruz.
Fuente: Foto de archivo.

Fidel asistía a la pequeña escuela rural de Birán, situada a dos kilómetros de la finca, donde iba a discutir con los maestros y a huir cuando se le criticaba. Antes de llegar a su adolescencia, amenazó con quemar la casa de sus padres si no era enviado a una escuela mejor. Es así como llega a Santiago de Cuba, interno en el Colegio Dolores de los Padres Jesuitas.[21]

De la escuela santiaguera de los jesuitas, Fidel Castro sería trasladado a la de la capital a la edad de 14 años. En el Colegio Belén cursaría el final del bachillerato. En ese colegio, donde la mayoría del estudiantado eran miembros de la mediana y alta burguesía del país –donde todos los sacerdotes pertenecían a la orden de San Ignacio de Loyola y enseñaban sus principios– se terminó de formar el futuro dictador de Cuba. Existen numerosos testimonios de sus antiguos condiscípulos sobre sus largas excursiones campestres, sus logros como buen estudiante, atleta y orador, su indisciplina, su inclinación por las ideas fascistas de José Ignacio Primo de Rivera y otros aspectos de su vida como interno en el exclusivo colegio de la capital.

Entre esos testimonios resaltan los de sus antiguos compañeros de clase, que se resumen brevemente de la manera siguiente: "un hombre inestable y violento dentro del chico Castro había estado surgiendo lentamente, siempre

---

[21] (1988: 14). En realidad, después de pasar varios meses horribles en casa de un alegado benefactor, los tres hermanos Castro (Ramón, Fidel y Raúl) ingresaron internos en el Colegio De la Salle, de los Hermanos de las Escuelas Cristianas, donde permanecieron durante tres años hasta transferirse al Colegio Dolores, dirigido por los sacerdotes jesuitas.

con consecuencias".[22]

José I. Rasco[23] lo describe como un chico tímido, con excelente memoria, estudiante medio y gran deportista. Como se sentía resentido y con complejos, realizó esfuerzos adicionales para destacarse en algo. En Belén, sería el deporte; en la Universidad, la política gansteril. Fidel admiraba dictadores como Stalin, Hitler y Franco. Habló de tomar el poder, pero nadie lo tomó en serio.[24]

Quizás el compañero que pasó la mayor parte del tiempo con Castro en las aulas fue José Antonio Cubeñas, quien compartió 12 años desde el Colegio Dolores hasta la graduación en la Universidad de La Habana. Cubeñas corrobora la admiración de Castro por Hitler y Mussolini, hasta el punto de imitar sus discursos desde un balcón del Colegio Dolores.[25] Sin embargo, Cubeñas admite que no podría ser acusado de fascista, incluso cuando se iba a la cama con una copia del *Mein Kampf*. Dueñas ofrece una contribución interesante: "Fidel era una combinación peligrosa, un poco de un matón, un poco de dominador, lo suficientemente débil como para meterse con los débiles, lo suficientemente fuerte como para luchar cuando estaba acorralado. Ser su amigo era aún más peligroso que ser su enemigo".[26]

Existen otros eventos muy reveladores de su paso por Belén. El primero es un hecho de violencia descrito por el sacerdote Amado Llorente, su confesor y guía espiritual, quien lo califica de "inteligente y aplicado pero agresivo y buscapleitos".[27] En una pelea a puñetazos que sostuvo con su compañero Ramón Mestre, éste lo superó, lanzándolo a rodar por el suelo, totalmente vencido. Lleno de ira, Fidel se levantó, fue a su habitación y regresó con una pistola que el Padre Prefecto logró arrebatarle antes de que se produjera una desgracia.[28] El segundo es otro hecho de violencia que protagonizó cuando se extendió hablando por más de una hora en una presentación de la Academia Avellaneda del colegio, haciendo caso omiso a los avisos de que se le había terminado el tiempo. Cuando fue obligado a bajar de la tribuna, el orador se violentó de tal manera que rompió de un puñetazo el valioso mármol que cubría la mesa del jurado.

---

[22] Symmes (2007: 82).

[23] (1993).

[24] Ver, por ejemplo, http://www.libertaddigital.com/index.php?action=desaopi&cp n=11919).

[25] Symmes (2007: 287, 288).

[26] Symmes (2007: 84).

[27] Pardo Llada (1988: 17).

[28] Cuando Fidel Castro asciende al poder, Mestre sería condenado por "conspirador" a largos años de prisión (Pardo Llada 1988: 17).

No hay dudas de la influencia que la educación jesuita ejerció en la formación de Fidel Castro. En la ceremonia de graduación de bachiller, Fidel recibió la mayor y más cálida ovación. En el libro de las Memorias del curso escolar 1944-1945, el Padre Prefecto terminó su semblanza de la siguiente manera: "Es de buena madera y en él no faltará el hombre de acción".[29] Lejos estaba el Padre Barbeito de imaginarse la contradicción que encerraba su dicotomía.

Vida Universitaria

Cuando Fidel Castro ingresó en la Universidad de La Habana en octubre de 1945, ese centro de estudios se encontraba en medio de un difícil período. Se consideraban casi normal la manipulación de estudiantes por políticos profesionales y la violencia rampante provocada por grupos de gángsteres antagónicos. Fidel Castro decidió unirse a una organización anticomunista llamada Unión Insurreccional Revolucionaria (UIR), dirigida por el ex-anarquista Emilio Tró.[30]

Franqui[31] enumera los siguientes eventos como los más importantes en los días universitarios de Castro: su inscripción en la frustrada expedición contra el dictador Trujillo desde Cayo Confites, su intervención en el llamado Bogotazo en Colombia, su papel activo en la protesta contra la Administración de Grau, su separación de la UIR y su inscripción en el Partido Ortodoxo.

Fidel Castro fue uno de los voluntarios que se enrolaron en la expedición organizada por el gobierno de Ramón Grau San Martín en 1947 para derrocar al dictador Rafael L. Trujillo de la República Dominicana. A ésta se le conoce con el nombre de "Cayo Confites" por el cayo al norte de Camagüey donde se reunieron los expedicionarios para embarcar hacia su destino. Cediendo a las presiones del gobierno de Estados Unidos, y a las amenazas de Trujillo de bombardear La Habana, estos fueron apresados por orden del propio gobierno de Grau y conducidos al puerto de Antilla, en la bahía de Nipe, al norte de la provincia de Oriente. Circuló después la leyenda de la fuga de Fidel Castro, nadando de noche rodeado de tiburones. La hazaña hubiera sido posible por tres razones. Primero, Castro era un buen nadador y estaba en condiciones físicas excelentes a los 21 años. Segundo, la

---

[29] Szulc (1986: 133-134); Pardo Llada (1988: 18).
[30] Tró luego moriría en una balacera gansteril conocida como "la matanza de Orfila".
[31] (1988: 39). Una detallada descripción de las actividades gansteriles de Castro en la Universidad aparece en Skierka (2004: 20-30).

distancia hacia la orilla de la playita Saetía a donde llegó, no presentaba mayor impedimento. Tercero, esa noche del domingo 28 de septiembre la bahía aparecía iluminada por un 97% de la superficie lunar.[32] No era una noche oscura, como se afirmó para dramatizar más la huída.

Fig. 1.3. Fidel Castro en la finca de sus padres días
Después del fracaso de Cayo Confites.
Fuente: Foto de archivo.

Carlos Franqui relata que, al entrar en la bahía de Nipe, el capitán del barco "disminuyó la marcha de la nave y dio un bote a Castro para que se escapara con otro prisionero. Castro hizo desaparecer el bote de la leyenda. Más dramático, [era] nadar hacia la costa, en la más grande bahía de Cuba... aquella noche oscura".[33]

Otra leyenda tuvo su origen en la revuelta ocurrida en Bogotá, Colombia, el 9 de abril de 1948, conocida como "el Bogotazo".[34] Surgieron relatos de la participación heroica de Fidel Castro. El protagonista, en una conversación grabada con Carlos Franqui[35] le reveló que contaba con un fusil y 16 balas, de las cuales solo disparó cuatro a ochocientos metros del Ministerio de Guerra. Al final, buscó protección diplomática con otros compañeros en la embajada de Cuba, bajo el gobierno de Ramón Grau San

---

[32] Los datos son para Antilla, Cuba (longitud O75.0, latitud N20.5), "Sun and Moon Data for One Day", Astronomical Applications Department, U.S. Naval Observatory, en http://usno.navy.mil.
[33] (1988: 50).
[34] El "bogotazo" fue un episodio de violentas protestas y represión que siguieron al asesinato de Jorge Eliécer Gaitán, candidato a la presidencia por el Partido Liberal.
[35] (1988: 52-57).

Martín, al que los dirigentes estudiantiles combatían y calificaban de gánster y corrupto.

Fig. 1.4. Fidel Castro, Enrique Ovares y un delegado mexicano
Durante el "Bogotazo" en Colombia.
Fuente: Foto de archivo.

Ocurrieron otros eventos de carácter más violento. Suárez[36] corrobora la participación de Castro en los atentados contra la vida de Lionel Gómez y Rolando Masferrer y su presencia en el asesinato de Manolo Castro, todos los cuales eran miembros de bandas rivales. Sin embargo, los testigos se negaron a declarar.

Fig. 1.5. Sección reseñando el atentado a Manolo Castro.
Fuente: Diario Hoy, 26 de febrero de 1946.

---

[36] (1967: 20n25).

Uno de sus mejores amigos durante esos turbulentos años universitarios, José Pardo Llada, ha dicho que la orden de detención contra Castro en el caso del asesinato de Manolo Castro fue emitida luego que un policía testificara haber visto a Fidel cerca de la escena. Este último fue a esconderse en casa de su hermana Lidia, desde donde llamó a Pardo Llada para jurarle que era inocente. Su amigo ha declarado que, aunque cree que Castro no jugó un papel activo en el asesinato, él está seguro de que sabía del plan de antemano.[37] Pardo Llada también ha declarado que, durante el entierro de Manolo Castro, tres personas acusaron a Castro de ser culpable.[38] Para vengar la muerte del nuevo presidente de la FEU, Castro, sin éxito, disparó tres veces contra Lionel Gómez. Más tarde, Castro y Rafael del Pino dispararon contra Rolando Masferrer desde un jeep, recibiendo Castro una herida en un pie.[39]

El último incidente parece haber sido un ataque a balazos contra Oscar Fernández Carral, quien, antes de morir, acusó a Castro de haber sido su agresor. Castro fue detenido nuevamente pero no había pruebas contra él.[40] Su hermana Juanita Castro alega que las acusaciones carecían de evidencias, aunque no llega a afirmar que su hermano era inocente.[41] El propio Fidel Castro, durante sus 100 horas de conversaciones con Ignacio Ramonet, se abstuvo de mencionar su participación en políticas gansteriles en la Universidad de la Habana. Por el contrario, posó como un luchador contra la corrupción existente en el estudiantado, aclarando que estuvo desarmado durante la mayor parte de sus días universitarios.[42]

Al terminar sus estudios universitarios Fidel Castro abandonaba la famosa Colina Universitaria con un currículum repleto de actividades gansteriles donde brillaban por su ausencia los altos cargos en la Federación Estudiantil Universitaria (FEU) que tanto anhelaba porque servían de catapulta a la vida pública del país. Nuiry[43] afirma que, a mediados de 1947, Castro ocupó la presidencia del Comité Pro Liberación de Puerto Rico y también la presidencia de Pro Democracia Dominicana, "ambos de importancia y notoria resonancia en aquella época en el estudiantado". Tam-

---

[37] (1988: 35).

[38] (1988: 35-36).

[39] Para más información, ver el artículo "Castro el matón," por Arnaldo M. Fernández, *Cubaencuentro*, 19 de junio de 2014 en http://www.cubaencuentro.com/cuba/articulos/castro-el-maton-318595.

[40] Pardo Llada (1988: 37-38).

[41] (2009: 84, 87).

[42] (2006: 95-96).

[43] (2007: 221-222).

bién perteneció al Comité contra la discriminación racial y se "desempeñó" como vicepresidente de la Asociación de Estudiantes de la Escuela de Derecho "y dirigente de la FEU". Nunca pudo ganar la ansiada presidencia de esa Facultad que lo hubiera puesto en el organismo rector de la FEU. Ese temprano revés político lo recordaría durante toda su vida.

Esfuerzo Político

Después de graduarse de abogado en 1950, Castro dedica más tiempo a su labor en el Partido Ortodoxo, que complementa con el ejercicio parcial de su profesión de abogado.

Es de nuevo José Pardo Llada,[44] su amigo y ahora compañero en el Partido Ortodoxo, quien revela un acontecimiento que no por arriesgado deja de ser tenebroso. El increíble plan de Castro consistía en robarse el cadáver de Chibás durante su entierro y marchar en manifestación hasta el Palacio Presidencial donde Pardo Llada sería proclamado Presidente y Castro jefe del ejército. A pesar del rechazo de Pardo Llada, Castro insistía e incluso llegó a confesarle que sus intenciones eran "sentar el cadáver en la silla presidencial", lo que provocó el final de la conversación.

En las elecciones frustradas de 1952, Castro aparecía en la boleta como candidato a Representante por La Habana. Años más tarde trató de desvincular su nexo partidista afirmando que él había desarrollado una campaña muy personal basada en sus luchas estudiantiles.[45] La verdad es que, al no recibir el apoyo de su Partido, Castro se presentó como candidato independiente, con la ayuda financiera de su padre y su enorme energía, que lo llevó a escribir miles de cartas, hablar en cientos de reuniones políticas y programas de radio, y visitar a miles de votantes en su distrito.[46] Algunos autores han argumentado que, más que un deseo de servir al proceso democrático electoral, Fidel Castro estaba interesado en el servicio a sí mismo.[47]

Hugh Thomas describe a Fidel Castro durante la época que condujo al golpe de estado de Batista de una manera muy acertada:[48]

---

[44] (1988: 70).
[45] Castro y Ramonet (2008: 89).
[46] Quirk (1993: 32); Szulc (1986: 205-209).
[47] Geyer (1991: 94-95).
[48] (1971: 821).

Fig. 1.6. Fidel Castro durante su campaña electoral de 1952.
Fuente: Fotos de archivo.

Castro era entonces un político sin programa y un abogado sin clientes... Se aproximaba a los treinta años, su padre todavía le mantenía, su matrimonio no era muy afortunado... Era preciso hacer algo si no quería que se le escapase de las manos la posibilidad de una carrera política. Contaba con una reputación de hombre que ama el riesgo, deseaba afirmar su capacidad y su individualidad... Tenía, como siempre desde la época de la Universidad, a un grupo a su alrededor que le consideraba jefe, que no le censuraba, incluso admiraba su faceta exhibicionista.

Castro el político volvió a tomar el camino violento que había dejado en los pasillos de la universidad para convertirse en un revolucionario de acción. El sueño del Moncada fue quizás el resultado de una vida política que no conducía a ninguna parte para entrar en otra en la que, en virtud de ser el primero, ocuparía la posición superior.

Es en esa época que comienzan a desarrollarse los hechos que permitirán cruzarse las vidas de Fidel Castro y José Antonio Echeverría.

José Antonio Echeverría Bianchi

De Cárdenas a la Habana

Su nacimiento tuvo lugar en la ciudad de Cárdenas, provincia de Matanzas, el 16 de julio de 1932, lo cual lo hace seis años menor que Fidel Castro. Sus padres, Antonio Jesús Echeverría González y Concepción Bianchi Tristán, practicaban la religión católica en la que estaban casados y transmitieron ese fervor religioso a sus cuatro hijos: José Antonio, Sinforiano, Alfredo y Lucy. A los tres meses de nacido, José Antonio entró a formar parte de la iglesia al ser bautizado en su propio hogar por el Padre Masuet, de la iglesia católica de Cárdenas.

La casa estaba situada en un céntrico lugar, asomada a la Plaza Espíritu y cerca del Ayuntamiento, con frente a la bahía de Cárdenas. El crecer en un centro urbano cargado de historia iba a contribuir en la formación del futuro dirigente revolucionario.

José Antonio estudió la escuela primaria en el Colegio Champagnat, de los Hermanos Maristas, ingresando al primer grado en el curso 1939-1940 y graduándose en el curso 1944-1945.

Fig. 1.7. Casa natal y hogar de la familia Echeverría Bianchi.
Fuentes: EcuRed y Cherson (1982).

Al terminar el sexto grado, José Antonio había formado ya un grupo de amistades selectas que conservaría hasta sus últimos días. Sin haber cumplido los trece años de edad, aprueba con notas excelentes el examen de ingreso al Instituto de Segunda Enseñanza de su ciudad, matriculando el primer año en el curso 1945-1946. De su época como estudiante de bachillerato, diría Fernández León:[49] "Como cualquier otro joven, amén de sus actividades de carácter cívico-sociales y religiosas, compartía con condiscípulos y amigos la vida social natural de un joven sano espiritualmente y lleno de vida, participando en deportes, bailes y fiestas". Al graduarse de bachiller al final del curso 1949-1950, resultado de sus actividades en la asociación estudiantil del plantel, pronuncia las palabras de despedida a nombre de los graduados.

Vida Universitaria

Cuando Echeverría ingresa en la Universidad de la Habana para estudiar arquitectura en el curso 1950-1951, hacía sólo unos meses que Fidel Castro se

---

[49] (2007: 72).

había graduado de abogado. Como joven preocupado por mejorar las condiciones de sus condiscípulos, conversa primero con los alumnos de su escuela de arquitectura y luego con medicina y derecho. Organiza entonces una asociación que llama Grupo Arquitectónico de Renovación Estudiantil (GARE), asumiendo las funciones de delegado de asignatura, delegado de curso y luego vice-presidente de la asociación de arquitectura. Ya todos lo conocen. Se ha convertido en una figura popular en la colina universitaria. Su futuro como dirigente de la Federación Estudiantil Universitaria (FEU) está asegurado. Es entonces cuando se produce el funesto golpe de estado del 10 de marzo de 1952. El impertinente acontecimiento conduciría a la muerte de José Antonio Echeverría y al nacimiento del sistema absolutista de Fidel Castro.

José Antonio, que estaba de visita en Cárdenas, llegó a la Universidad cuando ya había partido hacia el Palacio Presidencial un grupo dirigido por el presidente de la FEU Álvaro Barba. Enseguida fue a unirse a ellos. Todos regresaron a la Colina a esperar las armas prometidas que nunca llegaron. La fortaleza santiaguera pasó a manos de los golpistas y así terminaban las esperanzas de mantener el ritmo constitucional de la República. No demoraría mucho en estallar la rebelión.

El dirigente estudiantil se dedicó por entero a la lucha, que combinaba con sus estudios. Actos políticos de protesta y demostraciones callejeras terminaban en golpes, arrestos, juicios, escondites y reuniones clandestinas. Ser vice-presidente de la escuela de arquitectura lo había convertido en miembro del ejecutivo de la FEU.

El año 1953 produce el primer mártir. El estudiante de arquitectura Rubén Batista Rubio fue baleado durante una manifestación el 15 de enero. En abril es descubierta una conspiración de militares dirigidos por el profesor Rafael García Bárcenas el domingo de resurrección y, tres meses más tarde, el pueblo conoce del asalto a los cuarteles de Santiago de Cuba y Bayamo que arrastra a Fidel Castro a los primeros planos de la palestra nacional. Echeverría lamenta que su amigo santiaguero Renato Guitart, a quien había conocido en el Colegio La Progresiva de Cárdenas, se encontrara entre los muertos. Alrededor de esas acciones se tejieron numerosas leyendas.[50] Lo cierto es que Fidel Castro había identificado la forma de luchar por la causa de la libertad: la violencia. En eso estarían de acuerdo los dos dirigentes. El punto divergente era el camino a seguir en esa lucha violenta.

---

[50] Ver Álvarez (2008, capítulo 2).

Dos Caminos

A diferencia de la tumultuosa existencia gansteril de Castro en el alto centro de estudios, la de José Antonio se caracterizaría por su honradez, patriotismo y una valentía que nunca estuvo reñida con la búsqueda del consenso. Tal vez esa actitud iba a ser en parte responsable de la ausencia de empatía con el futuro dirigente del Movimiento 26 de Julio.

Durante y después de su vida universitaria, Fidel Castro siempre se caracterizó por su falta de escrúpulos. En una carta a Melba Hernández desde la prisión le dice que acepte todo tipo de ayuda, pero sin confiar en nadie. Y le vaticina: "Ya habrá tiempo… de pisar a todas las cucarachas".[51] No pudo haber sido más consistente. Pardo Llada[52] describe la visita que Fidel le hiciera para pedirle que intercediera con un antiguo militar para que le donara cien mil dólares para el asalto al Moncada. Aceptó varias veces dinero del ex presidente Carlos Prío y otras donaciones de dudoso origen.[53]

Tal vez la característica más contrastante entre los dos dirigentes radicaba en la forma en que abordaban la acción revolucionaria. Echeverría nunca dudó en ir al frente de cuanta manifestación estudiantil organizó. Esa era, en definitiva, la tradición estudiantil universitaria. Y él la continuó. Las fotos y películas de la época lo muestran siempre en la primera línea, marchando desarmado a enfrentarse con la fuerza pública. Terminaba golpeado o herido. Ese final formaba parte de la mística del culto al sacrificio y a la muerte: "morir por la patria es vivir" era la eterna consigna.

En uno de esos encuentros con la policía (Fig. 1.8) cae severamente golpeado junto a su hermano carnal y de luchas Alfredo, quien fallecería poco tiempo después. El 24 de abril de 1956, regresando de una actividad deportiva, Alfredo estuvo envuelto en un mortal accidente automovilístico. José Antonio cargaría con ese inmenso dolor los 11 meses que le quedaban de vida.

Echeverría y sus compañeros de la FEU habían organizado un acto a raíz de la amnistía a Fidel Castro y sus compañeros. La fecha elegida fue el 20 de mayo —aniversario de la fundación de la República. Fidel Castro se negó a asistir "por temor a una encerrona".[54] Echeverría cumplió su compromiso y habló en el acto con las balas silbando a su alrededor. Tal vez fue esa disposición de anteponer su honor a su seguridad personal lo que le hizo

---

[51] Conte Agüero (1959).
[52] (1988: 86).
[53] Álvarez (2008: 104-105) contiene una amplia lista de individuos y circunstancias.
[54] Fernández León (2007: 441).

presentir que no llegaría a ver el triunfo. En Fernández León[55] aparecen los testimonios de dos de sus compañeros que narran haber escuchado a Echeverría, al igual que otros muchos, hablar en forma jocosa, pero con mucha seriedad, de lo que llamaba "la gloriosa", o el momento de entregar su vida por la patria. Antonio Cisneros y Raúl Portela aseguran haberlo escuchado afirmar: "yo muero en esta". Otro testimonio parecido lo ofreció Joe Westbrook en una carta a su amiga Eva Jiménez: "Eva, yo me ofrezco en holocausto a la Patria para servir de bandera a la liberación de Cuba…"[56]

El contraste con la actitud de Fidel Castro no pudo haber sido mayor.[57] Castro fue audaz… pero hasta cierto límite fríamente calculado. No fue arriesgado como Echeverría, aunque este supo demostrar cordura en los momentos claves, como en el alzamiento del 30 de noviembre de 1956, cuando se negó a salir a pelear por carecer de las armas necesarias y no creer en inmolaciones inútiles.

Fig. 1.8. Enfrentamientos de Echeverría y algunas consecuencias.
Fuente: Fotos de archivo.

---

[55] (2007: 441).
[56] García Oliveras (2003: 52).
[57] Esta parte se basa en Álvarez (2008: 51-54).

Del comportamiento de Castro durante la dictadura de Batista existe mucha información. La actuación del jefe durante el asalto al Cuartel Moncada ha sido tratada por Álvarez.[58] Basta con resaltar los siguientes hechos: No les dice a sus hombres cuál es el objetivo ni con qué armamento cuentan, lo que ocasionó deserciones de los autos que marchaban en la retaguardia. No va en el carro vanguardia, sino se empeña en conducir el segundo auto, chocando los neumáticos contra un contén, impidiendo su entrada a la fortaleza y a los que lo seguían. Se mantiene a más de una cuadra de la posta 3 y, después de disparar durante un rato, ordena la retirada, siendo de los primeros en llegar a la granjita de Siboney. No les envió aviso de la retirada a los que estaban en el Hospital y otras áreas en los alrededores de la fortaleza. Casi todos fueron asesinados. Es esa sangre inocente la que pare el mito del Moncada.

Oportunidades para combatir se le presentaron de sobra a Fidel Castro después del desembarco del Granma; es decir, durante los 25 meses de campaña. Durante los primeros cinco meses sólo se produjeron pequeñas escaramuzas en emboscadas. En todas ellas, Fidel Castro se encuentra a prudente distancia.[59] Luego ya ni eso.

Por esa estrategia logra terminar la campaña sano y salvo. José Antonio Echeverría llevaba ya más de 21 meses en la lista de mártires de las páginas de historia. Dos caminos que llevaron a finales muy diferentes.

La personalidad de Fidel Castro, como afirma Llerena,[60] actuó como agente catalizador que transformó una protesta popular de moderadas aspiraciones democráticas en una revolución radical en un país donde originalmente no existía ni el deseo, ni la expectativa, ni la necesidad de la misma. Además de su inmenso carisma, lo ayudó su gran sagacidad y una mayor carencia de escrúpulos.

En el buque de la novela de Zweig,[61] no se pudo celebrar una partida simultánea debido a la escasez de tableros. Como consecuencia, el campeón mundial propuso que jugaran todos contra él conjuntamente. Fidel Castro jugó una simultánea y una partida conjunta contra todas las organizaciones. Las páginas siguientes explican las movidas y los resultados.

---

[58] (2008: 25-31).
[59] http://www.santiago.cu/hosting/estadistica/cronologia45aniv/ pasotriunfot.htm. Ver Capítulo 9.
[60] (1978: 198).
[61] (2014: 26).

Fig. 1.9. Celia Sánchez asiste a
Fidel Castro.
Fuente: Foto de archivo.

Fig. 1.10. Panteón de la familia
Echevería.
Fuente: Cherson (1982).

2 LA UNIDAD IMPOSIBLE

No puede hacerse ningún acuerdo
Sin la aceptación previa de nuestro programa.
Fidel Castro, *carta desde Isla de Pinos*, 12 de marzo de 1954.[62]

El epigrama de este capítulo revela las verdaderas intenciones de Fidel Castro con respecto a la unidad con otros grupos que luchaban contra la dictadura, ya fuera por la vía pacífica o insurreccional.[63] En esta oportunidad sólo nos interesa discutir sus relaciones con la Federación Estudiantil Universitaria (FEU) primero, y el Directorio Revolucionario (DR) después, las cuales tuvieron un matiz especial desde el primer contacto que se intentó a la salida de la cárcel de Fidel Castro y sus compañeros.

La Amnistía al Grupo de Fidel Castro

La presión que produjo una campaña en los medios de difusión, alentada por los simpatizantes de los eventos del 26 de julio de 1953, terminó en victoria cuando los sentenciados en ese proceso recibieron una amnistía firmada por los miembros del Congreso Cubano. El domingo 15 de mayo de 1955, después de cumplir 22 meses de una sentencia de 15 años (el 12.2%), Fidel Castro y sus 29 compañeros abandonaron el Presidio Modelo de Isla de Pinos.

¿Cómo se explica que fueran liberados tan pronto después de cometer un delito mayor que había costado numerosas vidas a ambas partes? En una carta escrita en junio del año anterior, después de enumerar los beneficios que recibía en el penal, Castro le comentaba al destinatario:[64] "No sé, sin embargo, cuánto tiempo más estaremos en este 'paraíso'." Raramente se cumplían en Cuba las condenas por motivos políticos y él sabía que los atacantes de las dos fortalezas el 26 de julio de 1953 no iban a ser la

---

[62] Mencía (1980: 91).
[63] El lector interesado puede encontrar información adicional en Álvarez (2008: capítulo 5).
[64] Mencía (1980: 148-149).

excepción. ¿Consideró ese factor cuando planeaba el asalto? Sus movimientos antes, durante y después del mismo muestran a una persona haciendo esfuerzos inauditos por lograr salir ileso de aquella acción. ¡Y lo había logrado!

Faltando 158 meses para terminar de cumplir su sentencia, Fidel Castro y sus compañeros abordaron la barcaza *Pineros* cerca del Presidio para llegar al poblado de Batabanó, en la costa sur de la isla. Familiares, parientes, amigos y simpatizantes los esperaban ansiosos. En ese lugar, Carlos Franqui, un reportero de la *Revista Carteles*, quien alcanzaría altas posiciones en la organización fidelista, comenzó una entrevista que continuó en el tren que condujo al grupo a La Habana.

Declaraciones y Acciones Contradictorias

Las declaraciones de Fidel Castro incluyeron tres temas importantes donde respondió de manera tajante. He aquí lo que dijo textualmente:[65]

• Sí, pienso permanecer en Cuba, luchando a visera descubierta. Combatiendo al gobierno, señalando sus errores, denunciando sus lacras, desenmascarando gánsteres, porristas y ladrones.

• Lucharemos por unir bajo las banderas del Chibasismo revolucionario [refiriéndose a los seguidores de Eduardo Chibás, fundador del Partido del Pueblo Cubano (Ortodoxo), del cual Castro era militante], a todo el país. Junto con Bárcena, Conte Agüero y otras figuras y movimientos recientes, trataremos de crear un frente revolucionario. Soy Ortodoxo. Pero en cuanto a las responsabilidades que se me han ofrecido, consultaré antes con mis compañeros del Moncada.

• La posibilidad de fundar una nueva organización no existe ni remotamente. Estamos por una solución democrática. El único que se ha opuesto aquí a soluciones pacíficas es el régimen. La única salida que le veo a la situación cubana es a través de elecciones generales inmediatas. Lo de la Constituyente es una maniobra del régimen para elegir a Batista, a través de una oposición prefabricada. la libertad.

En la estación terminal de ferrocarriles de la capital lo esperaba un grupo de madres de mártires junto a miembros del Partido Ortodoxo y la Federación Estudiantil Universitaria (FEU). Estos últimos lo invitaron a un acto que habían organizado para celebrar su excarcelación en el aniversario

---

[65] La entrevista fue publicada en la *Revista Carteles* y reproducida por el reportero años después (Franqui 1976: 116, 117).

de la fundación de la República el 20 de mayo. El autor de una biografía de José Antonio Echeverría recuerda aquel encuentro:[66] Los miembros de la FEU escucharon extrañados las declaraciones repetidas de Fidel Castro donde abundaban expresiones como "amnistía política, más régimen de positivas garantías, más elecciones generales inmediatas, es igual a la paz que tanto anhela el pueblo cubano". Y ahora Fidel Castro, el dirigente insurreccional más extremista, coincidía con los políticos electoralistas en darle legitimidad al régimen de facto, repitiendo su intención de apoyar unas elecciones generales. Sus palabras estaban en amplia contradicción con las que Echeverría venía predicando en los meses previos a la excarcelación de Fidel Castro y sus compañeros.

Dicho biógrafo[67] opina que el líder Moncadista albergaba intenciones de participar en el proceso electoral y que Haydée Santamaría y otros compañeros se encargaron de hacerlo volver a la realidad. Pero Fidel Castro se opuso al anuncio de la FEU del acto en su honor e increpó al secretario de propaganda de la organización afirmando que el evento no se podía celebrar y que él lo consideraba una encerrona y no asistiría, lo cual parece dar credibilidad a la percepción de los dirigentes estudiantiles de que Castro se había acobardado. José Antonio lamentó la actitud de Fidel y apoyó el evento, donde hizo uso de la palabra en medio de una lluvia de piedras y balas después que las autoridades habían cortado la electricidad al centro docente.

Fidel Castro dedicó los días que siguieron a su llegada a la capital a reunirse con personas afines y, poco a poco, la idea sobre la cual había ponderado durante los meses de encierro, de fundar su propia organización, comenzó a tomar forma. Finalmente, Castro convocó a una reunión en el local capitalino de la calle Factoría # 62. Era el domingo 12 de junio de 1955. Había transcurrido menos de un mes desde su excarcelación. No hubo un gran debate durante las deliberaciones. La Dirección Nacional (DN) del ya oficial "Movimiento Revolucionario 26 de Julio" quedó compuesta por Fidel Castro, Pedro Miret, Jesús Montané, Haydée Santamaría, José Suárez, Antonio (Ñico) López y Melba Hernández, todos ellos veteranos del Moncada y fieles seguidores de Castro. Otras dos personas fueron incorporadas: Armando Hart y Faustino Pérez, procedentes del Movimiento Nacional Revolucionario (MNR), que dirigía el profesor universitario Rafael García Bárcenas.

---

[66] Fernández León (2007: 203).
[67] Fernández León (2007: 203, 204, 205).

En el hogar del profesor en Marianao, según Juan Nuiry,[68] habían participado en una reunión y luego otra en el hogar de los Roa en Miramar, a la que asistieron Fidel Castro, García Bárcenas y Roa con los delegados de la FEU Echeverría, Fructuoso y el propio Nuiry. Según este último, "se pusieron en evidencia dos criterios insuperables en los enfoques estratégicos". La táctica de Fidel consistía en la lucha armada apoyada por una huelga general. García Bárcenas continuaba con su idea del papel primordial de los militares. No hubo acuerdo.

Las reuniones de organización del 26 de Julio continuaron pero el 7 de julio Fidel Castro decide salir del país, y declara a la prensa: "Ya estoy haciendo la maleta para marcharme de Cuba… Las puertas adecuadas a la lucha civil me las han cerrado todas… De viajes como éste, no se regresa, y si se regresa es con la tiranía decapitada a mis pies."

El 6 de julio de 1955, víspera de la salida de Fidel hacia México, Nuiry y otros fueron, como era costumbre, al apartamento de Lidia Castro en los altos de 23 y 18 en el Vedado. Dentro de lo discutido, Fidel Castro invitó a Nuiry para que lo acompañara al día siguiente al aeropuerto para, según Castro, concretar otros asuntos, que no revela. Y así lo hizo Nuiry en compañía de Anillo. A petición de Fidel, lo acompañaron hasta el lugar donde debía tomar el avión pero nunca han revelado el tema de la charla, ni el motivo por no haberlo tratado durante su encuentro el día anterior.

Tres días después de su llegada a su auto-impuesto exilio, declaraba: "Ya no creo ni en elecciones generales. Así que no queda más solución que la del 68 y la del 95", refiriéndose a las dos grandes guerras por la independencia de Cuba en el siglo XIX.

Su paso por la Habana había sido en extremo fugaz, pero más rápido había sido el cambio experimentado en sus planes. Tan solo 56 días habían transcurrido desde sus declaraciones tajantes al salir de la prisión y Castro cambiaba de parecer radicalmente en tres cuestiones importantes:
• *Esa posibilidad* [de fundar una nueva organización] *no existe ni remotamente*: 28 días después, fundaba el Movimiento Revolucionario 26 de Julio.
• *Sí, pienso permanecer en Cuba, luchando a visera descubierta*: 53 días después, volaba rumbo a Ciudad México.
• *La única salida que le veo a la situación cubana es elecciones generales inmediatas*: 56 días después, ya no creía en elecciones sino en la lucha armada de 1868 y 1895.

Los medios de entonces no le otorgaron el espacio que merecían estas evidentes contradicciones y las mismas cayeron en el olvido.

---

[68] (2007: 227).

Fundación del Directorio Revolucionario

La fundación del Movimiento 26 de Julio puede haber sido un factor importante en la decisión de la dirigencia de la Federación Estudiantil Universitaria (FEU) de establecer una organización paralela a la FEU que aglutinara al estudiantado y los profesionales más radicales. Es así como surge el proceso de gestación del Directorio Revolucionario (DR) en los últimos meses de 1955.

Jorge Valls,[69] uno de los miembros fundadores, afirma que los ideales de la nueva organización eran "democráticos, Cristianos y socialistas, pero no marxistas". Menciona también la reunión preliminar que tuvo lugar en la escalinata que conduce al recinto y contó con la asistencia de representantes de los partidos políticos, instituciones cívicas y la prensa nacional. Echeverría y sus compañeros habían ido configurando una organización distinta, con cabida para todos los de la línea insurreccional y que se convertiría en el grupo del estudiantado cuando llegara el momento de sumergirse en la clandestinidad.[70]

El 24 de febrero de 1956 Echeverría anuncia en el aula magna de la Universidad de la Habana, que se ha organizado el DR, brazo armado de la FEU, exponiendo en público su programa de 25 puntos.

Los cargos ocupados por la dirigencia fueron cambiando como consecuencia de la evolución de la organización y la incorporación de nuevos miembros. Funcionó inicialmente dentro de la Universidad pero luego se extendió a otros centros de enseñanza del país, a organizaciones profesionales y obreras y al pueblo en general.

La Carta de México

Acabo de hacer un pacto con Dios y con el diablo.
José Antonio Echeverría, 24 de octubre de 1956.[71]

El mes de agosto de 1956 estaba tocando a su fin cuando, procedente de Chile y rumbo a Ceilán, arribó a la capital mexicana José Antonio Echeverría.

---

[69] (1986: 3).

[70] Mencía (2007a: 176).

[71] Confidencia a su hermana Lucy en el aeropuerto de Rancho Boyeros a su regreso a Cuba (Comunicación personal con el autor, 12 de febrero de 2010). También aparece en Fernández León (2007: 392).

Lo esperaba su compañero René Anillo, llegado de la Habana dos días antes. El propósito de esta escala era el formalizar los lazos que unirían al DR con el M-26-7.[72]

Las Negociaciones

El encuentro tuvo lugar el 30 de agosto en el apartamento de Jesús Montané y su esposa Melba Hernández, ambos veteranos del Moncada. En esa primera reunión se analizó la situación del país, la importancia de la unidad, el papel a jugar por el estudiantado cubano y la promesa del M-26-7 de ser libres o mártires ese año.

Fig. 2.1. Echeverría, Castro y Anillo en Ciudad México.
Fuente: Foto de archivo.

La segunda reunión se celebró al día siguiente, y se centró en varios aspectos de la unidad entre ambos grupos. Ambos reconocían no poseer los medios necesarios para realizar la empresa que se proponían: el DR sólo contaba con unas escasas armas en la capital y el 26 de Julio no poseía siquiera una embarcación para trasladar los expedicionarios a la isla. Debido a ello, la dirección del DR le había enviado un mensaje a Echeverría enfatizando "la necesidad de discutir ampliamente con Fidel los acuerdos que se habría de tomar, a fin de poder responder históricamente ante el pueblo por los compromisos contraídos".[73]

Acordaron llamar "carta" y no "pacto" al documento final del encuentro para otorgar más flexibilidad al cumplimiento de las tareas encomendadas a cada organización. Fue una intensa reunión que se prolongó hasta las cinco de la madrugada del día siguiente y de la cual salieron acuerdos específicos. El documento final fue firmado por ambos dirigentes el 31 de

---

[72] Ver García Oliveras (1979: 294-305); Bonachea y San Martín (1974: 69-72).
[73] García Oliveras (1979: 295).

agosto.[74]

La "Carta de México" constaba de 19 puntos. Además de los consabidos ataques a las elecciones espurias, la conspiración trujillista, y los diálogos infructuosos, elogiaba a los militares dignos, proclamaba la posibilidad de éxito de la insurrección popular y hacía un llamado a la unidad de todas las fuerzas. El último punto prometía "un programa de justicia social, de libertad y democracia, de respeto a las leyes justas y de reconocimiento a la dignidad plena de todos los cubanos... y los que la dirigimos, dispuestos a poner por delante el sacrificio de nuestras vidas, en prenda de nuestras limpias intenciones".[75] Por razones tácticas, ya que se pensó que tendría así mayores repercusiones, José Antonio firmó a nombre de la FEU, aunque también estaba representando al Directorio.

El compromiso se puntualizó un mes más tarde cuando, a principios de octubre, Echeverría viajó a México de nuevo, donde se le unieron días después, procedentes de Miami, Fructuoso Rodríguez, Faure Chomón y Joe Westbrook. Desde la Habana llegaron luego José Machado, Juan Pedro Carbó Serviá y Juan Nuiry, este último como enviado de la FEU. El ejecutivo del DR se reunió entonces con Fidel Castro en largas sesiones donde todos expusieron sus puntos de vista.

Algunos de los presentes las llamaron después "discusiones amplias y francas", tal vez para dejar entrever que dichas conversaciones no estuvieron siempre rubricadas por el consenso. Los miembros del DR defendieron su estrategia de la lucha urbana, en la cual tenían experiencia, por considerarla apropiada en aquellos momentos. Por su parte, Fidel Castro expuso lo que el Movimiento 26 de Julio creía era la mejor vía de las muchas variantes de la lucha armada. Como no lograban ponerse de acuerdo, el jefe del 26 de Julio les planteó que, habiendo comunión de ideales y de lucha, aunque no estaban de acuerdo en la forma de aplicar esa lucha armada, lo mejor que hacían era dar libertad a la otra parte para que siguiera su estrategia, aunque siempre se mantendrían unidos para asestar más duros golpes a la dictadura.

Los acuerdos adoptados iban a tomar gran trascendencia con el transcurso de los meses y, en términos generales, decían:[76]
• Aunque apenas faltaban dos meses y medio para la terminación del plazo, el M-26-7 cumpliría la promesa hecha al pueblo de iniciar la lucha armada antes

---

[74] Una nota de Luis Hernández Serrano publicada el 4 de septiembre de 2006 en America Online, después de un complejo análisis cronológico, sugiera que la fecha verdadera de la firma del documento fue el 29 de agosto de 1956.

[75] García Oliveras (1997: 298).

[76] García Oliveras (1979: 304).

de finalizar 1956.

• El Directorio Revolucionario desarrollaría simultáneamente operaciones armadas urbanas, especialmente en la Habana, con el objeto de hacer que las fuerzas de la dictadura se dividieran en varios frentes.

• Bajo el mando de sus direcciones provinciales, el 26 de Julio realizaría también diversas acciones en todo el territorio nacional para desconcertar aún más a las fuerzas represivas. Al mismo tiempo, los sectores comprometidos con la organización ejecutarían huelgas y disturbios.

El documento fue llevado a Cuba por René Anillo, quien arribó a la capital cubana con el documento oculto en sus zapatos. Dos días después era publicado en la prensa.[77]

Dadas las expectativas de los militantes de ambas organizaciones, los acuerdos firmados fueron de una generalidad impresionante. Nunca se publicó luego si hubo un acuerdo verbal sobre acciones específicas.

Un evento grave, apenas mencionado en la isla, aparece en un artículo de Juan Nuiry.[78] Echeverría y el resto del grupo viajan de Miami a Ciudad México para la segunda reunión el 10 de octubre. El enviado para recibirlos los conduce del aeropuerto a la mansión del ingeniero mexicano Alfonso Gutiérrez y su esposa [omitiendo el nombre de su esposa cubana Orquídea Pino], donde se celebraba una reunión de la DN del M-26-7. Menciona los nombres de las siete personas presentes a quienes saludaron antes de retirarse a otro lugar para continuar discutiendo los acuerdos. El regreso a Cuba de los miembros del Directorio se produce el día 16.

Nadie hace mención del hecho de que en esa mansión se encontraba –secuestrado por su padre—Fidelito Castro Díaz-Balart, que había llegado el 17 de septiembre con permiso de su madre para pasarse dos semanas con su padre. Fidel no sólo viola el acuerdo con su antigua esposa, sino que le cambia el nombre a Juan Ramírez, lo inscribe en los Boy Scouts y lo pone bajo la custodia del matrimonio Gutiérrez-Pino, a quienes pide no lo devuelvan para que su hijo de seis años no se críe bajo la influencia de su familia materna. Me cuesta trabajo creer que los jóvenes del Directorio no captaran la gravedad de la decisión de Castro. Fidelito fue rescatado a la fuerza cuando paseaba en Chapultepec con dos tías paternas el domingo 8 de

---

[77] Juan Nuiry Sánchez, "José Antonio Echeverría: ¡Verbo y acción!", *Gramscimanía*, http://www.gramscimania.info.ve/2011/09/jose-antonio-echeverria-verbo-y-accion.html.

[78] Juan Nuiry, "Cuando la unidad parió jóvenes invencibles", *Juventud Rebelde*, 29 de agosto de 2011, http://www.juventudrebelde.cu/cuba/2011-08-29/cuando-la-unidad-pario-jovenes-invencibles/

diciembre, cuando su padre ya andaba por las montañas de Oriente. El niño regresó a Cuba junto a su madre y su padrastro días después.[79]

Otro hecho que adquiriría suma importancia con el correr de los años, y que no fue reportado por ninguno de los presentes, fue la reacción negativa de los delegados del Directorio a dos proposiciones de Fidel Castro. La primera era una alianza con los comunistas cubanos, que Echeverría rechazó vigorosamente. La segunda era que el DR se pusiera bajo el liderazgo de Castro. Según le contó el miembro del Directorio Primitivo Lima a Hugh Thomas,[80] hubo "otras diferencias de carácter doctrinal". Esta parte de la reunión puede haber quedado oculta para el público pero no fue olvidada por el jefe del 26 de Julio.

El Levantamiento: La Decisión de Echeverría

En cuanto se recibió el aviso del próximo arribo de los expedicionarios de Fidel Castro, Echeverría convocó a una reunión urgente del ejecutivo de su organización. Uno de los autores que reside en la isla[81] ha descrito el lugar de la reunión como "la estrecha y sombría habitación en la calle Aguiar de la Habana Vieja". Lo que omite García Oliveras lo revela Cherson:[82] Echeverría se encontraba "en su refugio clandestino del claustro adjunto a la iglesia de San Francisco, situada en las simbólicas calles de Amargura y Cuba". Celebró la reunión en el lugar donde lo habían escondido los frailes franciscanos, con quieres mantuvo una estrecha relación a lo largo de su vida.

La organización tenía pocos recursos en su poder. José Antonio escuchó atentamente las dos sugerencias que le ofrecieron dos de sus compañeros. Luego tomó una decisión que ninguno de los presentes, aunque lo sospecharon, pudo concebir la tremenda repercusión que iba a tener. Asumiendo la responsabilidad histórica de la inacción, pues consideraba incorrecto el enviar a una muerte segura y estéril a los miembros del DR, dijo con firmeza:[83]

---

[79] Una versión más completa aparece en Álvarez (2009: 101-103). En el libro de Juanita Castro (2009) el capítulo 18 se titula "El secuestro de Fidelito".

[80] (1977: 102).

[81] García Oliveras (2003: 79).

[82] (1982: 15).

[83] Aunque el pasaje que aparece en Fernández León (2003: 417-418) parece haber sido tomado de un artículo de Faure Chomón publicado en la edición de la *Revista Bohemia* del 19 de marzo de 1959, el autor afirma que las palabras de Echeverría

Ni el plan de Wangüemert de colocar algunos compañeros con las pocas armas de que disponemos en algunas azoteas y esquinas de La Habana, ni el plan de Julio García de atrincherarse con esas armas en la universidad en un acto de sacrificio, son aceptables. Me opongo a ellos y asumo esta responsabilidad, pues nosotros no podemos dar un paso que signifique la inmolación de un grupo de compañeros en un plan sin posibilidades de ningún tipo.

Todos los miembros del ejecutivo aceptaron esa decisión. Si tuvo otro motivo, se lo llevó a la tumba. Desde ese momento, se enfrascó en la preparación de la acción que realizaría apenas tres meses y medio después.

Rompimiento de Echeverría con Castro

Un importante encuentro entre dirigentes de ambas organizaciones fue preparado con cautela pero ello no evitó que se conociera debido a la denuncia de algunos de los participantes que luego tomaron el camino del exilio. Los que decidieron permanecer junto a Castro no lo mencionan en sus Memorias, a pesar de la enorme importancia del eveneto.

La decisión tomada el 29 de noviembre por Echeverría de que el Directorio se abstuviera de apoyar con acciones en la capital el alzamiento del día siguiente en Santiago de Cuba y el posterior desembarco del *Granma* no iba a borrarse de la memoria de Fidel Castro. No importaba que los hechos hubieran demostrado lo acertada de la decisión.

Los días 16 y 17 de febrero de 1957 tuvo lugar la primera y única reunión de la Dirección Nacional del Movimiento 26 de Julio en el campamento de Fidel Castro. Parte del informe de Faustino Pérez se refería a su reunión con algunos de los ejecutivos del Directorio: "Otra información importante que dimos en aquella oportunidad fue los preparativos del Directorio Revolucionario para atacar el Palacio Presidencial y los contactos que en ese sentido habíamos establecido con José Antonio Echeverría y Menelao Mora, quienes nos dieron a conocer sus proyectos. Traté de persuadirlos a destinar las armas para abrir un Frente en el Escambray, pero nada logré".[84]

Parece cuestionable que Echeverría y Mora hayan revelado sus planes tan abiertamente. Ese hecho pudiera levantar sospechas pues varios estudiosos afirman que las autoridades conocían que el Palacio Presidencial iba a ser

---

fueron corroboradas por Dysis Guira, a quien su novio Joe Westbrook se las había contado y por Samuel Cherson, también presente en la reunión junto a Westbrook.
[84] Gálvez Rodríguez (1991: 443).

asaltado.[85] Sin embargo, como se verá en el capítulo siguiente, el coronel Orlando Piedra[86], el general Roberto Fernández Miranda[87] y el general Francisco (Silito) Tabernilla[88] no mencionan esa posibilidad en sus Memorias.

Después de la visita de Matthews y la reunión de la DN en la Sierra Maestra los días 16 y 17 de febrero, Castro le entrega a Faustino Pérez una carta para que se la entregue a Echeverría. Cuando Faustino Pérez regresa a la capital se pone en contacto con su compañero José (Pepe) Llanusa para que solicite una reunión con los ejecutivos del DR. Llanusa le pidió a Ricardo (Popi) Corpión que organizara un encuentro con Echeverría. Además de las cuatro personas mencionadas (Pérez, Llanusa, Corpión y Echeverría), estuvieron presente Julio García Oliveras, ejecutivo del DR, y Samuel Cherson.[89] Seis asistentes en total, que aparecen de izquierda a derecha en las fotos de la Fig. 2.2: Faustino Pérez y José Llanusa pertenecen al 26 de Julio y los cuatro que siguen al Directorio Revolucionario: Echeverría, García Oliveras, Corpión y Cherson.

Faustino puso en las manos de José Antonio la carta personal de Fidel Castro. La misiva no podía ser más insultante. Una simple ojeada hizo que Echeverría decidiera leerla en voz alta para conocimiento de todos los presentes. Fidel Castro acusaba al Directorio Revolucionario de traición y cobardía. Y se ensañaba con su jefe máximo: "Especialmente tú, José Antonio, que me prometiste que te unirías al levantamiento".

Castro acusaba a los militantes del DR de asesinos por haber segado la vida del teniente coronel Antonio Blanco Rico, jefe del SIM quien, de acuerdo a Fidel, "era una persona decente".

Fig. 2.2. Los asistentes a la reunión.
Fuente: Fotos de archivo.

---

[85] Fernández Miranda (1999: 163) afirma que la posibilidad de un asalto venía siendo considerada desde mucho tiempo atrás y al subir Batista al poder se elaboró un plan para su defensa. Por otra parte, la existencia de un plan para asaltar el Palacio Presidencial era del conocimiento de numerosas personas.

[86] Raimundo (1994).

[87] (1999).

[88] Taborda (2009).

[89] (1982: 16).

Castro terminaba su misiva repitiendo las acusaciones de traición y cobardía a todos los miembros del Directorio. Al finalizar la lectura, Echeverría se lanzó sobre Faustino Pérez para agredirlo físicamente, pero sus compañeros lo impidieron al tiempo que hacían un llamado a la cordura. Entonces Echeverría le escribió una nota a Fidel Castro rechazando con firmeza sus acusaciones en un tono que no dejaba dudas del resentimiento que el dirigente estudiantil sentía hacia Fidel Castro, a quien le recordaba que él no era jefe de la revolución.[90] Al tiempo que le entregaba su respuesta, le dijo a Faustino que no quería volver a ver jamás ni a él ni a ningún mensajero de Castro.

Después que Pérez y Llanusa abandonaran el lugar, José Antonio analizó la situación con Corpión y García Oliveras. Echeverría estaba furioso. Le expresó a Corpión que la actitud extrema de Fidel Castro cerraba las puertas a futuros esfuerzos unitarios con el guerrillero ya que mostraba su peligroso egocentrismo y aspiraciones caudillistas, incompatibles con un futuro democrático. Corpión trataba de calmarlo. García Oliveras compartía el criterio de sus dos compañeros de que Fidel Castro no merecía mucha atención. Cherson confesaría luego que la carta tenía el propósito de herir a José Antonio en lo más profundo de su ánimo y hacerlo sentir que era un cobarde, cuando era todo lo opuesto. En esta oportunidad, falló el inagotable estoicismo de Echeverría para soportar los resabios naturales de la lucha. Entendió que en Castro más que celos de gloria primaban la crueldad y la maldad. Fue entonces cuando Echeverría sentenció que, independiente de lo que pudiera sucederle, **ningún miembro del Directorio Revolucionario debía unirse jamás a las guerrillas de la Sierra Maestra.**

Algunos autores[91] afirman que fue tal el impacto de la carta de Fidel Castro que, de haber sobrevivido, las relaciones entre los dos dirigentes nunca hubieran sido amistosas. El impacto inmediato reveló la necesidad de una pronta acción contra el dictador. "Definitivamente", afirma Fernández León, "el Directorio y José Antonio Echeverría, tenían un gran enemigo además de Batista, Fidel Castro".[92]

Los Esfuerzos por Escribir una Historia Fidelista

A pesar de la importancia del evento, los pocos escritores de la isla que mencionan la carta y la reunión dan la impresión de que se refieren a un

---

[90] Fernández León (2007: 442).
[91] Bonachea y San Martín (1974: 107).
[92] (2007: 443).

evento imaginario. Por ejemplo, García Oliveras,[93] presente en la reunión, dice: "A José Antonio le había llegado una carta que le enviaba Fidel desde la Sierra Maestra. Allí, tras setenta y nueve días de campaña, Fidel iba formando exitosamente el ejército guerrillero, venciendo con su extraordinaria voluntad y decisión las tremendas dificultades que enfrentaba… Fidel se dedicó el día 18 de febrero a redactar un manifiesto y escribió varias cartas para miembros de diferentes sectores del país. Este mensaje de Fidel hizo que José Antonio acelerara los preparativos de la acción que habíamos proyectado". García Oliveras transformó la ofensa a su líder Echeverría en alabanzas a Fidel Castro, el rival que lo calumnió e hirió, haciéndolo olvidar por completo el contenido de la carta y la reacción violenta de José Antonio contra el guerrillero de la Sierra Maestra.

Hay más. No existen palabras para calificar la evaluación que hace uno de los presentes en la reunión de la importancia de Fidel Castro en los planes del DR: "En primer lugar, tengo que subrayar que para nosotros el pacto de México con Fidel siempre fue un punto fundamental, un principio de toda nuestra acción hasta el 31 de diciembre de 1958. Para el Directorio era un problema de principios. Fidel, en la Sierra Maestra, no tenía muchas fuerzas para esa época. Pero en el año 57, el M-26-7 creció aceleradamente en la ciudad. Cualquier decisión, a partir del 13 de marzo, se hubiese tomado de acuerdo con Fidel y el Movimiento 26 de Julio".

El historiador Sergio López Rivero[94] califica los testimonios de este tono como una "manera pedigüeña de aparecer en la historia". Agrega que los apuntes biográficos de los miembros del DR deben tomarse en cuenta "por la manera en que se han prestado a manipular la historia, después de ser absorbidos por el grupo político de Fidel Castro". Y continúa: "Los sobrevivientes del Directorio acomodan el pasado a su lugar actual en el mundo revolucionario. Un vulgar lugar, a remolque de la actualización de las palabras de Fidel Castro, que durante años no ha cesado de humillarlos".

De manera parecida se aborda dicha reunión en la biografía escrita por el actual historiador de la ciudad de Cárdenas:[95] Afirma Álvarez Blanco, siguiendo fuentes secundarias que, en el transcurso del mes de febrero, José Antonio recibió una misiva de Fidel Castro, fechada el 18 de ese mes, en la que le describe la situación en la Sierra Maestra y lo insta a acelerar las

---

[93] (2003: 89, 90).
[94] "El Directorio en entredicho (Reclamando la versión de Cubela y Castelló)". http://ei.eichikawa.com/2011/08/el-directorio-en-entredicho-reclamando-la-version-de-cubela-y-castello.html.
[95] Álvarez Blanco (2009: 163).

acciones en La Habana. Esta carta impulsó definitivamente los planes del Directorio de realizar una operación que removiera hasta los cimientos a la dictadura; la cual se estaba consciente de que concentraría todo su poderío contra Fidel y sus hombres. Y hay que preguntarse: Entre todos los cientos de documentos y fotos que acumuló el joven historiador, ¿no se encontraban la carta de Fidel y la respuesta de José Antonio?

Una situación similar ocurre en una de las publicaciones de Juan Nuiry,[96] quien fue, tal vez, la persona que, sin ser militante del Directorio Revolucionario, estuvo junto a José Antonio en casi todos los eventos importantes. Tuvo que haber conocido de la carta y la reacción violenta de su amigo. Pero este autor ni siquiera la menciona, a pesar de que detalla lo que iba sucediendo en los días que precedieron al 13 de marzo.

Se pudiera afirmar, sin temor a equivocarse, que no existe en Cuba referencia alguna al incidente de esta reunión.[97] Esa amnesia oportunista y pusilánime se extendió luego a casi todos los dirigentes del Directorio en cuanto a la orden del rompimiento con Fidel Castro emitida ese día por José Antonio.

Y yo vuelvo a preguntar, ¿dónde están y por qué no se enseñan la carta y la respuesta? Sabemos del esmero y la dedicación de Celia Sánchez de recopilar cuanto papelito circulaba en la lucha, especialmente en la Sierra Maestra, depositados en los archivos de la Oficina de Asuntos Históricos del Consejo de Estado (OAH). Es muy probable que estos dos documentos formen parte de algún Fondo pero han escapado a las pupilas de los investigadores del régimen y de los extranjeros privilegiados que han conseguido acceso a los mismos.

El libro de Julia E. Sweig[98] titulado *Fidel Castro and the urban underground* (Fidel Castro y la clandestinidad urbana), es un caso típico. La autora reconoce, justo al comienzo de la obra, que los archivos de la Oficina de Asuntos Históricos constituyeron la fuente primaria de la información utilizada en su obra. El director y su asistente no solo pusieron a su disposición el archivo sino también al personal durante un período de tres años. El Instituto de Historia fue otro colaborador, al igual que unas dos docenas de entrevistados en posiciones de alto rango, entre los que pude reconocer solo unos pocos que estuvieron involucrados en la lucha clandestina. Aunque reconozco que hubiera sido un ejercicio inocuo al

---

[96] (1988).

[97] En el exilio aparece en Bonachea y San Martín (1974: 107) y Llovio Menéndez (1988: 68).

[98] (2002).

objetivo del proyecto, la autora no salió en busca de los hombres y mujeres que lucharon bajo Frank País y José Antonio Echeverría.

Diez Fundaciones y algunas personas donaron los fondos para ese proyecto. Algo increíble cuando decenas y decenas de propuestas de investigación son rechazadas por esas mismas instituciones.

Hace más de 30 años que me dedico a investigar el proceso de la rebelión que llevó a Fidel Castro al poder el 1 de enero de 1959. Como digo en la introducción, siendo un adolescente, milité en el Movimiento 26 de Julio desde su fundación hasta su disolución. Por eso me entusiasmé cuando salió el libro de Sweig. Lo leí de un tirón. Volví a leer varias partes en los días siguientes. Pero quedé decepcionado. El libro no aporta nada nuevo a la literatura de ese período.

Tiempo después, el Instituto de Investigaciones Cubanas (CRI) de la Universidad Internacional de la Florida convocó a un Seminario titulado "Cuba 1952-1958 – Entre votos y balas" para el 17 de noviembre de 2008. Uno de los paneles de la tarde anunciaba:

José Álvarez, University of Florida – *El Movimiento 26 de Julio y las elecciones de 1958: La pérdida de opciones pacíficas.*

Julia Sweig, Council of Foreign Relations, *Política de Estados Unidos hacia Cuba, 1952-58.*

El Seminario me iba a dar la oportunidad de compartir con ella y hacerle infinidad de preguntas. No asistió. La noche previa al evento se excusó con la Dra. Uva de Aragón, organizadora del taller, debido a una enfermedad de uno de sus hijos.

Perdimos todos. Nosotros, porque no pudimos ahondar en el proyecto de Dr. Sweig. Ella, porque pudo haber compartido con personas del panel y la audiencia que estuvieron trabajando en la clandestinidad tanto en el 26 de Julio (mi amigo Agustín País, entre ellos) como en otras organizaciones y que no compartimos los puntos de vista oficiales.

Este hecho está relacionado con el tema del libro pues nos da una idea del ambiente en que los antiguos miembros del Directorio escriben en la isla. Bajo el castrismo siempre ha sido así: "Con la revolución, todo; contra la revolución, nada". Esa amenaza contenida en las famosas "Palabras a los intelectuales" de Fidel Castro se extiende a todas las ramas del saber. Y a todos los individuos nacionales o extranjeros, ya sean intelectuales o no.

3 LOS SUCESOS DEL 13 DE MARZO DE 1957 Y SU SECUELA

Confiamos en que la pureza de nuestras intenciones
Nos atraiga el favor de Dios para lograr
El imperio de la justicia en nuestra Patria.
José A. Echeverría, *Presunto Testamento político*, 13 de marzo de 1957.

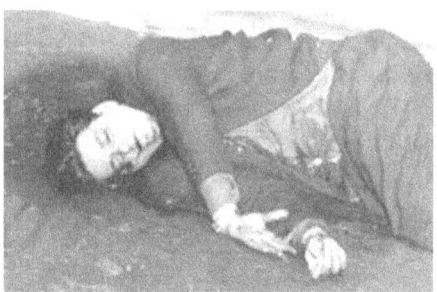

Fig. 3.1. José Antonio Echeverría muerto en la calle.
Fuente: Foto de archivo.

La Letra del Año

En sus inicios, eran pocos los *babalaos* (padres de los misterios de la lengua Yoruba) que estaban consagrados y por ende capacitados para participar en estas ceremonias donde se predicen los sucesos del nuevo año. Los devotos[99] alegan que, como la metodología del evento ha llegado hasta nuestros días, las predicciones se han mantenido reales y certeras.[100]

Aunque muchos dudan de estos vaticinios, por su contenido ambiguo y muy generalizado, la prensa comenzó a divulgarlos con menos prejuicio en la

---

[99] Los devotos han incluido a dirigentes políticos, incluyendo varios presidentes. Álvarez (2016: 17-24) contiene interesantes relatos al respecto.
[100] Ver http://lapalmadeagustin.wordpress.com/2014/01/02/unificacion-letra-del-ano/.

década de 1950. Son los propios *babalaos* quienes reconocen que el mayor logro de la letra del año ocurrió en el año 1957, cuando el anuncio anual incluía el ataque al Palacio Presidencial y el frustrado ajusticiamiento del tirano. Uno de los *babalaos* que sacó esa Letra era "padrino" del dictador, que era practicante de algunas de las religiones afrocubanas, y enseguida le comunicó el significado de la letra: "El rey tiene que buscar una salida de los lugares donde él está constantemente, que nadie la conozca". Batista hizo construir puertas secretas en el Palacio Presidencial, el campamento de Columbia y su finca Kukine a toda prisa. En febrero ya estaban terminadas.[101]

Un artículo de Sierra Madero[102] siembra dudas sobre todo el suceso. Primero, religiosos le afirmaron que no era ese el signo regente. Segundo, que la construcción de esa puerta hubiera llamado la atención a los empleados de Palacio y a los comandos del Directorio Revolucionario que vigilaban constantemente la mansión ejecutiva. Tercero, el folleto publicado donde se anunciaba el acontecimiento nunca lo encontró entre las publicaciones de la época. Sin embargo, la prueba es la existencia de la mencionada puerta, que no aparecía en los planos que adquirieron los asaltantes, y fue por donde se asume que huyó el dictador.

El Ataque al Palacio Presidencial

Desde comienzos de enero, los dirigentes del Directorio Revolucionario, unidos a los hombres de Menelao Mora, comenzaron a elaborar un detallado plan que se alejaba de la idea de guerrillas rurales de Fidel Castro. Los capitalinos sustentaban la tesis de "golpear arriba" que incluía la eliminación física del dictador.[103]

El plan era lógico: La toma del Palacio Presidencial ponía en manos de los revolucionarios el lugar donde se cruzaban todos los hilos que hacían funcionar el gobierno y el aparato represivo. La Universidad de la Habana sería el cuartel general desde donde se irían dirigiendo el resto de las operaciones con las armas ocupadas. A ella acudiría el pueblo después de

---

[101] El relato aparece en Bolívar (2011). Harnecker (2001: 20) se refiere al hecho de que, cuando Batista es advertido de la presencia de los asaltantes en la planta baja, "se esconde en un refugio del propio Palacio".

[102] "Fulgencio Batista, las puertas secretas y las religiones africanas", *El Nuevo Herald*, 7 de julio de 2014, en
http://www.elnuevoherald.com/noticias/mundo/america-latina/cuba-es/article2036750.html.

[103] La breve descripción está basada en varios escritos, incluyendo a Chomón (1969); Zito (1998); Álvarez (2008).

haber escuchado la alocución de Echeverría por Radio Reloj. No era un plan descabellado. Se necesitaba coraje y ese abundaba.

Las declaraciones en cuanto a la jefatura del levantamiento continúan confusas. Zito[104], por ejemplo, contiene la afirmación de Rodríguez Loeches de que "Menelao Mora asume la responsabilidad máxima del movimiento insurreccional priísta en el país", lo cual revela la intervención del derrocado Presidente en la conspiración. Incluye también a Faure Chomón expresando que "José Antonio era el jefe militar de todo el levantamiento armado del 13 de marzo y el líder político máximo de aquel movimiento por ser presidente de la FEU y secretario general del Directorio Revolucionario". Sin embargo, el mismo Chomón afirma que "el jefe del comando que asaltaría a Palacio lo sería Carlos Gutiérrez Menoyo, yo actuaría como segundo jefe del mismo". En dicho libro se afirma que Julio García Oliveras sería el jefe de operaciones en las acciones de Reloj y la Universidad".[105]

Se celebraron varias reuniones y se fue ajustando el plan mientras el arsenal de armas y el número de voluntarios iban en aumento. Miembros del Movimiento 26 de Julio declinaron la invitación por diversos motivos. Otros, aceptaron.

Durante toda la lucha en varias ocasiones en que las autoridades ocuparon armamento o evitaron con detenciones la realización de conspiraciones, entre los complotados había algún militante o representante del Movimiento 26 de Julio.[106] En este caso, el propio Faure Chomón[107] reconoce que "se detecta que se han infiltrado algunos sujetos de los no aprobados" y luego agrega una tremenda acusación que no aparece investigada en ninguna de las obras sobre el asalto: "Han de ser los responsables del fracaso, al final, del ataque al Palacio Presidencial el 13 de marzo". Pero no menciona nombres.

No fue hasta hace un par de años que Roberto Torricella, hombre allegado a Batista, defendiera la tesis de la ausen-cia del factor sorpresa en un par de artículos publicados en el Blog de Zoe Valdés.[108] Afirma Torricella que

---

[104] (1998: 26, 82, 58).

[105] Zito (1998: 81).

[106] Álvarez (2008: 297n9).

[107] Zito (1998: 62).

[108] "Desmintiendo las manipulaciones" Ataque al Palacio Presidencial, 13 de marzo de 1957 (1ra Parte)" y el segundo con el mismo título pero (2da Parte), en https://zoevaldes.net/2014/07/07/desmintiendo-las-manipulaciones-ataque-al-palacio-presidencial-13-de-marzo-de-1957-por-roberto-torricella/ y https://zoevaldes.net/2014/07/08/desmintiendo-las-manipulaciones-ataque-al-palacio-presidencial-13-de-marzo-de-1957-por-roberto-torricella/, con fechas 7 y 8 de agosto de 2014, respectivamente.

hasta el propio dictador había recibido información confidencial de un planeado ataque al Palacio Presidencial encabezado por Menelao Mora. Utiliza entonces al coronel Orlando Piedra –director del BI—para que le comunique estos planes al amigo congresista hermano de Menelao, pero Cándido Mora no llega a contactar a su hermano debido a la rivalidad existente entre ellos. Se aumentó el patrullaje alrededor de Palacio las 24 horas del día y el coronel Roberto Fernández Miranda –cuñado de Batista— ordenó sin el debido permiso la instalación de dos ametralladoras calibre 30 debajo de las escaleras del recinto.

Sin embargo, el general Roberto Fernández Miranda afirma que no hubo delación alguna, aunque siempre tuvieron al Palacio listo para una defensa. Y concluye que las posibilidades de triunfo de los asaltantes eran nulas: "El palacio estaba muy compartimentado, y cada uno de estos compartimientos fuertemente defendido".[109] El general Tabernilla Palmero comparte esa evaluación: "El hecho en sí de la toma del Palacio, fue una locura, porque ellos nunca hubieran podido llegar hasta donde estaba Batista".[110]

El 10 de marzo se dio la orden de acuartelamiento y todos los complotados ocuparon los apartamentos ya alquilados y equipados con lo esencial. Alrededor de las seis de la tarde del día 12 los encargados de la vigilancia reportaron que el dictador había hecho su entrada en Palacio, pero decidieron esperar hasta el día siguiente. Por la mañana Chomón y Wangüemert salieron a recorrer los alrededores de Palacio. Todo parecía normal. Minutos después, la policía comenzó a cerrar las calles que conducen a la casa de gobierno con unas barricadas de madera. Ello pudiera indicar que el plan se había filtrado y alertado al dictador, además de hacer imposible el acceso inmediato al lugar. El temor era infundado pues esas barreras se colocaban para evitar ruidos cuando el dictador dormía en Palacio y se retiraban a la mañana siguiente, lo cual ocurrió alrededor de las once de la mañana.

La acuartelada caravana partió a las tres de la tarde rumbo al objetivo, mientras García Oliveras se dirigía al escondite de los designados para asaltar a Radio Reloj, quienes debían iniciar su marcha veinte minutos después. El largo recorrido hasta Palacio se realizó sin mayores inconvenientes. Al llegar al objetivo, el auto vanguardia de Carlos Gutiérrez Menoyo se detiene ante la puerta del Palacio Presidencial, seguido por el camión y el auto de Chomón. Después de liquidar a los dos soldados de la posta, Gutiérrez Menoyo penetra en el reciento por la puerta abierta, seguido por parte del grupo que

---

[109] Fernández Miranda (1999: 168).
[110] Taborda (2009: 114).

ha llegado a la arcada. Chomón es herido y no puede entrar.[111] Varios asaltantes disparan desde abajo a los pisos superiores, contrario a la orden que se ha dado. Chomón afirma que el factor sorpresa parece haber trabajado, lo cual tiende a desmentir los rumores de un previo aviso. En mi modesta opinión, todavía existen muchos aspectos de la acción que necesitan aclararse antes de hacer esa afirmación. Resulta punto menos que imposible que una acción de esta envergadura, con tantas personas participando, hubiera navegado sin problemas de al menos una delación o un comentario que hubiera alertado a los organismos de seguridad de la dictadura.

Los asaltantes logran ganar el combate de la planta baja mientras otros suben al segundo piso por una escalera situada cerca de la entrada. Comienzan a revisar pasillos y habitaciones, les disparan desde la terraza norte a uniformados que se acercan para dar la impresión de que el lugar está tomado. El otro grupo entabla combate con la guarnición que les dispara desde el tercer piso. Machadito lanza varias granadas a los uniformados que se han atrincherado en los pisos superiores, seguidas de varias bombas que estremecen todo el Palacio. Desde la azotea, los guardias dan gritos de apoyo al dictador, lo que hace suponer que este ha alcanzado el tope del edificio. Han caído ya varios combatientes y hay muchos heridos. Otros corren ensangrentados disparando sus armas contra los soldados y revisando habitaciones. Los asaltantes logran alcanzar el tercer piso, donde mueren varios. Un pequeño grupo llega hasta el despacho de Batista, después de vaciar varios peines para abrir la cerradura. Se sorprenden al encontrar la habitación vacía, aunque sobre el escritorio descansaba una humeante taza de café y un habano recién encendido. ¿Se puede asociar ese hecho con la predicción de la letra del año? En el artículo de Torricella se niega este hecho. Según él, Batista no acostumbraba a fumar en esa oficina y el día del asalto, a petición de su esposa por tener un hijo enfermo, había permanecido todo el día en el tercer piso.

El esperado refuerzo de cien hombres no llega. Los que han quedado vivos comienzan a bajar del tercer piso. Alcanzan las calles y corren para ponerse a salvo, cayendo muchos en el intento. El ataque a la guarida del dictador ha fracasado. Y aquí se impone un paralelo con el fracaso del asalto

---

[111] En "Los olvidados del ataque al Palacio Presidencial", de Félix J. Hernández, publicado en *Baracutey Cubano* el 10 de marzo de 2012, el autor no solo afirma que el segundo jefe del asalto no era Chomón sino José Castellanos Valdés, quien murió junto a Carlos Gutiérrez Menoyo, sino que agrega que Faure no llegó a entrar al objetivo (lo cual nunca ha negado) pero que la herida la recibió en el glúteo izquierdo mientras huía de aquel infierno (http://baracuteycubano.blogspot.com/2012/03/felix-j-hernandez-los-olvidados-del.html).

al Cuartel Moncada.[112] Solo media docena de combatientes logró entrar en la fortaleza santiaguera. Fidel Castro, al volante del segundo auto de la caravana, chocó los neumáticos contra el contén de la acera, alertando a los miembros de la posta e imposibilitando el paso a los que venían detrás. Después de dispararle al cuartel desde una distancia de unos 140 metros de la posta, ordenó la retirada.

Existe confusión en lo referente a la militancia y el liderazgo de los combatientes del asalto al Palacio Presidencial. Las acciones del 13 de marzo de 1957 fueron el resultado de un plan elaborado por el Directorio Revolucionario, la Triple A y una parte la Organización Auténtica (OA), que respondía al ex presidente Carlos Prío Socarrás, quien contribuyó con sus recursos, al igual que lo había hecho con la compra del yate *Granma* que llevó a Fidel Castro y sus hombres a las costas de Cuba. El jefe general del asalto era Menelao Mora, mientras que el de acción lo era el veterano de la guerra civil española Carlos Gutiérrez Menoyo, quien tenía como ayudante a Faure Chomón.

Siempre tuve la impresión de que un recuento riguroso de la militancia de los asaltantes arrojaría una aproximación a la paridad entre estudiantes y auténticos, no así con los que asaltaron a Radio Reloj quienes, con la sola excepción de Juan Nuiry, eran todos militantes del Directorio.[113] Sin embargo, a falta de una lista completa, he agregado la organización a los nombres de los que cayeron y, para sorpresa mía, la gran mayoría pertenecía al DR aunque el M-26-7 y otras organizaciones estuvieron envueltos. La lista de los que murieron arroja ese resultado (Tabla 3.1).

Tabla 3.1. Lista de los caídos en el asalto al Palacio Presidencial con su militancia.

Nombre y apellidos	Organización
Ramón S. Alfaro Betancourt	DR
Luis Felipe Almeida	DR
Ormani Arenado Llonch	DR
José Briñas García	DR
Mario Casañas Díaz	DR
José Castellanos Valdés	DR
Adolfo Delgado Rodríguez	DR

---

[112] Álvarez (2008: 25-29).
[113] Ver, por ejemplo, a Barquín (1975: 374-382).

Ubaldo Díaz Fuente	Triple A – DR
Enrique Echevarría Acosta	M-26-7; DR
Pedro Esperón Delgado	DR
José L. Gómez Wangüemert	DR
Carlos Gutiérrez Menoyo	M-26-7; DR
Norberto Hernández Nodal	DR
Reinaldo León Llera	PRC; DR
Gerardo Medina Cardentey	OA; DR
Menelao Mora Morales	Triple A
Pedro Nolazco Monzón	Triple A
Eduardo Panizo Bustos	DR
Celestino Pacheco Medina	M-26-7
Carlos Manuel Pérez	DR
Evelio Prieto Guillama	DR
Abelardo Rodríguez Mederos	DR
Pedro Téllez Valdés	M-26-7
Pedro Zaydén Rivera	DR

Nota: DR: Directorio Revolucionario; Triple A: Acción Armada Auténtica; M-26-7: Movimiento 26 de Julio; PRC: Partido Revolucionario Cubano; OA: Organización Auténtica.
Fuentes: Tomado de varias publicaciones.

El régimen se ha atrevido a elaborar otro Plan para sustituir el original. He aquí la nueva versión de aquel evento que aparece en EcuRed[114], la cual se transcribe literalmente:[115]

> Plan de Acción: Los objetivos que se trazaron los miembros del Directorio Revolucionario 13 de marzo de 1957 fueron tres: Asalto al Palacio Presidencial, toma de una emisora (que sería Radio Reloj) para difundir la voz del movimiento revolucionario y ocupación de la Universidad de La Habana, como sede de su Estado Mayor. Los planes de José Antonio Echeverría, apoyado

---

[114] **EcuRed** es una enciclopedia en línea producida en Cuba con software MediaWiki, aunque es independiente de Wikipedia. Fue lanzada en Cuba el 13 de diciembre de 2010. El sitio, que alberga más de 150,000 artículos de referencia, biografías y trabajos académicos, aspira a compartir la visión cubana del mundo.
[115] http://www.ecured.cu/Directorio_Revolucionario.

por la mayoría de los líderes del Directorio consistían en dar batalla por la Revolución en La Habana y en caso de éxito tomar las medidas que garantizaran la toma del poder para el verdadero triunfo de la Revolución. No aceptarían bajo circunstancia alguna, golpes de Estado y el Ejército tendría que rendirse o incorporarse a los revolucionarios en la lucha de ciudad. Calcularon que seguramente contarían con las fuerzas revolucionarias que se incorporarían al levantamiento armado junto al Directorio Revolucionario, el Movimiento 26 de Julio en La Habana y el Partido Socialista Popular que, aunque en ese momento no tenía como línea la lucha armada, seguramente se incorporaría ante la posibilidad de participar en las acciones armadas que podrían lograr el triunfo de la Revolución. Fidel Castro con las fuerzas revolucionarias del naciente Ejército Rebelde, tomaría la provincia de Oriente y marcharía sobre La Habana. El Estado Mayor Revolucionario radicaría en la Universidad de La Habana, símbolo de las luchas populares de la FEU. Allí se armarían a los estudiantes y los obreros para continuar las acciones y dominar totalmente la capital. También se instalaría un Tribunal Revolucionario para detener y juzgar a los que pusieran en peligro el triunfo de la Revolución. En la Universidad estaría como jefe José Antonio Echeverría **hasta que llegara Fidel.**

Esta es la historia que escribe el régimen. Solo deseo señalar unos puntos: 1. Este plan nunca existió; 2. Sería interesante conocer cómo se convencería al Partido Socialista Popular (comunista) de que se incorporaran a la lucha armada; 3. De mayor importancia sería recibir una explicación de la estrategia militar de Fidel Castro para tomar la entera provincia de Oriente para luego marchar hacia La Habana con solo 12 hombres (Sí, los 12 hombres del mes de diciembre no habían aumentado tres meses después, como ha afirmado el propio Fidel Castro)[116]. Y, por último, qué o quién convencería a José Antonio, repleto de pueblo y armamento, de que le entregara el mando a un Fidel que solo puede aportar una docena de guerrilleros tres meses después de haber desembarcado. ¿Se acordaría Echeverría de la carta insultante que Castro le había enviado con Faustino Pérez solo unos días atrás? Es difícil comprender esta historia que coloca a Castro al frente de una acción en la que no solo no participó sino que, de triunfar, lo hubiera mantenido escondido en la Sierra Maestra con sus doce hombres.

---

[116] http://www.cuba.cu/gobierno/discursos/1961/esp/f130361e.html.

La Acción de Radio Reloj

Antecedentes Personales

Yo había llegado a la capital procedente de la provincia de Oriente al comienzo del curso escolar 1956-1957. Mis últimos cuatro cursos escolares habían transcurrido como alumno interno en el colegio religioso "De la Salle" de Santiago de Cuba. Llegaba a La Habana a cursar el cuarto año de bachillerato en el "Instituto Cuba", una pequeña escuela sita en la Calle 17 # 109, entre L y M, en el barrio del Vedado. El Director del plantel era el Dr. Ricardo Escasena, de 46 años, miembro de la Cámara de Representantes en el período que precedió a la Asamblea Constituyente de 1940, en la que había presentado valiosas iniciativas.

A pesar de que el colegio no contaba con espacio para un internado había admitido una decena de estudiantes que disfrutábamos de bastante libertad para salir y entrar sin mucho cuestionamiento. Debido a ello, eran frecuentes mis escapadas a la cafetería situada en L y 27, a una cuadra de la Universidad de la Habana, cuyos estudiantes la habían elegido uno de sus centros de reuniones informales. La cafetería estaba radicada en la planta baja de un edificio de apartamentos. En uno de ellos vivían dos o tres hermanos de la familia Vega de mi pueblo. Iván, el menor, cursaba el cuarto año de bachillerato en el Instituto de Segunda Enseñanza del Vedado. A veces nos pasábamos largas horas estudiando y conversando. La cercanía de la Universidad me permitía también participar en algunos de los actos políticos que allí se celebraban y que generalmente terminaban con el ejercicio de la violencia por parte de la fuerza pública. La mayoría de aquellos jóvenes ya habían sido golpeados y encarcelados. Algunos no iban a demorar en perder sus vidas. A pesar de ello, los grupos que se formaban en las cercanías de la cafetería no tenían un comportamiento solemne. Allí predominaban la risa y las bromas propias de quienes acaban de cruzar el umbral de la juventud y la adultez. Me identificaba con ellos porque a muchos la lucha contra la dictadura también les había robado su adolescencia.

No recuerdo bien si sucedió a fines del mes de febrero o comienzos de marzo del año 1957. Justo al iniciarse la clase de física a las tres de la tarde, se escucharon unos disparos. Mi amigo Daniel Estevill y yo abandonamos el aula y salimos a la calle a averiguar el origen de los mismos. Como no vimos nada fuera de lo normal en la calle 17, caminamos unos pasos hacia M con el mismo resultado. Cuando miramos hacia la calle 19, vimos que se estaba aglomerando un pequeño grupo de personas cerca de un hombre tirado en la acera del Edificio Focsa. En la esquina diagonal se levanta el pequeño y exclusivo "Hotel Victoria". En su portal esperaba por la policía una señora sentada en un balance sujetando un arma de fuego en su mano derecha. Cuando la policía hizo acto de presencia, mi amigo y yo regresamos al aula a contar el incidente y a afrontar las consecuencias de nuestra indisciplina.

Los Incidentes en la Emisora

Días después, el 13 de marzo, nos encontrábamos en la clase de la misma profesora. Ignorábamos que, diez minutos después de comenzada, a las 3:10 de la tarde,[117] una caravana de tres autos, con cinco jóvenes armados en cada uno, abandonaba un escondite de la calle 19, entre B y C, en el Vedado y tomaban la calle B para doblar en 17 con rumbo norte. Serían las 3:13 pm cuando pasaron frente a nuestra escuela poco antes de doblar derecha en la calle M rumbo a los estudios de la emisora más popular de Cuba, a la que llegaron a las 3:14.

En el primer auto, un Oldsmobile negro de 1953, conducido por Humberto Castelló, viajaban José Assef Yara, Pedro Martínez Brito, Enrique Rodríguez Loeches y Aestor Bombino. El segundo auto, un Ford rojo y crema del año 1957 alquilado, era conducido por Carlos (el Chino) Figueredo y tripulado por José Antonio Echeverría, Fructuoso Rodríguez, Joe Westbrook y Otto Hernández. El último auto, un Chevrolet color gris claro del año 1952, sustraído del estacionamiento del Hospital de Emergencias, era conducido por Juan Nuiry y llevaba de pasajeros a Mario Reguera, Héctor Rosales, Antonio Guevara y Julio García Oliveras. Con la sola excepción de Juan Nuiry, todos eran militantes del Directorio.[118] Los coches de la vanguardia y la retaguardia tenían la misión de cuidar al jefe del DR y la orden estricta de no separarse de su auto.

Al llegar frente a los estudios de la emisora, descendieron Pedro Martínez Brito y José Aseff y se dirigieron al elevador que los conduciría a la cabina. Los otros tres ocupantes estacionaron el auto en la esquina de 23 y M.

El segundo auto se detuvo frente a la entrada. Del mismo salieron Echeverría, Rodríguez y Westbrook. El tercer auto quedó bloqueando la esquina de M y 21.

---

[117] El cuidado en extraer de la literatura el tiempo que más se acerque a la realidad, de acuerdo a las respectivas declaraciones y testimonios, es importante para determinar la veracidad de algunos hechos que ocurren al final de la vida de José Antonio.

[118] Ver, por ejemplo, a Barquín (1975: 374-382).

Fig. 3.2. Fachada de los estudios del Circuito CMQ.
Fuente: Foto de archivo.

A las 3:21 pm, José Antonio llega a la cabina y entrega a los locutores los partes que deben comenzar a leer a las 3:22 pm. Quienes tienen sintonizada la emisora Radio Reloj escuchan sus voces, con el famoso tic-tac de fondo, dando los partes de noticias recibidos de manos de Echeverría:

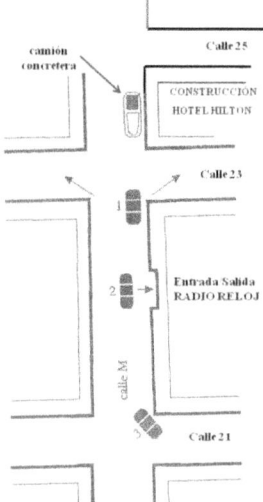

Fig. 3.3. Posición de los tres autos y la hormigonera.
Fuente: Adaptado de García Oliveras.[119]

¡Radio Reloj reportando! Atacado el Palacio Presidencial. Hace breves momentos un nutrido grupo de civiles no identificados abrió fuego contra el Palacio Presidencial utilizando fusiles y armas automáticas…, entablándose un fuerte combate con la guarni-

---

[119](2003: 91).

ción del Palacio... los atacantes, aprovechando la sorpresa, lograron irrumpir en el interior del Palacio donde se reporta que el presidente de la República, Fulgencio Batista, se encontraba despachando... hay numerosas bajas civiles y militares... nuevos contingentes de civiles han arribado al lugar y se encuentran disparando sobre Palacio apostados en sus alrededores... Continuará... ¡Radio Reloj reportando!...

Después de transcurrir el minuto acostumbrado entre noticia y noticia, los locutores pasaron a dar lectura a un supuesto parte oficial:

Parte oficial del Estado Mayor del Ejército: Nuestro reportero en Ciudad Militar Luis Felipe Brión comunica que hace breves momentos clases y oficiales del Ejército, Marina y Policía reunidos en el Cuartel Cabo Parrado del campamento de Columbia han tomado los mandos de las Fuerzas Armadas y han emitido el siguiente comunicado oficial: Ante la grave crisis por que atraviesa la Nación, las clases y oficiales que integran los institutos armados de nuestro país, velando por el cumplimiento de su más sagrado deber que es la salvaguardia de la paz pública e interpretando el sentir mayoritario de sus miembros han relevado de sus mandos al general Tabernilla y demás altos jefes y oficiales adictos al dictador Batista...

Eran ya las 3:24 de la tarde. Entre noticias y el parte, iban dando lectura a los acostumbrados anuncios comerciales de los productos que auspiciaban ese espacio radial. Esa tarde les había tocado el turno a los más variados: el legítimo bacalao de Noruega, una marca de cigarrillos cubanos, una academia de inglés, una peletería, una marca de cigarrillos norteamericanos y un alimento a base de chocolate. Había llegado el momento de la alocución del máximo dirigente del DR, previa presentación de los locutores:

Radio Reloj informando. En atención a los trascendentales acontecimientos que se están desarrollando se leerá a continuación una alocución al pueblo de Cuba por el presidente de la Federación Estudiantil Universitaria y líder del Directorio Estudiantil José Antonio Echeverría.

Acercándose a los micrófonos de manera decidida, José Antonio comienza a leer la arenga que traía en uno de los bolsillos del saco:

¡Pueblo de Cuba! En estos momentos acaba de ser ajusticiado revolucionariamente el dictador Fulgencio Batista. En su propia madriguera del Palacio presidencial el pueblo de Cuba ha ido a ajustarle cuentas. Y somos nosotros, el Directorio Revolucionario, los que en nombre de la revolución cubana, hemos dado el tiro de gracia a este régimen de oprobio. Cubanos que me escuchan: Acaba de ser eliminado...

En el artículo de Torricella se afirma que el oficial que monitoreaba las estaciones de radio en las oficinas del SIM "escuchó cuando José Antonio Echeverría... vomitó su asquerosa y mentirosa arenga anunciando que en ese momento... acababa de ser ajusticiado el tirano." Luego afirma que al Echeverría adelantarse 20 minutos alertó a la guarnición de Palacio. [La descripción de la salida de los dos grupos en perfecta coordinación desmiente esa afirmación absurda].[120]

La alocución del joven Echeverría terminó abruptamente. ¿El motivo? Desde el principio se afirmó –y todos los que escribieron sobre este evento no se molestaron en investigar— que la intensidad de su voz había interrumpido la transmisión debido a la alteración de un "relay" [un interruptor que permite o impide el paso de la corriente eléctrica] inexistente. Tuvieron que transcurrir muchos años –y este hecho es altamente sospechoso—para que se dijera la verdad. Todo parece indicar que fue Zito[121] quien primero se refirió a lo que en realidad había ocurrido:

> La voz altísima, enérgica, de José Antonio se escucha desgarrada. No se da cuenta que la trasmisión deja de oírse. A quince kilómetros de allí, en Arroyo Arenas, un empleado de la planta trasmisora [de Televilla], al recibir una orden, saca la emisora del aire y la proclama queda inconclusa... De la habitación contigua entra Fructuoso, agitado: Gordo, no sigas; te cortaron. Y Echeverría le responde: Bueno, entonces vámonos...

Los indicios sugieren que la retirada de Echeverría de las ondas radiales formaba parte de una conspiración para que la acción no tuviera éxito. Días

---

[120] En lo que aparenta ser una falta de seriedad, el autor incluye las siguientes dos observaciones: "Muchos, al tirarse del camión, ya habían fallecido. En el piso del camión se encontraron como 8 o 10 pomitos de vidrio transparente... embadurnados por dentro de un polvo blanco, al parecer cocaína, suposición al saber que Eloy, hermano de Carlos Gutiérrez Menoyo, era dueño del bar 'Eloy' en la calle Calzada [no, estaba en Línea y F] del Vedado, donde se vendía cocaína y por el enloquecido comportamiento de los atacantes. La naturaleza del referido polvo fue comprobada más tarde en el laboratorio".

[121] (1988: 95).

antes del asalto, Floreal Chomón, hermano de Faure y jefe de la célula del Directorio que operaba en la emisora, le había **enseñado todo** a Assef y este había incluso dibujado un plano que entregó a Echeverría. Floreal[122] hace una pregunta verdaderamente ingenua para un técnico que llevaba tiempo trabajando en esa emisora: "Por mucho tiempo nos preguntamos qué había sucedido. Nadie supo nunca quién sacó la emisora del aire. Se dio la versión de la alteración del relay al José Antonio alzar la voz, porque así le convenía a Goar Mestre, dueño de CMQ".[123] La explicación aporta menos que la incógnita.

El tema se complica. Floreal Chomón, hermano de Faure, quien trabajaba en la cabina ignoraba, al parecer, que el programa salía al aire por la mini estación de Televilla en Arroyo Naranjo. Indirectamente culpa a los mentirosos que inventaron lo del relay para favorecer al dueño de la emisora. ¿Cómo se beneficiaba el dueño de la emisora al culpar a un relay inexistente? Amigo lector, alguien tuvo que saber quién ordenó sacar el programa del aire y quién cumplió la orden en la mini estación.

Todavía en 2008 García Oliveras le da un viraje a las declaraciones anteriores cuando afirma en una entrevista:[124] "Lamentablemente, la emisión se interrumpió. Pusimos una guardia en el control *máster* de la estación radial, pero no nos acordamos de la retransmisora de Televilla. Si hubiéramos mandado cinco hombres allí, se hubiera garantizado la trasmisión completa. El llamamiento al levantamiento popular era fundamental". De nada de eso se había hablado anteriormente.

Afuera de la emisora se produce un incidente con un policía que, mientras cruzaba la calle 23 en la esquina de M, se percata de la presencia de los jóvenes. Cuando intenta esgrimir su arma, mientras Rodríguez Loeches le apuntaba, Figueredo le dispara desde su puesto, hiriéndolo en la pierna. Casi de inmediato, José Antonio y sus compañeros, después de balear los controles, abandonan la emisora y salen a la calle haciendo accionar sus armas para evitar aglomeraciones que les interrumpieran escapar. El disparo de Figueredo, seguido de los de Echeverría y sus compañeros ocurre a las 3:35 de la tarde.

---

[122] Zito (1998: 97).

[123] *Ibid.*

[124] "Solo soy un sobreviviente". Entrevista a Julio García Oliveras", por Walfredo Angulo, *Revista Temas,* No. 56, octubre-diciembre 2008, en http://temas.cult.cu/articulo_academico/soy-solo-un-sobreviviente-entrevista-a-julio-garcia-oliveras/

Es casi seguro que los disparos que escuchamos mi amigo y yo son los que ocurrieron durante la salida de la emisora. Daniel y yo salimos de nuevo a investigar. En escasos minutos llegamos al Hotel Victoria, en M y 19, para encontrarnos con una absoluta normalidad. Esta vez la acción se había desarrollado una cuadra y media más arriba, en M, entre 21 y 23, y hacia allí nos dirigimos. Los curiosos aglomerados en las afueras de la emisora nos informaron que un grupo de jóvenes acababa de asaltar los estudios de la cadena CMQ. En 1959, García Oliveras revelaría a un reportero de la *Revista Bohemia*[125] que Echeverría se mostraba radiante y, antes de abordar el auto, le había gritado a José Assef: "¡Moro, ya puedo morir tranquilo!"[126]

El Trayecto a la Universidad

En la Universidad los esperaban las armas que habían llevado dos militantes en el auto propiedad de Figueredo. La orden era bien clara. Los tres autos debían continuar por la calle M hasta 27 de Noviembre (Jovellar), doblar derecha y continuar hasta la calle J que facilita el acceso de vehículos al recinto académico (Fig. 3.4.)

Como ha ocurrido con la mayoría de los eventos de este período, luego aparecieron otras versiones. Existen dos de ellas en particular que encierran una gran contradicción. Pérez Cabrera[127] reitera la existencia de dos versiones de la ruta planificada para la retirada. Una de ellas fue expuesta por García Oliveras (pasajero del tercer auto), quien afirma que los tres autos debían seguir por M, doblar en Jovellar, atravesar L y continuar hasta la colina universitaria. El Chino Figueredo (chofer del auto 2, donde viaja José Antonio), ratifica lo anterior. La versión de Assef ordenaba continuar por San Lázaro para doblar hacia la escalinata (línea de color rojo en la Fig. 3.4). Chomón ratifica que esa era la orden que le había dado a García Oliveras.[128]

Estas versiones parecen tener el objetivo de confundir. En primer lugar, ni Chomón era el jefe de la operación de Radio Reloj para decidir el recorrido, ni García Oliveras era la persona indicada para recibir dicha supuesta orden, sino Echeverría, ¡que sí era el jefe de la operación! ¿Por qué mienten?

---

[125] Ver García Oliveras (1959).
[126] La expresión también aparece como dicha en los predios de la cabina (Zito 1998: 97).
[127] (2007).
[128] Directorio 13 de Marzo:
http://directorio13m.blogspot.com/2009/04/testimonio-de-faure-chomon.

El propio Faure relata que, cuando José Antonio decide dirigir la operación de Radio Reloj y luego ir a ponerse al frente del ataque a Palacio, "me miró como interrogándome. Pero no era necesario. Él era el jefe. No recibía órdenes –aunque escuchaba cualquier sugerencia —las daba".[129]

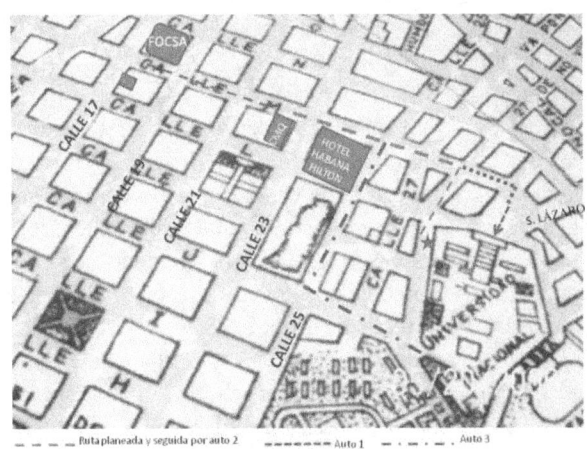

Fig. 3.4. Rutas de Radio Reloj a la Universidad.

Es en el trayecto de la emisora a la Universidad cuando comienza a cobrar fuerza la sospecha de una traición al desviarse de la ruta indicada los autos de la vanguardia y la retaguardia, cuya misión es proteger la vida del jefe del DR.

La línea de guiones (▬ ▬ ▬) en la gráfica (Fig. 3.4) señala la ruta planeada que debían seguir los tres autos. Solo la cumplió el de José Antonio, conducido por Carlos Figueredo y ocupado por los pasajeros originales (Fructuoso Rodríguez, Joe Westbrook y Otto Hernández), a quienes se había sumado Assef, a petición de Echeverría. ¿Qué sucedió con los otros dos autos? ¿Qué motivó que no obedecieran la orden contenida en el plan original? ¿Qué argumentos se han mencionado para justificar dejar solo al auto donde viaja el jefe del Directorio?

El primer auto, cuya ruta muestra una línea de pequeño cuadrados (■ ■ ■) en la Fig. 3.4, conducido por Humberto Castelló bajo el mando de Enrique Rodríguez Loeches, donde viajan ahora Pedro Martínez Brito y Aestor Bombino, siguió la ruta convenida. Al llegar a Jovellar, en vez de doblar derecha, Rodríguez-Loeches le ordena al chofer continuar hasta la calle San Lázaro, estacionándose al comienzo de la famosa escalinata cuyos 88

---

[129] *Ibíd.*

escalones tienen que subir antes de poder entrar al recinto.[130] Hacen eso a pesar de que esa opción se había discutido y rechazado por dos razones poderosas. La primera era que esa calle era la vía favorita de los carros patrulleros policíacos cuando se dirigían al área de la Universidad. La segunda razón era que, al dejar los autos al pie de la escalinata, abandonaban un preciado recurso que iban a necesitar después. Nadie ha explicado el motivo de ese cambio contrario al plan original.

La ruta del auto de la retaguardia (mostrada por la línea ▬ ■ ▬ ■ de la Fig. 3.4) es la que más se aparta del plan original. Al volante va Juan Nuiry y lleva de pasajeros a Mario Reguera, Héctor Rosales, Antonio Guevara y Julio García Oliveras. Justo al cruzar la calle 23, se encuentran con el movimiento de camiones y otros equipos pesados que trabajan en la construcción del Hotel Habana Hilton (Fig. 3.5), en la manzana delineada por las calles 23, 25, L y M. Según la casi totalidad de los testimonios, este es el causante de la separación de los tres autos. Debido a ello, Nuiry decide doblar derecha en la calle 25 para llegar hasta la calle J y entrar por ella a la Universidad.

Nuiry alega que, al arrancar, se escucharon unos disparos por la calle 23. Eso, unido a las interrupciones debidas a las obras de construcción del Hotel Habana Hilton, hizo que los carros se dispersaran.[131]

Existen varias preguntas relacionadas con la excusa que ofrecen los tripulantes del tercer auto. Las fotos de la Fig. 3.5 no pueden ser más explícitas. El panel de la izquierda muestra el interior de la cerca de madera que protege las obras por la calle M. La del panel de la derecha muestra que, además de la cerca y la acera, existe una vía para transitar los vehículos por la calle M, que es por donde iban los tres autos.

Fig. 3.5. Obras del Hotel Habana Hilton alrededor de los sucesos. Fuente: Capturadas del video "Habana Hilton Construction 1958. Fleitas Cuba Collection" (http://www.yo utube.com/watch?v=6xi8V7vdAFU).

---

[130] La explicación y crítica las hace García Olivares (2003: 92).
[131] http://www.juventudrebelde.cu/cuba/2011-03-12/en-la-senda-del-triunfo/

En primer lugar, no demuestra inteligencia el culpar la construcción del hotel que, con toda seguridad, estaba en esas condiciones cuando se planeó atravesarla en el momento de dirigirse hacia la colina universitaria. ¿Por qué no tomaron ese factor en cuenta? En segundo lugar, los dos autos anteriores acaban de pasar sin dificultades por esa cuadra. Los ocupantes del tercer auto alegan que el movimiento de equipo pesado, especialmente una concretera, les impidió el paso. No entiendo cómo, segundos después de haber cruzado los dos primeros, el tercero alega no haber podido seguir al auto donde va José Antonio. Aun en el caso de que la excusa anterior fuera cierta, Nuiry no tenía necesidad de doblar por la calle 25 cuando ya había pasado el pequeño tramo de la supuesta interrupción.

En un nuevo artículo[132] García Oliveras ofrece una nueva perspectiva. Después de recordar las obras del Hotel Hilton, afirma:

> Nuiry […] al llegar a 25 dobló derecha sin poder evitarlo… Nada se le podría criticar a Nuiry. No era miembro del Directorio, pero había aceptado participar en nuestra acción combativa obedeciendo a los lazos de leal amistad que le unían a José Antonio. Por otra parte, no le faltaron razones para aquella imprevista maniobra. Al iniciar la retirada desde la CMQ, yo, que viajaba detrás de él en el auto había intentado romper el cristal trasero […] de un culatazo de mi carabina M-1 […] El cristal resistió el golpe pero la carabina disparó a la vez que botaba el extractor. El disparo pasó muy cerca de la cabeza de Nuiry. Eso, obviamente, se sumaba a la gran tensión que teníamos todos.

Da la impresión que debe haber existido algún tipo de crítica sobre la conducta de Juan Nuiry para que su compañero afirmara que había doblado derecha en la calle 25 "sin poder evitarlo". Pero no explica la razón por no poder evitarlo. ¿Acaso los dos autos que le precedían no habían continuado por la ruta indicada? Fernández León lo pone de esta manera: "Inexplicablemente, el tercer auto, después de vencido el obstáculo, en vez de continuar en la misma ruta que el auto de José Antonio, se desvió antes de seguir la dirección acordada".[133] El afirmar García Oliveras que Nuiry estaba exento de crítica por no ser militante del Directorio, y estar allí debido a una solicitud de José Antonio, es una gran paradoja pues ambos hechos lo obligarían a ser más disciplinado que el resto de sus compañeros. Las personas que conocimos aquella zona del Vedado cuando ocurrieron los

---

[132] Álvarez Blanco (2013: 11).
[133] (2007: 474).

hechos, sabemos que, doblando por 25, se reducía enormemente la posibilidad de un encuentro con la policía y también el tiempo de estar en la calle pues el tráfico era mucho menor que el que iban a encontrar en la ruta elegida. En realidad, después de tanto planear observando el movimiento en la zona a la hora que se produciría el asalto, no entiendo por qué no se escogió la ruta elegida por Nuiry "sin poder evitarlo".

Mientras estos acontecimientos sucedían, mi amigo Daniel y yo decidíamos caminar las cuatro cuadras que separan el frente de la emisora de la escalinata de la Universidad. No recuerdo haber escuchado los disparos originados en el enfrentamiento de Echeverría con el carro patrullero. Es muy probable que el encuentro ya hubiera ocurrido cuando nosotros íbamos llegando a los estudios de CMQ. Cuando doblamos en la calle L el reloj debía estar marcando algo después de las 4:00 de la tarde.

La Muerte de José Antonio Echeverría

Al llegar a la intersección de Jovellar y L, el ahora solitario auto de Echeverría, se tropieza con una larga fila de autobuses y otros vehículos que le impiden el cruce. Sus ocupantes comienzan a disparar las armas al aire al tiempo que daban gritos de "¡Viva la revolución!" para que les abrieran el paso. Apenas cruzada la intersección, se percatan de la presencia de un carro patrullero de la policía que se acercaba en sentido contrario por la calle 27 de Noviembre, probablemente procedente del cercano Hospital Calixto García. De acuerdo al chofer Figueredo[134], el patrullero "venía bastante rápido. Yo sabía que ellos traían ametralladoras adelante y atrás. Aguanto la velocidad, tiro un timonazo,[135] freno y chocamos de frente. Ellos tiran una ráfaga que atraviesa el parabrisas." (Fig. 3.6). Figueredo afirma que Fructuoso exclama una mala palabra y ordena tirarse al suelo. Cuando Figueredo cae al piso ve a "José Antonio corriendo hacia el patrullero, apuntando al tipo que está atrás. Todos pueden ver como lo ametrallan. Joe queda noqueado ante el espectáculo. No atina a nada. Yo meto la mano en el gatillo y empiezo a disparar con su fusil." Las últimas palabras de Figueredo en el auto son aterradoras: "Entonces, Fructuoso me quita la carabina y dice: 'A la Colina'".[136] Es la primera orden que dicta el nuevo jefe del Directorio Revolucionario.

---

[134] Zitto (1998: 112).
[135] Se refiere a un movimiento brusco del timón.
[136] *Ibid.*

Se ha afirmado que el cuerpo de José Antonio imposibilitaba a los otros jóvenes el disparar. Eso no es cierto, como se demuestra en el párrafo anterior. Todas las variantes de la versión de Figueredo terminan igual.

Figura 3.6. El impacto y el final de la escena.
Fuente: Fotos de archivo.

Sus compañeros lo han visto caer. Están estupefactos. Un gran silencio cubre el área donde se acaba de hacer historia. De acuerdo a los testimonios recibidos por Fernández León,[137] "los revolucionarios se replegaron y se encaminaron hacia la Plaza Cadenas mientras José Antonio yacía mal herido".

Assef y Fructuoso salen por la parte derecha y van a guarecerse "detrás de un poste de hierro que estaba en la casa del reloj", que servía para chequear el horario de las rutas de autobuses. Los otros tres usan el muro de la Universidad, a la izquierda de su auto.

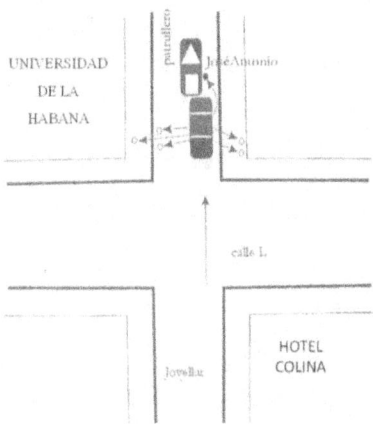

Fig. 3.7. El abandono de José Antonio agonizante.
Fuente: Desarrollado a partir de García Oliveras.[138]

---

[137] (2007: 476).
[138] (2003: 95).

Existe una versión distinta sobre el lugar exacto donde cayó.[139] El autor afirma que la tarja conmemorativa de su muerte no está colocada en el lugar correcto ya que Echeverría murió "en el costado correspondiente de la calle 27 correspondiente al Hotel Colina, donde varias Franciscanas del Buen Consejo intentaron auxiliarlo". Tres monjitas llamadas Sor Ildefonsa, Sor Paula y Sor Paraíso, franciscanas que atendían un dispensario en la zona, corrieron al lugar al escuchar los disparos. Sor Paraíso reconoció a José Antonio pero las autoridades le impidieron auxiliarlo.

Después de caer por segunda vez el jefe del DR aun está con vida. Ya en ese momento no existen testigos de su grupo; solo los policías y varios curiosos en las cercanías del Hotel Colina. Agonizante, dicen unos, Echeverría cambia de posición varias veces (Fig. 3.10). Lucy Echeverría, sin embargo, me hizo notar en más de una oportunidad que su hermano fue rematado por uno de los tripulantes de la perseguidora cuando se dieron cuenta que continuaba con vida.

En un artículo que se aleja del estilo en que los cubanos rinden culto al sacrificio y la muerte se hacen consideraciones que se deben incluir si se desea una narración balanceada de los hechos.[140] Águila narra que, cuando se produce la caída mortal de Echeverría, "sus compañeros corrían hacia la esquina para guarecerse de la balacera y luego seguir corriendo hasta la Colina." Días después, y poco tiempo antes de ser asesinado, Fructuoso Rodríguez le enviaba una carta a Rolando Cubela que se encontraba en Miami: "El Gordo cayó como un valiente. Con desprecio absoluto de su vida avanzó sobre una perseguidora y les disparó por la ventanilla. Cayó al suelo y volvió a pararse sobre sus rodillas y sacando un revólver… volvió a tirar por la ventanilla para dentro: en ese momento una ráfaga de ametralladora lo remató."[141] El párrafo siguiente del artículo de Nicolás Águila merece ser reproducido en su totalidad:

---

[139] Ver "José Antonio entre franciscanos antes de morir", por Monika de Motas en Baracutey Cubano de 14 de marzo de 2007 en http://baracuteycubano.blogspot.com/2007/03/sobre-el-13-de-marzo.html aparecido originalmente en la primera Revista Espacios de 1998 de la Arquidiócesis de La Habana en un estudio del sacerdote Pedro García Chasco vinculando al jefe del Directorio con los frailes franciscanos.

[140] El artículo se titula "La muerte de José Antonio Echeverría", por Nicolás Águila, *Neo-Club Press*, Miami, Florida, 15 de marzo de 2015, en http://neoclubpress.com/la-muerte-de-jose-antonio-echeverria-0336386.html.

[141] Águila (2015: 2).

Este acontecimiento siempre ha sido abordado con reticencias testimoniales y escamoteos de la verdad histórica, seguramente con la intención de no empañar la imagen de los mártires revolucionarios, al punto de que se hace difícil recomponer los hechos a partir de testimonios fragmentarios y contradictorios de los sobrevivientes a los sucesos del 13-M. Conclusión, que se le teme al relato crudo de la huida precipitada de los compañeros de JAE.

No es menos cierto que a JAE lo dejaron abandonado, muerto y tirado en el suelo, después de haber sido ametrallado. Eso debe saberse, pero también conviene matizarse. Sus compañeros Fructuoso Rodríguez, Joe Westbrook, Otto Hernández y el Chino Figueredo, más José el moro Assef, huyeron despavoridos, según todos los indicios, y no se lucieron precisamente como héroes. Más, ¿qué se iba a esperar de aquellos jóvenes bisoños, sin entrenamiento militar o de guerrilla urbana, en medio de la tensión y la sorpresa de un bautizo de fuego no programado?

Discrepo de Águila en varios puntos. Antes que nada, no entiendo por qué Figueredo tuvo que chocar a la perseguidora si no se estaba celebrando ningún derby de demolición. De inmediato, si José Antonio tuvo tiempo de reponerse y salir al encuentro de la misma, ¿por qué no lo hicieron también los otros pasajeros? ¿Se imaginan a los tres policías recibiendo fuego de seis armas al mismo tiempo? Ese fue un fallo imperdonable. Un soldado bisoño es un principiante, inexperto. Todos los ocupantes del auto no solo habían recibido entrenamiento sino que algunos ya habían participado en varias actividades violentas. Si el bautizo de fuego no estaba programado, ¿a qué salieron a la calle armados? ¿Dónde clasificamos a José Antonio Echeverría que corrió a fajarse en cuanto el auto terminó de recibir el impacto? La alocución de Radio Reloj fue un llamado a la guerra, comenzada ya con el asalto al Palacio Presidencial. Todos sabemos que a la guerra se va a matar y a morir.

Cuando el grupo se encuentra reunido en la Plaza Cadenas de la Universidad, el dirigente máximo del DR "yacía aun moribundo y desangrándose" mientras uno de los policías gritaba que, de haber sabido quién era, no hubiera disparado. Es decir, que quienes no lo habían dejado solo durante el trayecto (porque viajaban en el mismo auto) ahora lo abandonaban desangrándose en la calle. Carlos Figueredo, Fructuoso Rodríguez, José Westbrook, Otto Hernández y José Assef, pudieron tal vez haberle salvado la vida al jefe del Directorio Revolucionario pero prefirieron ingresar en el recinto universitario y, antes de hacerlo, Fructuoso apunta su intento de disparar con su pistola-ametralladora Máuser sin lograrlo debido a que tenía puesto el seguro. Este es un hecho inexplicable debido a la valentía de esos cinco individuos, más que probada durante toda la lucha.

Mi amigo Daniel y yo continuamos caminando por la calle 23 y doblamos izquierda en la calle L. Demoramos muy poco en llegar a la esquina de la calle 25, por donde había cruzado veloz el tercer auto escasos minutos antes y donde había una parada de autobuses del servicio local. En esos momentos ya había regresado un silencio cargado de malos presagios. Los transeúntes —unos caminando y otros guareciéndose en portales y detrás de los autos— ignoraban lo que acababa de suceder un par de cuadras más arriba. En ese momento tomamos un oportuno autobús que acababa de detenerse en la parada de L y 25. Aunque no recuerdo con exactitud el número de la ruta, tengo la impresión de que era una 37. La gente en la calle y dentro del autobús estaba muy alarmada. El objetivo nuestro era ver qué estaba sucediendo y tratar de incorporarnos a la lucha. El vehículo iba despacio. Nosotros nos sentamos del lado que da a la acera. Enseguida pasamos frente a la famosa cafetería de L y 27. Segundos después, la guagua cruzaba la Avenida 27 de Noviembre a la derecha, que atravesaba el costado izquierdo del recinto. Es allí donde pudimos divisar el auto Ford color crema al costado izquierdo de la Universidad y otro a los pies de la escalinata. Cerca del primer auto había una persona tirada en la calle.

Después de avanzar hasta detener la guagua al lado del auto (que me parece recordar como un Ford de color rojo con sus cuatro puertas abiertas —y no el Oldsmobile negro que describen varios autores) a los pies de la escalinata, mientras abría las puertas, el chofer gritó algo como: "Abajo, los muchachos que quieran incorporarse". En cuanto Daniel y yo salimos del autobús, este aceleró bajando por San Lázaro, como las manifestaciones de estudiantes. Permanecimos unos segundos al pie de los 88 místicos escalones antes de continuar hacia donde se encontraba el joven en la calle.

Fig. 3.8. Universidad de La Habana.
Fuente: Foto de archivo.

En ese instante sentí como si estuviera soñando —así era de surrealista la escena. Había unas 10 personas en los alrededores y ningún carro ni miembro de los cuerpos represivos. ¿Qué estaba sucediendo? ¿Por qué no se encontraban allí las autoridades cuando acababa de producirse un intercambio de disparos? Miré a Daniel, como si estuviéramos en un vacío, y ambos caminamos hacia el lugar donde estaba el presunto cadáver. A medida que se iba acortando la distancia, comencé a reconocer al individuo que parecía descansar sobre el pavimento. No tenía ya dudas de su identidad. Se trataba del Presidente de la FEU y secretario general del Directorio Revolucionario, José Antonio Echeverría. Apenas a unos pasos de él, Daniel se ofrece para ir en busca de un auto a la agencia que su padre poseía en la calle P casi esquina a 25. "A lo mejor está vivo y lo podemos llevar en un auto al Hospital Calixto García". Resultaba imposible que se pudiera lograr debido a la distancia de unas seis o siete cuadras que nos separaban de la agencia. En ese momento yo estaba haciendo una especie de genuflexión al lado del cadáver con la intención de tomarle el pulso. Me indignaba que nadie se moviera para tratar de hacer algo. Le pude ver la cara tan cerca que me dio la impresión de que podía estar con vida. Su rostro estaba rosado, aunque ya no recuerdo su expresión, a pesar de los cientos de veces que he contemplado las fotos. Tengo la impresión de que pudiera haber estado esbozando una sonrisa, pero no lo recuerdo con certeza. En el momento en que iba a tomarle el brazo por la muñeca, salida de la manga de su traje, el sonido de una sirena me produjo una sensación de frustración. Un carro patrullero subía a toda velocidad por San Lázaro y en segundos estaría en el lugar. Una segunda sirena venía anunciando su arribo por la calle L. Tuvimos tiempo de correr atravesando la calle L y colocarnos a unos 10 metros de la esquina. Daniel entró en el zaguán de un edificio de apartamentos y yo traté de ocultarme detrás de uno de los postes de la luz eléctrica, desde donde podía ver el cuerpo del nuevo mártir. .

En varios libros se menciona la presencia de amigos y compañeros tratando de rescatarlo. No puedo afirmar que no hayan sucedido. Yo he calculado una ventana de unos 25 minutos entre el tiroteo y nuestra llegada al lugar. Durante ese tiempo pudieron haber ocurrido algunos de esos hechos, pero estoy seguro que no sucedieron todos ni los que tuvieron lugar ocurrieron en el breve tiempo que Daniel y yo estuvimos solos junto al cadáver.

Ese espacio de tiempo representa la diferencia entre lo adelantado por el grupo de Radio Reloj y nuestro andar detrás de ellos. La salida de Radio Reloj se produce a las 3:35. Daniel y yo llegamos frente a la estación de radio alrededor de las 3:50. El caminar desde allí hasta la parada de L y 25 nos pudo haber llevado unos 15 minutos, que hacen marcar al reloj las 4:05. El tiempo que demoramos en tomar el bus en L y 25 y llegar al lugar no pasó de quince minutos, o sea, las 4:20 pm. Si el enfrentamiento ocurre entre las 3:50 y las 3:55, eso nos da una ventana de unos 25 a 30 minutos como máximo. El Certificado de Defunción no especifica la hora del fallecimiento (Fig. 3.9), pero Fernández León[142] afirma que "serían aproximadamente las 3:45 p.m." cuando José Antonio falleció.

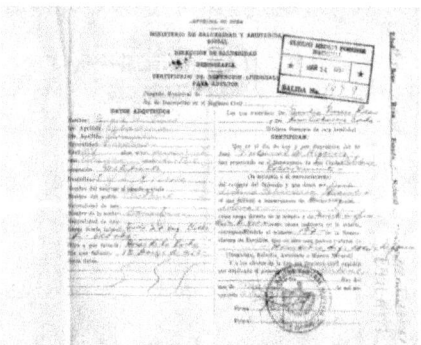

Fig. 3.9. Certificado de defunción.
Fuente: Tomada de la Internet.

Es imposible que esos intentos de rescate hubieran ocurrido después que la fuerza pública nos obligó a abandonar el lugar, donde estuvimos sin ser molestados durante unos 5 minutos. Ninguno de los curiosos intentó acercarse.

El primer testimonio pertenece a familiares de José Antonio y aparece en la biografía publicada en el exilio.[143] En ella se afirma que sus tíos Ricardo y Josefina Bianchi, junto al enfermero Luisito Bianchi lograron llegar junto a José Antonio cuando este se encontraba completamente solo. Lucy Echeverría me ha asegurado que tanto esa aparición en el lugar de los hechos, como las acciones posteriores que se describen, nunca tuvieron lugar.

Luego se afirma que María de los Ángeles Sánchez trató de acercarse al reconocer a José Antonio pero unos paramilitares le dispararon para impedirlo. En cuanto a la lluvia de balas, mi amigo y yo no encontramos ningún militar ni paramilitar que nos disparara.

Llovio Menéndez, sostiene que, al escuchar la noticia, caminó las cuatro cuadras desde su casa de huéspedes hasta el lugar de los hechos; regresando con su cámara para tomar estas fotos (Fig. 3.10).

---

[142] (2007: 475).
[143] Fernández León (2007: 477).

Esta versión presenta dos problemas. El tiempo que tuvo que transcurrir mientras Llovio caminaba cuatro cuadras hasta el lugar de los hechos, corría de vuelta a su casa, buscaba su cámara y regresaba para filmar no se ajusta al tiempo que el cadáver estuvo solo.

Fig. 3.10. El final de José Antonio Echeverría.
Sources: Llovio M. (1988: 89); The Cuban Revolution.[144]

El segundo problema es que, cuando nosotros llegamos, la posición de José Antonio era la de costado que ha dominado esa escena durante tantos años y resulta imposible que Llovio hubiera tenido tiempo de tomar película alguna cuando estaba boca arriba.

Todavía existe otro testimonio similar.[145] Se origina en el "Restaurante Mulgoba", un lugar campestre situado en las afueras de la ciudad en la Calzada de Rancho Boyeros, donde estaba planeada una reunión de profesores y estudiantes de arquitectura durante un almuerzo para el 13 de marzo. Una llamada telefónica hizo que el Presidente del Colegio avisara que el evento estaba suspendido por los hechos que estaban ocurriendo en el centro de la ciudad. En uno de los autos que emprendían el regreso se encontraban Sergio-Albio González con dos compañeros. El auto recorrió la Calzada de Rancho Boyeros hasta la Escuela de Odontología subiendo luego por un costado de la Universidad, pasando el hospital Calixto García, que quedaba a su izquierda, para continuar en la avenida 27 de noviembre. González describe la escena de la siguiente manera:

---

[144] http://www.latinamericanstudies.org/palace-attack.htm. Esta parte del portal muestra el logo de la Organización Auténtica. En la página inicial aparece el crédito del sitio para el Dr. Antonio Rafael de la Cova.
[145] González (210: 236-237).

La calle estaba vacía, o casi vacía. No había transeúntes. Había un bulto oscuro en la distancia, sobre el asfalto de la calzada a unos dos metros de la acera y más allá, casi en la esquina con la calle L, una perseguidora. Nuestro coche continuó sin aminorar la velocidad… A unos 10 metros del cuerpo identifiqué… a la persona que yacía sobre su costado derecho, con la cara vuelta hacia el centro de la calle, fácil de reconocerlo.

"¡Es el Gordo!" gritaron los tres que estaban en el auto. No pararon porque los ocupantes de la perseguidora los estaban observando con miradas "sombrías, recelosas y amenazantes" mientras asomaban los cañones de sus ametralladoras por las ventanillas. El auto continuó su marcha hacia la esquina. En silencio doblaron la esquina en L y se detuvieron frente al Hogar Católico y se bajaron. Caminaron entonces en dirección a la Universidad unos 30 metros. A la altura del Hotel Colina la policía los detuvo, impidiendo que se acercaran al cuerpo tendido en la calle. Resulta difícil creer que este grupo pudiera haber recorrido el trayecto del restaurante Mulgoba hasta la Universidad y todavía encontrarse la escena en la forma descrita. González[146] termina su relato con la interrogante que tenemos todos: "Lo que no está claro es qué hicieron los otros cuatro que lo acompañaban e iban en el coche. A mí me parece que embarcaron al Gordo, que huyeron dejándolo solo frente a los ocupantes de la perseguidora, que debían ser cuatro. Fue una interrogante que quedó en el aire".

En realidad no fue así. En el auto no viajaban cuatro sino seis combatientes. Los ocupantes originales incluían a José Antonio Echeverría, Fructuoso Rodríguez, Otto Hernández, Joe Westbrook y Carlos Figueredo de chofer. Al salir de la emisora, José Antonio le pidió al moro Assef que subiera a su auto, convirtiéndose en seis los ocupantes que llegaron al encuentro con el patrullero donde muere Echeverría. Lo que es una triste realidad es que lo hayan dejado solo. En efecto, dos de sus acompañantes se escondieron detrás del poste situado a la derecha en 27 de noviembre y San Lázaro, mientras que los otros tres saltaron los muros de la Universidad al otro lado de la acera (Fig. 3.7).

Otro hecho que ha permanecido en una especie de misterio es el cambio de posiciones de Echeverría durante su agonía. Las preguntas que nos hacemos son tres: ¿Cuál es la razón para que el dirigente estudiantil aparezca retratado en varias posiciones distintas y a corta distancia una de otra? ¿Quién fue el fotógrafo que estuvo presente durante la acción y luego desapareció? ¿Por qué razón el régimen cubano (que con toda seguridad tenía en su poder

---

[146] (2010: 240).

todas las fotos) solo publicaba la famosa de costado que aparece en todos los lugares y que describe tan bien su biógrafo del exilio? Estas tres interrogantes son muy importantes para agregar claridad a uno de los eventos más importantes del proceso de la rebelión.

Comencemos por la primera. En efecto, a pesar de que la foto más difundida es la que aparece en la Fig. 3.8, existen al menos otras dos que muestran que esa persona se movió, lo cual da credibilidad a la afirmación de que, cuando sus compañeros lo abandonaron (no existe otra palabra) su jefe estaba vivo y lo estuvo por varios minutos más. En cuanto a la segunda pregunta, que yo sepa, la identidad del fotógrafo no ha sido revelada. Tal vez hubo más de una cámara y luego se fueron uniendo todas las fotos.

La tercera interrogante pudiera tener más de una respuesta. Es posible que el actual régimen cubano haya decidido no publicarlas para evitar rencillas como la producida por la delación de Marcos Rodríguez o como medio de chantaje a los dirigentes del DR. La información que ofrecen las fotos nos permite colocarlas en el orden que pudiera describir los últimos minutos de su vida (Fig. 3.11).

Esta es posiblemente la posición en que cayó la segunda vez al recibir los impactos de frente. Las piernas y pies al fondo pudieran pertenecer a uno de los policías que vino a cerciorarse de que estaba muerto. Es también la única foto donde está boca arriba, lo cual indica que, desde ella, es que comienza a moverse.

El ángulo del brazo izquierdo (se ve en forma de arco) y el aumento de la distancia al bordillo demuestran que el cuerpo ha comenzado a moverse. La perspectiva es de la acera hacia el carro, que se ve al fondo. Observando de nuevo la foto anterior, nos damos cuenta de que lo afirmado es cierto.

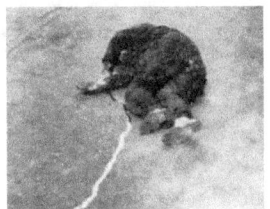

En esta foto parece no haberse movido de lugar. El ángulo del brazo izquierdo está más bajo que en la foto anterior. En la parte derecha del fondo se ven la parte inferior de las piernas de dos personas que parecen estar uniformadas, pero la víctima está a sus espaldas.

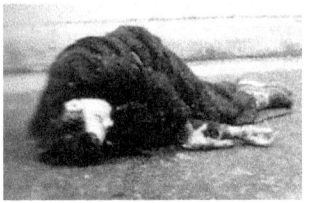

Aquí ya ha terminado casi de extender el brazo hasta donde va a quedar al final. La foto está tirada con la Universidad a las espaldas y José Antonio parece haberse movido un poquito en dirección de la acera.

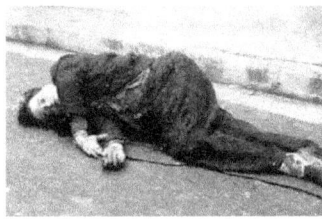

Ya está casi en la posición final. Las piernas están más alargadas y ha movido algo las manos.

Aunque no está de cuerpo entero, esta es la posición final, la publicada en toda la prensa de Cuba y el mundo. El resto de las fotos nunca fueron publicadas por los medios de comunicación.

Fig. 3.11. Secuencia de fotos mostrando el proceso de agonía.
Fuente: Fig. 3.10.

Yo miré por última vez el cadáver de aquel joven a quien no había conocido personalmente, a cuya organización no pertenecía, pero por quien sentía respeto y admiración. Mientras bajábamos por la calle Jovellar meditaba sobre la posibilidad que había existido meses atrás, de que los grupos de Echeverría y Frank País se hubieran integrado, como indicaba la lógica y los principios de ambos. Debido a la distancia geográfica y a otros factores, aquella unión de principios y estrategia no llegó a materializarse. Yo los he llamado el "temible binomio" que pudo haber cambiado el curso de la historia. Su muerte trajo a mi mente un pensamiento de André Malraux que acababa de leer hacía pocos días: "La muerte solo tiene importancia en la medida en que nos hace reflexionar sobre el valor de la vida". Y eso iba haciendo camino del Colegio, donde me esperaba una desagradable sorpresa relacionada con la disciplina, que es también un modificador de la condición humana.

Cuando llegué al colegio, hacía rato que había terminado la sesión de la tarde y el Director me esperaba en el portal. Con un gesto silente me invitó a pasar a su oficina. Me dijo que mi militancia revolucionaria y las indisciplinas que traía aparejadas no eran compatibles con la vida de ningún colegio y que él no estaba dispuesto a tolerarlo. Luego me comunicó algo que me dejó estupefacto. La casualidad quiso que, ese día por la mañana, lo hubieran citado a las oficinas de uno de los servicios de inteligencia, cuyo jefe era un viejo amigo. El coronel le mostró una lista con los delegados que una organización llamada Federación Estudiantil de Centros de Enseñanza Privada (FECEP)[147], tenía en varios planteles de la capital. Mi nombre aparecía en su colegio. "Dieron órdenes de matarlos a todos. Lo que los salvó fue que en la lista también aparecía el nombre del hijo del coronel. Me prometió romper la lista y sacar a su hijo del país". Terminó diciendo que, por cortesía a mis padres, me iba a permitir terminar el curso pero que no podía regresar al año siguiente.

Esa noche no pude conciliar el sueño. El insomnio no me lo provocaba el anuncio de mi segunda expulsión del segundo colegio en dos cursos escolares seguidos sino el recuerdo de José Antonio tirado en la calle.

Las Irregularidades Injustificables

La muerte de José Antonio Echeverría fue el resultado de una serie de irregularidades que pudieran no haber sido producto de la mala suerte o incluso la irresponsabilidad de sus compañeros de luchas. Lo sorprendente es que nada se haya investigado después del triunfo revolucionario –con la excepción de la delación de Marcos Rodríguez en otro caso que veremos más adelante. La inacción contrasta con la tenacidad que mostraron por llevar a la justicia a quien señalaban como el delator de los miembros del Directorio Revolucionario asesinados en Humboldt 7 poco tiempo después del 13 de marzo.

---

[147] Me sorprendió el contenido del artículo "El movimiento revolucionario en la enseñanza media" de Ricardo Alarcón en el tomo *Memorias de la Revolución (2007: 295-322)*. Nunca sospeché que la FECEP tuviera tal importancia. A pesar de haber militado en el 26 de Julio desde su fundación, ingresé en la FECEP cuando perdí mi contacto con el M-26-7 debido a un asalto de la policía al escondite del santiaguero que iba a conectarme durante mi estadía en la capital. Utilicé esa organización para realizar labores de propaganda y sabotaje hasta que llegara la hora de regresar a Oriente.

Comencemos con un resumen de los hechos mencionados anteriormente para que sirvan de punto de partida a una seria investigación sobre las circunstancias que rodearon su muerte. Entre ellos se encuentran:

1. **Los sucesos en la cabina de Radio Reloj.** Durante muchos años se afirmó que la intensidad de la voz de Echeverría había desarticulado un "relay" instalado para cortar la transmisión como respuesta a ruidos fuertes cerca de los micrófonos. Dicho relay nunca existió. No fue hasta mucho tiempo después que se informó[148] que alguien había ordenado a un empleado de la sub-estación de Televilla,[149] situada en la barriada de Arroyo Arenas, a unos quince kilómetros de la emisora, que cortara la transmisión. Se sabe que Floreal Chomón, hermano de Faure, empleado de la emisora, estaba comprometido con la operación. Días antes había guiado a Assef en un recorrido por la estación para familiarizarlo con el entorno, enseñándole todo e incluso dibujando un croquis.[150] El día 13 era uno de los dos locutores frente a los micrófonos. Resulta casi increíble que Floreal desconociera la existencia de la plantica de Televilla. ¿Se le olvidó mencionarla? En las declaraciones que aparecen en el libro de Zito,[151] Floreal afirma: "Por mucho tiempo nos preguntamos qué había sucedido. Nadie supo nunca quién sacó la emisora del aire. Se dio la versión del relay al José Antonio alzar la voz, porque así le convenía a Goar Mestre, propietario de la CMQ." Dicha afirmación no fue muy difundida tal vez por carecer de sentido. En uno de sus escritos, García Oliveras[152] se refiere a "un canalla enemigo", donde parece que infiere que se tuvo conocimiento de la identidad de la(s) persona(s) que interrumpieron la alocución. Sin embargo, nunca se investigó el asunto y el hecho quedó en el olvido, como tantos otros relacionados con el Directorio Revolucionario 13 de Marzo.

2. **El desvío de los autos vanguardia y retaguardia de la ruta ordenada.** Como esas acciones dejan solo a José Antonio, se

---

[148] Al parecer la revelación ocurre cuando Miriam Zito publica su libro (1998: 95).
[149] El artículo "La radiodifusión por frecuencia modulada (FM) en Cuba", de fecha 22 de abril de 2013, contiene información sobre esa subestación y otros temas similares (http://www.radiocubana.cu/index.php/historia-de-la-radio-cubana/2434).
[150] Testimonio de José Assef a Miriam Zito (1998: 96).
[151] (1998: 97).
[152] (2003: 87).

deben responder con claridad muchas preguntas después de analizar los hechos. Ya se ha explicado arriba que el jefe del auto vanguardia toma esa decisión a pesar de haberse razonado lo negativo de la misma. Rodríguez Loeches nunca explicó el motivo de esa decisión. El caso del auto de la retaguardia es aun más insólito. El desvío se produce una vez soslayado el supuesto retraso debido al camión concretera. No hay dudas de que la nueva ruta presentaba menos peligros (por ser menos transitada) y eso hace que sean los últimos en salir de Radio Reloj y los primeros en llegar a la Universidad. Según García Oliveras, fue Nuiry quien le aclaró su confusión muchos años después.[153] Le recordó que, una vez dentro de la Universidad, se habían detenido frente a la Biblioteca en la Plaza Cadenas y es en ese momento que ven venir a Fructuoso y Joe Westbrook atravesando el portal del Rectorado. "Quería decir esto, llana y sencillamente, que nosotros habíamos llegado primero. Ese último suceso resultó en otro imprevisto fatal de esa tarde".[154] Dos comentarios: ¿Y tuvieron que pasar varios años para hacer esa deducción? Es notorio que a todos los errores e indisciplinas les llaman "imprevistos fatales".

3. **El abandono de un agonizante José Antonio.** De las fotografías que muestran a Echeverría moviéndose en la calle, y de las mismas afirmaciones de sus compañeros, los otros cinco pasajeros del auto no solo se abstuvieron de disparar (aunque Fructuoso menciona un intento fallido) sino que no trataron de rescatarlo y optaron por saltar el muro de la Universidad y dejarlo agonizando quién sabe por cuántos minutos, aunque no pudieron ser muchos. Resulta inexplicable que cinco combatientes se den a la fuga en vez de enfrentar a un trío de policías.

4. **La actitud dentro del recinto universitario.** Los testimonios de los protagonistas cuando ya estaban dentro de la Colina dejan mucho que desear en cuanto al conocimiento de lo que ha sucedido y la localización de su jefe. La respuesta que le da Fructuoso a García Oliveras[155] cuando llega a la Plaza Cadenas y le pregunta por José Antonio es: "lo hirieron, pero lo recogieron

---

[153] García Oliveras (2003: 93).
[154] *Ibid.*
[155] (2003: 96).

en una ambulancia". ¿Por qué miente el nuevo secretario general del Directorio Revolucionario? Se ha afirmado que lo hacía para evitar la desmoralización entre el resto de los presentes. Resulta ridículo el argumento cuando todos los que están dentro son los pasajeros del carro de Echeverría. En el libro de Zito,[156] el propio García Oliveras cuenta: "Cuando llegamos a la Plaza Agramonte, lo primero que pregunto: ¿Y José Antonio? Y **alguien** que no recuerdo me contesta: No, no ha llegado?" Al poco rato llega Faure, herido en el asalto al Palacio, y pregunta por José Antonio. Figueredo narra que **alguien** le responde:[157] "José Antonio está herido, pero se lo llevaron".[158] Otra mentira. Faure Chomón los increpa: "Se lo llevaron y ¿ustedes no saben si lo remataron?" Y comenzó "a depurar responsabilidades y a cuestionar cómo no habíamos ido a rescatar el cuerpo, en caso de que estuviera muerto".

El Testamento Político

No recuerdo cuándo ni cómo comenzó a circular un documento del que se afirmaba era el testamento político del fundador y jefe máximo del Directorio Revolucionario. He revisado docenas de publicaciones y no acabo de averiguar el origen de dicho escrito. Nadie, que yo sepa, ha afirmado haberlo encontrado y mucho menos recibido de manos del autor.

Debido a la importancia del tema, realicé una minuciosa revisión de la literatura tratando de despejar la incógnita. Es razonable pensar que sus dos biógrafos principales (que residen dentro y fuera de la isla),[159] que tuvieron acceso a una cantidad respetable de documentos y testimonios de testigos de aquellos hechos, hayan ignorado el tópico. Dan por sentado que el testamento existe, lo transcriben y punto. He analizado todo lo que ha llegado a mis manos sobre los escritos de los compañeros de Echeverría que hayan podido tener conocimiento del testamento, incluyendo a Nuiry,[160]

---

[156] (1998: 116).
[157] Zito (11998: 117).
[158] En otra oportunidad Chomón afirma que le habían dicho que estaba herido en una casa de los alrededores
(http://directorio13m.blogspot.com/2009/04/testimonio-de-faure-chomon).
[159] Me refiero a García Oliveras (1979; 1998: 93-103) y Fernández León (2007), respectivamente, ambos militantes del DR y el primero protagonista de la acción de Radio Reloj.
[160] (1988; 2007).

García Oliveras,[161] Rodríguez-Loeches,[162] Chomón,[163] Figueredo,[164] y Anillo.[165] Algunas de ellos contienen un grado de detalle increíble al relatar las actividades de los últimos días en el escondite junto a José Antonio pero no existe una sola línea confiable que se refiera al escrito póstumo del dirigente revolucionario. Figueredo[166] afirma que, cuando García Oliveras lo llevó al escondite, "habló mucho rato con José Antonio, quien le dio a revisar su testamento, y después me planteó que nos íbamos juntos". Eso es todo. García Oliveras no lo menciona en sus trabajos.

También revisé materiales de otros residentes en la isla como Harnecker,[167] Mencía,[168] Hurtado Tendrón,[169] Pérez Cabrera,[170] y otros en el extranjero, como Llovio Menéndez,[171] Bonachea y San Martín,[172] Rodríguez Pérez,[173] Barroso,[174] González,[175] y Gutiérrez.[176]

Otros autores extranjeros, que pudieran haber tenido la suerte o el privilegio de acceder a información (algún lector recordará a Tad Szulc con el "gobierno secreto" de las primeras semanas de 1959 en Cojímar) negada a otros, como el propio Szulc,[177] o el privilegiado Matthews,[178] o DePalma,[179] Raffy,[180] Quirk,[181] Geyer,[182] o Sweig.[183]

---

[161] Además de los mencionados arriba, revisé varios artículos en revistas y comentarios a periodistas.
[162] (1982; 1969: 69-88).
[163] (1969; 2007: 194-205).
[164] (Zito: 1998).
[165] (1969: 93).
[166] "El 13 de marzo" por Carlos Figueredo, 22 de abril de 2009, en http://directorio13m.blogspot.com/2009/04/el-13-de-marzo.html.
[167] (2001).
[168] (2007: 166-193).
[169] (2005).
[170] (2007).
[171] (1998).
[172] (1974).
[173] (2001).
[174] (2009).
[175] (2010).
[176] (2010).
[177] (1986).
[178] (1961; 1970; 1975).
[179] (2006).
[180] (2003).
[181] (1993).
[182] (1991).

Veamos lo que se asume que nos dejó de su puño y letra José Antonio Echeverría.

Hoy, 13 de marzo, día en que se honra a los que han consagrado sus vidas a la digna profesión de Arquitecto para la que me preparo, a las tres y veinte minutos de la tarde, participaré en una acción en la que el Directorio Revolucionario ha empeñado todo su esfuerzo junto con otros grupos que también luchan por la libertad.

Esta acción envuelve grandes riesgos para todos nosotros y lo sabemos. No desconozco el peligro. No lo busco. Pero tampoco lo rehúyo. Trato sencillamente de cumplir con mi deber.

Nuestro compromiso con el pueblo de Cuba quedó fijado en la Carta de México que unió a la juventud en una actuación. Pero las circunstancias necesarias para que la parte estudiantil realizara el papel a ella asignado no se dieron oportunamente, obligándonos a aplazar el cumplimiento de nuestro compromiso. Creemos que ha llegado el momento de cumplirlo.

Confiamos en que la pureza de nuestras intenciones nos atraiga el favor de Dios para lograr el imperio de la justicia en nuestra patria. Si caemos, que nuestra sangre señale el camino de la libertad, porque tenga o no nuestra acción el éxito que esperamos, la conmoción que originará nos hará adelantar en la senda del triunfo.

Pero es la acción del pueblo la que será decisiva para alcanzarlo, por eso este manifiesto, que pudiera llegar a ser un testamento, exhorta al pueblo de Cuba a la resistencia cívica, el retraimiento de cuanto pudiera significar un apoyo a la dictadura que nos oprime y a la ayuda eficaz de los que están sobre las armas para liberarlo. Para ello es preciso mantener viva la fe en la lucha revolucionaria aunque perezcamos todos sus líderes, ya que nunca faltarán hombres decididos y capaces que ocupen nuestros puestos, pues como dijera el Apóstol, cuando no hubiera hombres se levantarán las piedras para luchar por la libertad de nuestra Patria.

A nuestros compañeros, los estudiantes de Cuba, les pedimos que se organicen, ya que ellos constituyen la vanguardia de nuestra lucha, y a las Fuerzas Armadas que recuerden que su misión es defender a la Patria, no someter hermanos, y que su puesto es el del Ejército Mambí, que peleaba "POR LA LIBERTAD DE CUBA", como terminan todos sus escritos.

---

[183] (2002).

El testamento tiene fecha 13 de marzo de 1957 y afirma que está siendo escrito ese día. Sin embargo, en ninguna de las publicaciones que he revisado aparece una categórica afirmación de que José Antonio hubiera tomado unos minutos para retirarse a escribirlo y lo que hizo después con el mismo. En toda esa montaña de cuartillas solo aparece un escueto comentario que afirma que, en el sótano del apartamento de la calle 19 del Vedado, "redactó el testamento".[184] Eso es todo. El autor es un joven historiador de la ciudad de Cárdenas que en 2007 estaba terminando de compilar materiales para una nueva biografía de Echeverría que ya salió a la luz.[185]

No existe un solo compañero de Echeverría de los que vivieron en ese escondite que corrobore y amplíe esa información.

Todos sabemos que José Antonio era un joven profundamente religioso. La carta a continuación así lo revela. A pesar de ello, los escritores en la isla de vez en cuando tratan de disfrazarlo con un manto ideológico que no le pertenece.

Durante una de mis conversaciones con Lucy Echeverría, esta me aseguró que, como su hermano estaba tan relacionado con los frailes franciscanos, dejó su testamento con el fraile Luis Zabala, que era su director espiritual, y le pidió al Superior Serafín Ajuria que le enviara consuelo a su madre con el contenido de la nota que aparece a continuación y que la familia la mantiene en su poder tal y como le llegó en aquellos días.

Creo que las especulaciones de sus antiguos compañeros pierden valor al leer la solidez de las creencias de José Antonio aun en el umbral de una posible muerte.

El ardid empleado para combatir estas pruebas es: "no era marxista pero lo hubiera sido si hubiera sobrevivido".

Faure Chomón ha expresado que José Antonio "tenía un gran poder de análisis y sabía escuchar para formar su pensamiento. Sus ideas eran las de un revolucionario radical de su época que actuaba para hacer la Revolución. Se hizo rodear, para dirigir el Directorio, de compañeros de izquierda, con un programa anti-imperialista y de justicia social".[186]

---

[184] Artículo de Ernesto Álvarez Blanco en *El Cardenense*, fechado el 13 de marzo de 20113.
[185] Álvarez Blanco (2009).
[186] Zito (1998: 39).

Fray Serafín Ajuria,
Superior de la Orden Franciscana, en Cuba.
Cumple con los deseos de José Antonio de
hacerle llegar la presente a su madre.

Muy apreciada Señora:
Aunque solo conozco a usted de oídas y se que es
muy buena cristiana, comprendo el dolor inmenso
que la embarga en estos días. Tengo un encargo de
José Antonio para que sí acaso ocurría lo que él
temía, le comunicara a usted que él había confe-
sado y comulgado antes,
Pido a Dios descanso para José Antonio y resig-
nación para usted.

Fr. Serafín Ajuria
marzo 1957

Fig. 3.12. Carta de Fr. S. Ajuria a la madre de Echeverría.
Fuente: Cortesía de Lucy Echeverría.

Julio García Oliveras[187] afirma que "José Antonio Echeverría no fue un militante marxista-leninista", pero está de acuerdo con la predicción de Chomón de que lo hubiera sido. Ricardo Alarcón[188] no necesita utilizar la bola de cristal porque, según él, el primer manifiesto del Directorio Revolucionario abogaba por un "cambio integral" que se identifica con el "socialismo".

En cuanto al Testamento. Lucy Echeverría afirma que, cuando Serafín Ajuria tuvo el mismo en sus manos, el pánico se apoderó de él y lo escondió tan bien que nunca apareció. Entonces, ¿de dónde salió la versión que todos conocemos y que su misma hermana ha utilizado en sus escritos?

Después de varias décadas, un académico residente en la isla ha cuestionado en público la autenticidad del Testamento. Se trata de Rafael Hernández quien, al final de una larga entrevista a Julio García Oliveras —veterano del ejecutivo del Directorio Revolucionario— para la *Revista Te-*

---

[187] (2003: 36).
[188] "Recordando el 13 de Marzo de 1957: Nada ni nadie podrá someternos jamás", por Ricardo Alarcón, *Cuba Debate*, 13 de marzo de 2010:
http://www.cubadebate.cu/opinion/2010/03/13/recordando-el-13-de-marzo-de-1957-nada-ni-nadie-podra-someternos-jamas/#.V69qrKJdfIU

mas[189] que dirige, expresa: "En el campo de la Historia también ha brotado el marabú. Lo más doloroso para mí es lo relativo al conocido 'Testamento' de José Antonio, del cual no tengo ninguna prueba de su autenticidad aunque incluso dio lugar a un incidente político en el que Fidel tuvo que intervenir".[190]

Después de leer muchas veces lo que yo considero libertinamente una "pista oficial", me dediqué a estudiar el documento tratando de encontrar razones que pudieran validar la aserción de que el mismo no había salido de un bolígrafo manejado por Echeverría. Entonces, ¿quién o quiénes pudieran beneficiarse de esta horrible estafa? Después de tantos años de dictadura no me caben dudas de que Fidel Castro pudiera estar detrás de esa maniobra. Cabe preguntarse, ¿qué parte del texto pudiera revelar su intervención? El tercer párrafo parece adentrarnos en el secreto. Dice textualmente:

> Nuestro compromiso con el pueblo de Cuba quedó fijado en la Carta de México que unió a la juventud en una actuación. Pero las circunstancias necesarias para que la parte estudiantil realizara el papel a ella asignado no se dieron oportunamente, obligándonos a aplazar el cumplimiento de nuestro compromiso. Creemos que ha llegado el momento de cumplirlo.

Esas palabras suenan como una excusa por no haber apoyado a Fidel Castro cuando el desembarco, a pesar de que se había comprometido a ello en la Carta de México firmada junto a Fidel. La frase "ha llegado el momento de cumplirlo" concede un alto grado de protagonismo al guerrillero de la Sierra Maestra. Y cabe preguntarse: ¿Cómo es posible que Echeverría se exprese de esa manera cuando apenas dos semanas atrás ha leído una carta insultante enviada por Fidel Castro llamándolo cobarde? Aquella tarde, como vimos anteriormente, José Antonio había reaccionado violentamente, expresando que su organización no se relacionaría jamás con Fidel Castro y que prohibía a sus hombres que se unieran a su guerrilla. Hay que hacer un gran esfuerzo para creer que, días después, se lance a la calle a cumplir con su "compromiso" con Fidel Castro y pierda la vida en el intento.

---

[189] http://temas.cult.cu/content/la-revoluci-n-era-libertad-pol-tica-independencia-econ-mica-justicia-social-ideolog-y-l-nea. 19 de marzo de 2014.

[190] En el acto conmemorativo del 13 de marzo de 1963, en su habitual discurso, Fidel Castro se refirió a la supresión de una invocación a Dios en el testamento de José Antonio Echeverría, juzgando ese acto como "erróneo y no revolucionario" (http://www.cuba.cu/gobierno/discursos/1963/esp/f130363e.html). El discurso del año anterior, cuando ocurrió el incidente se puede leer en http://www.cuba.cu/gobierno/discursos/1962/esp/f130362e.html.

La Reacción de Fidel Castro

La tarde del 13 de marzo de 1957 provocó un temblor en la madriguera de las montañas orientales. Castro hizo unas declaraciones que fueron publicadas en la *Revista Bohemia*. En ellas rechazaba las acciones de la capital, calificándolas de actos terroristas condenables, donde se había derramado sangre inútilmente.

Aunque el mito de los 12 hombres ha sido desmentido de manera irrefutable por Álvarez,[191] Castro lo repite cuatro años después de su creación, refiriéndose a los sucesos del 13 de marzo: "Mucho más lejana estaba la victoria en otros tiempos, mucho más lejana estaba aquel día en que, mientras asesinaban al compañero José Antonio en La Habana, sacrificaban su vida otros compañeros del Directorio Revolucionario, nosotros contamos a nuestros hombres aquel 13 de marzo y, ¿saben cuántos éramos? ¡Éramos doce!"[192] Castro pretende ignorar que el mito de los 12 hombres lo creó en diciembre de 1956, poco después del desembarco, lo lanzó al mundo Herbert Matthews después de su entrevista en febrero de 1957, y el 13 de marzo de 1957, cuando ya llevaba más de tres meses alzado, todavía cuenta con 12 hombres. ¡La guerrilla de Fidel sufría de crecimiento estancado! Esto hubiera empeorado la situación para Fidel Castro pues no sería sensato bajar de la Sierra Maestra con su tropa de 12 encogidos guerrilleros para reclamar parte del poder, y mucho menos el poder absoluto al que aspiraba si las acciones de la capital hubieran logrado su objetivo de asumir el control del país.

La estrategia de Fidel Castro contra las fuerzas del DR tomó un giro mucho más radical. Ya no bastaba prevenir la unidad. A pesar de no haber alcanzado la victoria, el DR había probado ser capaz de golpear duro sin su participación y eso ponía en peligro sus aspiraciones. Se imponía la crítica de esas acciones.

La oportunidad se presentó en el mes de abril con la visita de un equipo de periodistas de la cadena noticiosa norteamericana Columbia Broadcasting System (CBS) que incluía al reportero Robert Taber y el camarógrafo Wendell L. Hoffman. El reportaje salió al aire el 19 de mayo de ese año y el 26 en la *Revista Bohemia*.

Las declaraciones de Castro no pudieron ser más poco solidarias. Lo irónico era el lugar donde se hacían. El cintillo que encabezaba el artículo en el tope de la página anunciaba: ¡EXCLUSIVO: FIDEL CASTRO EN EL PICO TURQUINO!" La entrevista iba a abrir nuevas heridas.

---

[191] (2008: 46-47).
[192] http://www.cuba.cu/gobierno/discursos/1961/esp/f130361e.html.

Fig. 3.13. Declaraciones de Fidel Castro
sobre el 13 de marzo de 1957.
Fuente: *Revista Bohemia*, 26 de marzo de 1957.

A una pregunta de los periodistas sobre los hechos recientes les responde: "Es un inútil derramamiento de sangre. La vida del Dictador no importa…" Enseguida les agrega que condenaba el asalto por considerar que no era un objetivo adecuado. "También soy opuesto al terrorismo. Condeno esos procedimientos. Creo que no se resuelve nada con eso. Aquí, en esta trinchera de la Sierra Maestra, es donde hay que venir a pelear".

Llamar "actos terroristas" a las acciones del 13 de marzo es un insulto extraño, considerando que nueve meses después, aunque se utilizó desde que comenzó la lucha, el Movimiento 26 de Julio realizaba una campaña la noche del 8 de noviembre de 1957, que llamó "la noche de las cien bombas".[193] Además de los daños materiales, dos de los militantes quedaron horriblemente mutilados en las acciones.

Un Final y otro Comienzo: Los Asesinatos de Humboldt 7

La muerte de José Antonio marcó el final de la primera etapa de su organización. Con su desaparición física el Directorio Revolucionario no solo perdía a su máximo dirigente, sino un camino. El primer hecho que marca la transición hacia la segunda etapa es el asesinato de cuatro de sus dirigentes

---

[193] http://www.ecured.cu/index.php/Noche_de_las_cien_bombas

apenas cinco semanas después de su muerte.

El horrible hecho ocurrió en la tarde del sábado santo. El almanaque marcaba el 20 de abril. Víctimas de una delación fueron sorprendidos en un apartamento de la calle Humboldt # 7, los dirigentes del DR Fructuoso Rodríguez, José Machado, Juan Pedro Carbó Serviá y José Westbrook Rosales. Desde los primeros instantes se tuvo sospechas de un individuo que se relacionaba con ellos en la Universidad y el clandestinaje llamado Marcos Rodríguez Alfonso, alias "Marquitos".

Se alegaron varios móviles. Un libro reciente[194] parece haber llegado a una razonable explicación: Marquitos denunció el escondite y a sus ocupantes por despecho, humillado por una situación provocada por su presencia en el apartamento. Lo hizo personalmente al oficial de la Policía Nacional Esteban Ventura Novo, quien se personó en el lugar al frente de un operativo policial para ametrallar a los cuatro inquilinos del apartamento # 201.

Después de los sucesos del 13 de marzo y el 20 de abril, la dirección de la organización de José Antonio Echeverría desapareció casi por completo. Hubo que elegir otro ejecutivo,[195] formado ahora por Faure Chomón, Rolando Cubela, Jorge Valls, Guillermo Jiménez, Osmel Francis, Natalia Bolívar, Humberto Castelló, Primitivo Lima, Andrés Silva, Zaida Trimiño, Julio Fernández, Ángel Quevedo y Bebo Remedios.

La ausencia de José Antonio y los otros miembros del ejecutivo, junto a la llegada de nuevas caras a la dirección, anunciaban una segunda etapa en el desempeño de la organización. Lo que permanecería como constante, unas veces oculto y otras al descubierto, era el desprecio que Fidel Castro sentía por ellos.

---

[194] Briones Montoto (2015).
[195] Barquín (1975: 382).

4 EL PACTO DE MIAMI

El Pacto de Miami tenía un solo error:
No se había proclamado Rey a Fidel Castro.
Tania Díaz Castro, *CUBANET*, 8 de julio de 2016.[196]

En la ciudad de Miami, Florida, centro de la actividad del exilio cubano, se firmó el "Pacto de Miami" por un gran abanico de la oposición el 10 de noviembre de 1957.[197] Los siete grupos firmantes, que estaban supuestos a formar una Junta de Liberación Nacional, incluían el Movimiento 26 de Julio, la Federación Estudiantil Universitaria, el Directorio Revolucionario 13 de Marzo, el Partido Revolucionario Cubano (Auténtico), el Partido del Pueblo Cubano (Ortodoxo), la Organización Auténtica, el Directorio Obrero Revolucionario y el Partido Demócrata.

Las negociaciones se habían celebrado en días anteriores. Algunas de las personalidades que participaron eran políticos profesionales, y dirigentes obreros y estudiantiles. Los delegados del Movimiento 26 de Julio incluían a Léster Rodríguez, Mario Llerena, Felipe Pazos y Lucas Morán. El Directorio Revolucionario 13 de Marzo estuvo representado por Faure Chomón y la Federación Estudiantil Universitaria (FEU) por Ramón Prendes, Juan Nuiry y Omar Fernández.

La declaración final que se entregó a la prensa era similar a las anteriores. Abogaba por la lucha por la democracia, la restauración de la Constitución de 1940, la celebración de elecciones generales en un período no mayor a diez y ocho meses después del derrocamiento de la dictadura, la creación de nuevas fuentes de trabajo y otras. Sin embargo, en el texto del documento desaparecieron dos puntos importantes para Fidel Castro, que habían sido incluidos en el "Manifiesto de la Sierra": el repudio a una intervención extranjera y a una junta militar para sustituir a Batista.

---

[196] https://www.cubanet.org/opiniones/por-un-solo-rey/
[197] Esta sección está basada en Álvarez (2008), pero modificada y aumentada.

Cuando el documento llegó a la Sierra Maestra, Fidel Castro demoró en contestarlo más tiempo que el esperado, probablemente por estar consultando con Ernesto Guevara.[198] Este último amenazó con dimitir si Fidel Castro no denunciaba enérgicamente el acuerdo. A pesar de que, por esa época, el Ejército Rebelde sólo contaba con unos 300 hombres, Fidel Castro rechazó el Pacto en una extensísima carta pública, fechada en la Sierra Maestra el 14 de diciembre.[199] Sus puntos salientes eran:

• La guerrilla ha estado luchando durante un año sin recibir ayuda de quienes tienen los medios para hacerlo y ahora, desde el extranjero donde residen, suscriben ese pacto para el que no fuimos consultados pues los que firmaron a nombre del M-26 no estaban autorizados para ello.

• Lo importante para la revolución no es la unidad en sí, sino la base de dicha unidad, la forma en que se viabilice y las intenciones patrióticas que la animen.

• El documento no hace mención al rechazo a una intervención extranjera en los asuntos internos de Cuba ni menciona tampoco el repudio a todo tipo de junta militar.

• La facultad dada a la Junta de Liberación para nombrar al Presidente Provisional, aprobar o desaprobar los nombramientos hechos por este último, y permitir que las fuerzas revolucionarias se incorporen a los institutos armados de la República, con sus armas, son inaceptables.

• El Movimiento 26 de Julio reclama para sí la función de mantener el orden público y reorganizar los institutos armados de la República.

• No se define en el documento la estrategia de lucha. ¿Han aceptado al fin la tesis de la huelga general sostenida por el Movimiento 26 de Julio?

• Han subestimado la importancia militar de la lucha en Oriente, la cual ha dejado de ser una guerra de guerrillas para convertirse en una guerra de columnas.

Recordaba Castro que "la dirección de la lucha contra la tiranía está y seguirá estando en Cuba" y, aunque no admitía que la guerra fuera dirigida desde el extranjero, la DN estaba dispuesta a hablar en Cuba con los dirigentes de cualquier organización oposicionista para coordinar planes específicos y producir hechos concretos.

El primer punto que merece ser discutido es la afirmación de Fidel Castro de que "quienes firmaron a nombre del 26 de Julio no estaban autorizados para ello". Existen comunicaciones escritas que desmienten esas afirmaciones. Sobran las referencias a los esfuerzos que Frank País hizo para

---

[198] Castañeda (1998: 110).
[199] Hart Dávalos (1998: 223-231).

enviar a Léster Rodríguez (santiaguero veterano del Moncada y el 30 de noviembre, además de su compañero en todos los movimientos que precedieron a éstos) a buscar recursos en el extranjero. Existe además una carta de Darío (Armando Hart) a Fidel Castro, fechada en Santiago de Cuba el 16 de octubre de 1957, un mes antes de la firma del Pacto de Miami, que dice: "Quisiera que me enviaras de tu puño y letra una carta dirigida a Herbert Matthews diciendo que Franqui, Llerena y Léster son las únicas personas que pueden hablar a nombre del Movimiento fuera de Cuba". [200]

El 30 de octubre Fidel Castro le escribe a Mario Llerena[201] informándole la composición del Comité del Exilio: Propaganda y Relaciones Públicas: Mario Llerena. Organización: Carlos Franqui. Asuntos bélicos: Léster Rodríguez. Finanzas: Raúl Chibás. Y agregaba: "A ustedes nada debe desanimarlos. El Movimiento 26 de Julio es fortísimo en estos instantes. **Actúen a conciencia de que representan una mayoría indiscutida del pueblo de Cuba**".

Las cartas de Armando Hart y Fidel Castro hablan por sí solas. Todas las personas que participaron a nombre del Movimiento 26 de Julio en el proceso de negociaciones que culminaron con la firma del Pacto de Miami fueron designadas por Fidel Castro siguiendo instrucciones de la Dirección Nacional del Movimiento 26 de Julio y, aparentemente, con poderes para negociar a nombre del mismo. Alguien pudiera argumentar que Castro no fue consultado paso a paso durante las negociaciones. Sin embargo, los delegados tenían plenos poderes y no se puede esperar que todos tuvieran la facultad de consultar con dirigentes no presentes.

Otro punto importante es la afirmación de Castro de que "la guerrilla ha estado luchando durante un año sin recibir ayuda de quienes tienen los medios para hacerlo…" Eso es falso. Se ha documentado minuciosamente la ayuda enviada a la Sierra Maestra antes y después de la firma del Pacto de Miami y la misma asciende a varios millones de dólares.[202]

Mientras que el Partido Ortodoxo permaneció fiel al líder guerrillero, el resto de las organizaciones signatarias hicieron denuncias públicas que, en varios de los casos, expresaban ataques virulentos contra el autor de la carta enviada desde las montañas orientales. Entre ellos estaban los auténticos, la FEU y las organizaciones obreras.

---

[200] Franqui (1976: 323).
[201] Franqui (1976: 324-325).
[202] Ver Álvarez (2008: Capítulo 3).

La reacción de los jóvenes del Directorio Revolucionario no se hizo esperar. Las declaraciones entregadas a la prensa y publicadas en el *Diario Las Américas* de Miami, Florida, el 5 de enero de 1958, y en la *Revista Bohemia*[203] el 2 de febrero siguiente, iban encabezadas así: "El Directorio Revolucionario Hace Pública su Posición Ante las Declaraciones del Doctor Fidel Castro que Dan por Terminadas las Labores de la Junta de Liberación Cubana". Su primer párrafo le expresaba a Fidel Castro el dolor y la preocupación que su carta les había causado y reconocían que el final de la JLC era consecuencia del sectarismo político y del sensacionalismo demagógico. La retirada fidelista "ha dado el tiro de gracia a la unidad revolucionaria vertebrada en Miami".

Pedían luego que los tres delegados del 26 de Julio ante la JLC (Léster Rodríguez, Felipe Pazos y Lucas Morán) esclarecieran lo declarado por Fidel Castro de que ellos no estaban investidos del poder de negociar un pacto de unidad. Fidel aseguraba que Léster sólo era "Delegado de Asuntos Bélicos en el Extranjero", pero el DR recordaba que Mario Llerena y Raúl Chibás habían ocupado el lugar de los anteriores como delegados ante la Junta. Argumentaban que, en ese carácter, los nuevos delegados habían consultado con la Dirección Nacional del 26 de Julio sobre asuntos que se debatían en el seno de la misma. Esas consultas ocurrieron varias veces y demostraban que los delegados fidelistas contaban con el apoyo de su DN. Expresaban su disgusto al ver como la Junta rechazaba muchas de sus iniciativas de índole programáticas y doctrinales, producto de la oposición de los delegados fidelistas.

Enumeraban luego los puntos que el DR había planteado como fundamentales para alcanzar la unidad. A pesar de que muchas de sus proposiciones fueron rechazadas en el seno de la Junta –por los delegados del 26 del brazo de los peores politiqueros– el DR se mantuvo fiel al principio de unidad. Aclaraban después que ninguna organización podía abrogarse el derecho de la "representación única de una revolución que hace Cuba entera". Y recordaban lo dicho por José Martí: "La Revolución no es patrimonio de nadie" y "La República ha de ser con todos y para el bien de todos". Criticaban que Fidel Castro, quien junto a los demás luchaba por derrocar una dictadura unipersonal, despótica y cruel, se opusiera a que una Junta nombrara a los colaboradores del Presidente Provisional. Afirmaban que, de hacerse lo sugerido por Fidel, los tres poderes estarían concentrados en una sola persona. Además criticaban que el jefe del 26 de Julio reservara para sí "la función de mantener el orden público y la reorganización de los institutos armados de la República", a lo que se oponían los miembros del

---

[203] [(50:5 (2 de febrero ,1958), pp. 85-87)].

DR. Y afirmaban con Martí, que "la República no es un cuartel" y que ellos agregaban: "¡NI LOS CUARTELES SON LA REPUBLICA!", en una clara alusión a la guerrilla fidelista.

En el libro de Rodríguez-Loeches publicado en la isla, esas declaraciones se colocaron en un Apéndice de algo más de dos páginas.[204] Entre los escasos párrafos, para ocultar frases fuertes y acusaciones contra la figura de Fidel Castro y la justa indignación de los dirigentes del Directorio Revolucionario, colocaron un lacónico "[…]". Debe recordarse que, en una carta que Fidel Castro envió a Guevara a fines de 1958, publicada en sus Memorias en 2010 y que originó la escritura de este libro, los insultos de Castro a los jóvenes del Directorio no fueron sustituidos por un lacónico "[…]".

Frente a la queja de Fidel Castro de no haber recibido ayuda de otras organizaciones, le recordaban que ellos sí lo habían hecho material y espiritualmente varias veces. Sin embargo, después del ataque del 13 de marzo, diezmados y sin recursos, nunca se quejaron de que el 26 de Julio no acudiera en su ayuda a pesar de haberle comunicado sus planes a Faustino Pérez, jefe del M-26-7 en la Habana. En aras de la camaradería revolucionaria, agregaban, habían callado su dolor y su verdad. Luego venía algo que no podía faltar en el reproche: la entrevista de la *Revista Bohemia*, donde Fidel Castro tuvo palabras tan deplorables para la gesta del 13 de marzo cuando afirmó, que "el ataque al Palacio Presidencial era un derramamiento inútil de sangre". Todos los sacrificios y esfuerzos, el recuerdo emotivo de sus mejores hombres caídos aquel día, lo reprimieron ante lo poco equitativo de dichos pronunciamientos. ¡Cuánto hubiera representado para ellos la frase compañera que los estimulara en aquellos inciertos momentos! Les faltó la palabra justa salida del heroísmo de la Sierra; pero les sobró más coraje que en la acción del Palacio Presidencial, para guardar las lágrimas de hermanos.[205]

A la afirmación de Fidel Castro de que "los dirigentes que desde la comodidad de una ciudad extranjera hacen una revolución imaginaria", le contestan que "debía ser más prudente y responsable al hablar". Y se tornaba aún más personal diciéndole que el doctor Castro debía recordar que a ninguno de los hombres del DR les podía dar lecciones de civismo, sacrificio, patriotismo, valentía ni desprendimiento, porque:

• Mientras él [Fidel Castro] estaba en México y los Estados Unidos, ellos libraban su lucha con José Antonio Echeverría siempre al frente, en las calles de la Habana; que aún él no había arribado a playas cubanas y ya Rubén

---

[204] (1982: 182-184).
[205] p. 86.

Aldana caía asesinado en el mes de mayo de 1956, trabajando con el Directorio Revolucionario.

• Antes de arribar Castro a Oriente, ya el Directorio Revolucionario atentaba contra los coroneles Blanco Rico y Tabernilla, mientras él desde México, lamentaba la muerte del primero llamándolo "persona decente".

• Mientras él estaba en las empinadas sierras orientales, ellos en la Habana tiroteaban el Castillo del Príncipe, propiciando la fuga de varios compañeros, le tiraban al coronel Orlando Piedra, quemaban 15 perseguidoras en la Ámbar Motors, y a pecho descubierto fueron a ajusticiar al déspota en su propia madriguera.

Le criticaban también la forma confusa en que se había referido al ex-presidente Prío y al DR como si estuvieran confabulados en no proporcionarle los cuantiosos recursos con que contaban y que luego habían sido ocupados por las autoridades. A pesar de las críticas a que pueden ser sometidos los políticos, eso no justificaba romper el pacto de unidad.

Explicaban los motivos que llevaban al DR a sostener que apoyaban mejor al Dr. Felipe Pazos, por su capacidad y honestidad probadas, de mayor militancia reconocida en el 26 de Julio que al magistrado Urrutia, que había jurado los estatutos de Batista. El gesto heroico y reivindicativo de su voto particular era insuficiente para convertirlo en el Presidente provisional.

Después de hacer un llamado "POR UN 13 DE MARZO VICTORIOSO", firmaba la declaración Faure Chomón, a nombre del Directorio Revolucionario.

La carta de Fidel Castro cumplió el objetivo del autor, pues los miembros del Pacto de Miami decidieron disolver la Junta de Liberación Cubana, que era el brazo ejecutor del Pacto. Craso error de esas organizaciones ya que la disolución de ese organismo rector dejaba de nuevo a Fidel Castro y su Movimiento como principal portavoz y ejecutor de la lucha armada al reconocer tácitamente el resto de las organizaciones su ineptitud para dirigir la guerra sin la participación del M-26-7.

Desaparecía así un instrumento que tal vez hubiera adelantado la victoria, aunque el objetivo principal pudo haber sido el moderar el caudillismo creciente de Castro. Pero, según Portes y Stepick[206], ya era muy tarde. Castro había capturado la imaginación de los cubanos y el embrujo de la prensa norteamericana.

Castro no deseaba compartir el poder. La actitud de los miembros de la JLC, al hacer desaparecer la misma, lo hicieron avanzar un gran trecho en su camino al poder absoluto.

---

[206] (1993: 98).

5 FIDEL CASTRO ACELERA SUS PASOS HACIA EL PODER ABSOLUTO

El Movimiento 26 de Julio reclama para sí la función de mantener el orden público y reorganizar los Institutos Armados de la República.
Fidel Castro, *Carta respuesta al Pacto de Miami*,
14 de diciembre de 1957.

Antecedentes

Para alcanzar el poder absoluto al que aspiraba, Fidel Castro debía obtener primero el control total de su propia organización. Su gran obstáculo era la Dirección Nacional (DN) del Movimiento 26 de Julio (M-26-7) liderada por Frank País, quien fungía como jefe o coordinador nacional de la misma. Al salir de la Prisión de Boniato en mayo de 1957, País había reestructurado la DN y establecido la sede de su jefatura en Santiago de Cuba. Todos los nombrados eran personas de su entera confianza. Casi por puro compromiso o mera formalidad, le ofrece a Fidel Castro un puesto en la DN para los de la Sierra y le sugiere que fuera Celia Sánchez. Frank País fue asesinado, víctima de una delación interna, el 30 de julio de ese año. A pesar de los esfuerzos que Castro y Guevara hicieron para heredar el puesto de Frank, la DN se reunió en Santiago de Cuba y, sin contar con ellos, designó a la mano derecha de País, René Ramos Latour (Daniel), como su sucesor. Contrario a las aspiraciones de Castro, Ramos Latour continuó los proyectos interrumpidos por el asesinato de País. La guerrilla de la Sierra Maestra todavía dependía del Movimiento en las zonas urbanas para su supervivencia y Fidel Castro estaba atado de pies y manos para poder hacer un movimiento contra ellos. Pero los meses fueron transcurriendo y, ya en los comienzos de 1958, Castro había expandido el territorio donde operaba su guerrilla y creyó que se acercaba su hora. El medio elegido era el llamado a una huelga general que el mismo País había estado preparando antes de su misterioso asesinato.

La Huelga del 9 de Abril de 1958:
Sospechoso Fracaso

Creación del Frente Obrero Nacional (FON)

Todo parece indicar que la idea de convocar a una huelga general estuvo influenciada por dos experiencias: el éxito de la que dio al traste con la dictadura de Gerardo Machado en agosto de 1933 y la huelga espontánea provocada por el asesinato de Frank País y Raúl Pujol el 30 de julio de 1957. La DN del M-26-7 tenía "el convencimiento de que no sólo la huelga era posible, sino de que podía terminar con la dictadura".[207]

Frank País había concedido gran importancia a la creación de una Dirección Nacional Obrera (DNO) dentro del Movimiento 26 de Julio. En carta a Fidel Castro del 7 de julio de 1957 le informaba haber elegido al ejecutivo gestor. Le enfatizaba que todos los organismos eran netamente del 26, o íntimamente ligados a él. Le contaba de la existencia de otros grupos sin deseos de vincularse pero que estaban de acuerdo en realizar la paralización nacional para derrocar al régimen. Los delegados de las organizaciones vinculados al 26 de Julio serían los encargados de acoplar todas las figuras en un Comité de Huelga que tendría visos de no parcializados al 26, pero que desarrollaría los hechos en el momento propicio que el 26 lo ordenara.[208] En los primeros meses de 1958 el FON había logrado organizar numerosas células en los sectores de ómnibus, plantas eléctricas y el comercio, principalmente en el bancario.

Convocatoria y Preparativos

La reunión de la DN donde se acordó la convocatoria a la huelga estuvo presidida por Fidel Castro y tuvo lugar el 10 y 11 de marzo de 1958 en la finca "El Naranjo" en la zona de Santo Domingo en la Sierra Maestra. Los participantes incluyeron a Fidel Castro, Marcelo Fernández, René Ramos Latour, Haydée Santamaría, David Salvador, Aguilera Maceiras, Faustino Pérez, Vilma Espín, y Celia Sánchez.

---

[207] Luis Buch a Suárez Suárez (2001: 88).
[208] Gálvez Rodríguez (1991: 545).

Enzo Infante y Manuel Suzarte se encontraban ausentes.[209] Se le informó a Fidel Castro de la situación en las ciudades, se expuso el criterio de que ya las condiciones estaban creadas, y en general – seguramente con exceso de optimismo-, dieron su visión en cuanto a la posibilidad de dar el golpe final a la tiranía. Los planteamientos del Llano fueron considerados por Fidel y se acordó llamar a la lucha final mediante el Manifiesto de los 21 Puntos, que la versión oficial afirma haberse redactado el 12 de marzo. Sin embargo, el periodista mexicano Manuel Camín,[210] enviado especial del *Periódico Excélsior*, afirma que el documento fue redactado enteramente por Fidel Castro durante la noche del 11 y la madrugada del día 12. Para su sorpresa, esa mañana el régimen de Batista anunciaba la imposición de la censura de prensa en todo el país, por lo que el Manifiesto se vio privado de una amplia divulgación.

A finales del mismo mes, Fidel Castro leyó un llamamiento por Radio Rebelde antes de ser enviado a La Habana. Este documento venía a ser un complemento del anterior, pero hacía énfasis especial en el tema de la unidad revolucionaria. El manifiesto "Al Pueblo de Cuba", conocido también como el "Manifiesto de los 21 puntos", tocaba otros temas además de la huelga general.[211]

Además del llamado oficial, Fidel Castro emitió una alocución "A los Trabajadores Cubanos desde la Sierra Maestra" dos semanas después:[212]

• Señala que, aunque en el manifiesto del 12 de marzo se indica que la dirección y organización de la huelga general en el campo obrero estará a cargo del FON, "nuestro movimiento no hace exclusiones de ninguna índole".

• Aclara que el FON "no es un organismo sectario" y que "todos los trabajadores cubanos, cualquiera que sea su militancia política o revolucionaria, tiene derecho a integrar los Comités de Huelga en los

---

[209] Mencía (2007b: 277n9).

[210] EXonline en http://www.exonline.com.mx).

[211] Franqui (1976: 400) no le pone fecha, pero Buch Rodríguez afirma que fue el día 12 (Suárez Suárez 2001: 88). En Franqui (1976: 399-401) se pueden leer los 21 puntos, que se resumieron en nueve en este texto.

[212] Álvarez Estévez (1999: 48-53). Aunque en varios lugares aparece sin fecha, algunos afirman que ocurrió el día 26. Sin embargo, Szulc (1986: 441) alega que dicho comunicado no se publicó por primera vez hasta seis años después, cuando apareció en las páginas del periódico "Hoy" el 9 de abril de 1964.

centros de trabajo".

• Después de apelar a la conciencia del pueblo e insistir en que es preferible morir que continuar viviendo en la opresión, "reitero mi total ausencia de interés personal y que he renunciado de antemano a todo cargo después del triunfo… Quien ha sido de los primeros en la lucha sería el último en la hora del triunfo."

Y cabe preguntarse: ¿Por qué tiene que hacer Fidel Castro esas aclaraciones en un llamado **personal** apenas dos semanas después de lo acordado por la DN? ¿Qué elementos tan importantes ameritaban ese abuso de autoridad, que no tenía? Existe un indicio que pudiera tener relación con este hecho. Aparece en una narración posterior sobre la actuación del Partido Socialista Popular (PSP) entre 1952 y 1959.[213] Ahí se indica que, cuando la dirigencia del PSP leyó el llamado a la huelga del 12 de marzo, "el PSP hizo declaraciones en las cuales criticaba algunos de sus enfoques porque limitaban una mayor participación de todos los sectores sociales en la lucha".[214] Continúa diciendo que "se acordó el envío de un 'Memorándum urgente' a Fidel en el cual señalaban que a pesar de existir entre ambas organizaciones diferencias en cuanto a programa e ideología, coincidían en la necesidad de derrocar a la tiranía, por lo cual asumía como decisiva la coordinación entre ambas".[215] Parece que fue Osvaldo Sánchez, miembro del Comité Central, la persona que llevó el mensaje a Castro. Le informó los síntomas que auguraban el fracaso pero aparentemente no fue escuchado pues Fidel Castro no suspendió el llamado a la huelga.[216]

La Abstención del Directorio Revolucionario 13 de Marzo

Pocos días después del encuentro en El naranjo, Faustino Pérez se reunió en la capital con dirigentes del PSP y el Directorio

---

[213] Massón Sena (2009: 225-247).
[214] Se cita el documento "Sobre el último manifiesto de Fidel Castro", Archivo del Instituto de Historia de Cuba, Fondo Primeros Partidos, sección PSP.
[215] "Memorándum urgente al Comandante doctor Fidel Castro, jefe de las fuerzas rebeldes y toda la dirección del M-26-7". Archivo del Instituto de Historia de Cuba, Fondo Primeros Partidos, sección PSP.
[216] Szulc (1986: 440, 441).

Revolucionario para concertar la colaboración, pero las diferencias de criterios no pudieron ser solucionadas. García Oliveras[217] explica que el ejecutivo de su organización estaría dispuesto a participar en la huelga "a través de un llamamiento unitario conjunto de las dos organizaciones". Esto, por supuesto, no fue aceptado por Faustino Pérez. Una vez más, los militantes del Directorio Revolucionario le decían "no" al aspirante a caudillo en la Sierra Maestra, aunque otros alegan una razón más poderosa. Pérez Cabrera[218] explica que unos días antes, el 31 de marzo de 1958, el DR había recibido un contundente golpe en la capital. Ese día, en una casa en la Playa de Santa Fe, la policía había capturado el cargamento de armas traído por los expedicionarios en el Scapade hacia la capital del país. Ese armamento sería utilizado en un levantamiento armado de apoyo a la **huelga general que convocaría el Directorio Revolucionario para el 13 de marzo de 1958**, primer aniversario del ataque a Palacio y Radio Reloj. Sin embargo, cuando el comandante Chomón llegó a La Habana, a principios de marzo de 1958 procedente del Escambray con el propósito de organizar y participar en ese levantamiento armado, fue citado a una reunión por Faustino Pérez, quien le propuso aplazar la fecha de la acción armada planeada por el DR. Además, Faustino le propuso que ambas organizaciones fuesen unidas a la huelga general que se proyectaba, a lo cual accedió el comandante Chomón. Pero esos planes fueron frustrados por la captura de ese arsenal de armas y, por esa razón, los hombres del Directorio en La Habana no participaron en la huelga del 9 de abril, pues ellos consideraban que para que la huelga tuviera éxito en la capital, había que apoyarla con un contingente de hombres fuertemente armados.[219]

La diferencia de criterios entre García Oliveras y Pérez Cabrera que acabamos de mencionar es obvia. Creo que el primero de los dos tiene la razón. Fidel Castro jamás permitiría que el Directorio y él hicieran un llamado conjunto a la huelga general, aunque García Oliveras admite la existencia de la segunda razón en otra de sus publicaciones.[220]

---

[217] (1998: 97).
[218] (2007: 185).
[219] Ratificado por José (Pepe) Vázquez en entrevista con el autor el 25 de noviembre de 2016.
[220] (1998: 97).

Parece que existió una agravante a la petición del Directorio de un llamado en conjunto con el M-26-7.[221] Una fuente allegada al diplomático Dr. Guillermo Belt, generoso contribuyente del DR, le aseguró que el grupo del Directorio le había enviado un mensaje a Castro solicitando nombrar al alcalde, al jefe de la policía y a los dirigentes políticos de La Habana una vez que la dictadura fuera derrotada por la huelga. La respuesta de Fidel Castro fue contundente: solo él estaría a cargo de hacer todos los nombramientos. El DR renunció entonces a participar en el esfuerzo.

El criterio que se siguió[222] en esto era que tanto el Directorio Revolucionario 13 de Marzo como el Partido Socialista Popular, una vez desencadenada la huelga general, no tendrían más opción que sumarse a esta y aceptar el hecho consumado. Con independencia de la actitud sectaria de David Salvador, Faustino Pérez, coordinador del Movimiento 26 de Julio en La Habana, sostuvo una entrevista con Joaquín Ordoqui, uno de los más altos dirigentes del Partido Socialista Popular.[223] No hubo manera de convencerlo de que los comunistas criollos participaran.

Las Acciones Urbanas

En una reunión celebrada en la capital de la República se integró un "comité ejecutivo para la huelga general", integrado en su totalidad por dirigentes del M-26-7,[224] que propuso la fecha del 30 de marzo para dar inicio a la huelga, respaldada por acciones armadas. Ese día daba inicio a la Semana Santa con el Domingo de Ramos y se reducían las actividades en todo el país. Sin embargo, la DN reunida en Santiago de Cuba convocó a una reunión donde cambiaron la fecha porque la expedición que traía armas de México para los combatientes de la capital no había llegado.[225]

---

[221] Smith (1990: 105).

[222] Suárez Suárez (2001).

[223] https://faustinoperezhernandez.wordpress.com/2015/02/23/de-la-huelga-de-abril-a-la-reunion-de-el-alto-de-mompie/

[224] Suárez Suárez (2001: 88).

[225] Esta expedición era mencionada brevemente en los textos y permaneció en el misterio por mucho tiempo. Luego se conoció que el barco "El corojo", capitaneado por Pancho González, arribó a la costa sur de Pinar

Muchos pensaron que el llamado era una invitación al suicidio. Hay que recordar que, a raíz del asesinato de País, Fidel Castro lanzó la consigna: "¡todos los fusiles, todas las balas y todos los recursos para la Sierra!"[226] Su cumplimiento no sólo había dejado desarmados a los combatientes urbanos sino que, en víspera de la huelga ocho meses después, continuaban en ese estado de indefensión. Dos de los participantes (Simón Torres y Julio Aronde) declararían años después[227]: "Pocos días antes del 9 de abril, cuando la dirección del Llano se reunió en la Habana con los encargados de Acción y Sabotaje, estos estuvieron definitivamente en contra de una estrategia que los condenaba no solamente a la derrota política sino también a la muerte".

La situación en la capital del país no era sino un reflejo de toda la isla. Por ejemplo, los militantes de Las Villas protestaron por la falta de armamento, reconociendo que la táctica planeada se basaba en la ausencia de armas.[228] El responsable provincial narra que, durante el recorrido que hizo anunciando la fecha y hora del evento, la consabida pregunta "¿y las armas?": "no hay armas".[229] Se sugirió que cada militante desarmara a un militar pero esa táctica estaba condenada al fracaso.[230]

El Ausente Apoyo Prometido de la Guerrilla

Cuando se escuchó en la comandancia de La Plata el llamado radial a la huelga el periodista argentino Jorge Ricardo Masetti se encontraba presente.[231]

Narra el periodista que Castro, después de mostrar un inusitado entusiasmo, "se recobró y comenzó a dar órdenes. A organizar inmediatos ataques y emboscadas. La noche anterior había mandado

---

del Río el día 8, con escaso armamento y varios desertaron o fueron apresados (Sweig 2002: 118, 226).

[226]Franqui (1976: 298).

[227] Simón Torres y Julio Aronde, como afirma Morán Arce (1980: 221-222).

[228] Oltuski (2002: 145).

[229] Oltuski (2002: 146).

[230] Y así lo narra Oltuski (2002: 149-150). Resulta interesante leer el informe que hace el M-26-7 de Sagua la Grande al coordinador provincial donde, al final del mismo, le afirma que, la próxima vez, si no hay armas, se negarán a pelear (2002: 154).

[231] Masetti (2006: 111).

a tres patrullas a la carretera para interceptar un convoy de guaguas ocupadas por guardias". Luego se dirigió a Masetti: "Hay que apoyar de inmediato a la huelga con ataques en todos los frentes". Según Masetti, "Fidel no cabía en sí de gozo".[232]

¿Era el de Fidel un entusiasmo real o fingido? ¿Creía de veras en la viabilidad de la huelga? ¿Hasta dónde llegó ese apoyo "con ataques en todos los frentes"? Para Bonachea y San Martín,[233] la tímida acción guerrillera de Fidel Castro se limitó a ordenar "emboscadas" contra patrullas del ejército o a algunos puestos aislados.[234]

La no participación del II Frente es corroborada por su jefe: "… era poco lo que podíamos hacer militarmente excepto el ofrecer apoyo moral en una zona determinada".[235]

Hay que señalar que los dos manifiestos de Fidel Castro llamaban a coordinar esfuerzos entre ambos Frentes. ¿Qué sucedió? ¿Quién falló aquí? No se puede culpar al Llano de esto tampoco. (Tabla 5.1).

Bonachea y San Martín[236] concluyen que la promesa de los ataques al Llano por Castro nunca llegó al conocimiento de los dirigentes clandestinos y, aunque se realizaron unas escaramuzas aisladas, el grueso de las tropas de Fidel, Raúl y Guevara no se movieron de sus posiciones. La clandestinidad urbana cargó con lo más recio de la decisión de Castro de llamar a la huelga general. Nunca se ofreció una explicación de esta contradicción.

El costo en vidas refleja la desproporción en la participación. Las milicias urbanas sufrieron 129 bajas mortales, contra 8 muertos de las guerrillas, en zonas alejadas de centros urbanos. ¡El Llano cargó con casi el 94% de los muertos! El impacto desmoralizador del fracaso se puede leer en el informe del M-26-7 de Sagua la Grande: "Para terminar, se ha decidido que si la próxima vez no recibimos armas, nos negaremos a pelear. ¡Será mejor así!" La falta de apoyo de las guerrillas rurales contrasta con sus acciones para entorpecer las elecciones generales celebradas siete meses después.[237] Surge de nuevo el "¿Por qué?"

---

[232] Masetti (2006: 111-112).
[233] (1974: 390 n64).
[234] Pavón (1970: 55-76).
[235] Castro Ruz, Raúl. "Diario de campaña; travesía de la Sierra Maestra al II Frente Oriental 'Frank País'". *Lunes de Revolución*, julio 26, 1959, pp. 33-39, y agosto 3, 1959, pp. 15-16.
[236] (1974: 214).
[237] Ver Álvarez (2008).

Tabla 5.1. Bajas de las milicias urbanas y de las guerrillas del M-26-7 durante los sucesos ocurridos entre el 8 y el 12 de abril de 1958.

Milicias urbanas

Localidad	Número	Total	Día
Pinar del Río:		1	
Mariel	1		9
Matanzas	3	3	9
Camagüey:		5	
Ciego de Ávila	4		
Camagüey	1		9
Oriente:		24	
Manzanillo	2		9
Santiago (combate)	2		9
Santiago (asesinados)	12		9
Entronque Guisa	1		9
Bayamo	2		8
Ciego de Avila	4		9
V. de las Tunas	1		9
Las Villas:		62	
Varias acciones	33		9
Asesinados	23		9
Quemado de Guines	5		8
Cruces	1		9
La Habana:		34	
Habana	2		8
El Cotorro	1		8
Habana (armería)	5		9
Habana (Muralla)	2		9
Vedado	1		9
Habana	6		9
Güines	3		9
Marianao	3		9
Habana	4		9
Habana (asesinados)	3		10
Habana (asesinados)	4		11
TOTAL		129	

Guerrillas

Fecha	Circunstancias	Número
8 de abril	Combate de San Ramón	3
8 de abril	Caimanera	1
9 de abril	Asalto al cuartel de Imías	1 (Capt. Ciro Frías)
10 de abril	Jibacoa, I Frente	1
10 de abril	El Pozón, Manzanillo	2
TOTAL		8

Fuente: Calculada de Suárez (2013: 14-18).

Fig. 5.1. Algunos de los caídos en las acciones urbanas.
Fuente: Fotos de archivo.

Evaluación

Faustino Pérez Hernández[238] atribuye el fracaso a la ausencia de un clima previo generado por una serie de hechos violentos que hicieran que el paro no fuera más que la culminación lógica del mismo y a un método inadecuado para la convocatoria. Marcelo Fernández[239] cree que fue la falta de organización interior de los cuadros y a la dificultad en las comunicaciones radiales.

Por su parte, Fidel Castro[240] hizo una declaración que tal vez

---

[238] En carta a Armando Hart Dávalos fechada el 3 de octubre de 1958 desde la Sierra Maestra (Hart Dávalos 1998: 138-143). Resumida en Mencía (2007b: 291), basado en una carta de Pérez fechada el 13 de abril de 1958 dirigida a Zamora y demás compañeros de Miami (Cuaderno 3, folio 18, OAH).

[239] "Circular de Organización" CO-3, Santiago de Cuba, 21 de abril de 1958, "A los Coordinadores Provinciales y a los Responsables Nacional de Secciones". Reproducido en Mencía (2007b: 291-292).

[240] Franqui (1976: 416).

revela las razones de la no participación de su guerrilla: "La movilización del pueblo para la huelga tiene una técnica propia a la cual hay que ajustarse y que está reñida con el secreto, el rigor y la sorpresa que exigen las acciones armadas; a la seguridad de estas acciones de carácter sorpresivo se sacrificó la movilización de las masas... Además, el día escogido no coincidió con el de máxima tensión... fue una lección muy dura que no volverá a ocurrir... Sabremos esperar y preparar el momento oportuno. Entonces nuestro Ejército Rebelde será más poderoso, las milicias estarán mejor armadas y podrán prestar a la huelga un respaldo decisivo en todo el país".

Una Perspectiva Diferente

Después de afirmar que el llamado radial a las once de la mañana sólo podía ser escuchado por las amas de casa, Geyer[241] se pregunta si Fidel Castro deseaba el triunfo de la huelga, afirmando: "Siempre estuvo dispuesto a intentar cualquier táctica que funcionara, siempre y cuando lo mantuviera en control. Pero él siempre ha cubierto esas apuestas. La huelga le ofrecía una posible oportunidad sin arriesgar mucho. El fracaso recayó en la organización urbana. De inmediato se hicieron presente dos repercusiones significativas: la primera reunión verdadera entre Castro y los comunistas, y el final inequívoco del liderazgo del Llano".

Bonachea y San Martín[242] creen que "la huelga de abril y su fracaso sirvieron bien a Fidel." El periodista norteamericano Tad Szulc[243] no tiene dudas sobre la repercusión que el fracaso de la huelga tuvo en el cambio del rumbo de la revolución: "La influencia política de los moderados del Movimiento en el Llano desapareció, y el acceso de Fidel Castro y sus militaristas radicales de la Sierra Maestra al total control del poder revolucionario resultaron de suma importancia".

Lo anterior lo ratifica el propio Fidel Castro en sus Memorias escritas mucho tiempo después. En *La victoria estratégica*[244] se refiere al "*regalo* de la dirección nacional del Movimiento 26 de Julio: el fracaso de la huelga revolucionaria que costó muchas vidas de combatientes

---

[241] (1991: 183, 185, 186).
[242] (2002: 158).
[243] (1986: 440).
[244] (2010b).

heroicos. La tiranía consideró llegado el momento psicológico oportuno para dar la batida final en las montañas de Oriente". Nunca una derrota fue más conveniente que la del 9 de abril de 1958.

Transformar el Revés en Victoria

Durante el tiempo que estuvo al frente de la guerrilla, y luego ya instalado en el poder absoluto, Fidel Castro mostró dos características difíciles de emular: convertirse en el dirigente de su propia oposición y transformar un revés causado por él en una victoria personal. En el primero de los casos, el dirigente cubano comenzaba y luego alimentaba una campaña contra eventos o instituciones creadas por él, reforzando así el complaciente sofisma de que Castro era su propia oposición. Nunca pagó precio alguno por sus numerosos y graves errores. En el segundo de los casos siempre se las arreglaba para salir airoso de una situación de derrota. Ambas características se iban a hacer notar por primera vez con rasgos singulares al evaluar la huelga general.

No hay dudas de que fue Fidel Castro, más que la dirigencia del Llano, quien planeó y dio la orden de ejecutar la fracasada huelga. Menos dudas existen que ni sus tropas ni las de sus seguidores en las montañas acudieron en ayuda de sus compañeros desarmados en las ciudades. A pesar de ello, Castro resultó agraciado con la obtención de un gran provecho. El rastro de sus acciones lo dejó en las cartas que escribió durante las tres semanas que transcurrieron entre el 9 de abril y la reunión de los dirigentes de la DN del M-26-7 en el Alto de Mompié el siguiente 3 de mayo.

Castro parte de la premisa de que "el Movimiento ha fracasado absolutamente en la tarea de abastecernos [debido al] egoísmo,… las zancadillas… la incapacidad, la negligencia y hasta la deslealtad de algunos compañeros",[245] le escribe a Mario Llerena y Raúl Chibás el 25 de abril. Debido a eso, ya le había comunicado a Celia Sánchez, en carta fechada el 16 de abril de 1958:[246] "Estoy decidido a actuar y organizar nuestro propio abastecimiento de armas. Hay que tomar una serie de medidas con vistas a la situación. El proceso de la huelga fue una gran derrota moral para el Movimiento, pero espero que podamos levantar la fe de nuevo. Una vez más en manos nuestras

---

[245] Franqui (1976: 427-428).
[246] Franqui (1976: 415-416).

está salvar la revolución de una de sus crisis... No hay quien me haga volver a tener fe en la organización... A estas horas ignoro si tengo alguna jurisdicción o puedo dar órdenes a las milicias y en cuanto a los fondos que se recaudan por el Movimiento en toda la Isla no sé qué derecho tenga de disponer al menos de parte de ellos." Luego viene el melodrama donde afirma que, como el líder del Movimiento, le corresponde "asumir históricamente la responsabilidad de las estupideces de los demás, y soy un mierda que no puede decidir sobre nada". Con el pretexto del caudillismo cada cual trata de hacer lo que le da la gana.

En carta a Bebo Hidalgo del 25 de abril de 1958, le confiesa:[247] "Hemos decidido organizar nuestro propio aparato de abastecimiento de armas desde el extranjero... Se han gastado cerca de doscientos mil pesos sin que se nos haya hecho llegar aquí un fusil ni una bala... ¡Cuánta falta nos han hecho las armas que lote a lote se perdieron por sustentar otros compañeros el criterio de que lo correcto era abrir otros frentes y no fortalecer el que teníamos!" Esa afirmación de Fidel Castro esclarece al fin su oposición a la apertura de otros frentes guerrilleros.

Karol[248] considera que existen cartas de Fidel a Faustino Pérez antes y después de la huelga que "prueban claramente que ésta no fue el resultado de una decisión unilateral del grupo del Llano, sino demandada por la Sierra". Morán Arce asegura que el Llano se opuso al paro. Tanto él como Ramos Latour consideraban que sería un fracaso por conocer la debilidad de la organización fuera de Oriente. "A pesar de todo lo expuesto, la responsabilidad le fue imputada a ... los más destacados representantes de la dirección del Llano".[249]

El 9 de abril de 1958 sirvió de pretexto para la purga que se realizó poco después en el Alto de Mompié, Sierra Maestra".[250]

---

[247] Franqui (1976: 426).

[248] (1970: 173-174n113).

[249] Morán Arce (1980: 231).

[250] Sergio López, "Sierra Maestra, hegemonía y voz (II – Final)", Noviembre 17 de 2008 (http://eichikawa.com/2008/11/%E2%80%9Csierra-maestra%E2%80%9D-hegemonia-y-voz-ii-final.html).

6 EL ALTO DE MOMPIÉ: TRANSFIGURACIÓN DE FIDEL Y EL 26

... una reunión [decisiva] casi desconocida hasta ahora, pero que tuvo importancia extraordinaria en la conducción de la estrategia revolucionaria.[251]
Ernesto Guevara, 22 de noviembre de 1964.[252]

El esfuerzo de Fidel Castro encaminado a aumentar su capacidad de maniobrar antes, durante y después de la huelga del 9 de abril tenía que generar frutos. Toda esa labor aspiraba a hacer avanzar su agenda y ello conllevaba una purga de la Dirección Nacional del 26 de Julio. ¡Había llegado la hora de terminar con la hegemonía del Llano y apoderarse de todo el poder de su organización![253]

El hecho de que esa reunión tuvo lugar el 3 de mayo de 1958 y se mantuviera oculta hasta que Ernesto Guevara la revelara por primera vez en un artículo de la *Revista Verde Olivo* seis años después, sugiere que Fidel Castro tenía una agenda oculta al menos desde los días de la Sierra Maestra.

¿Qué había ocurrido allí que necesitaba esconderse durante tanto tiempo? ¿Estaban actuando de buena fe los dirigentes de la facción de la Sierra al purgar a las fuerzas democráticas del Llano? Si hubiera

---

[251] Guevara (1964).

[252] Karol (1970: 173n113) no le concede el rango de "decisiva" a dicha reunión. Según él, el primer borrador fue escrito en 1958 y Guevara aprovechó la demora en publicarse para ajustarlo a lo que había sucedido después, tratando de probar lo correcto de su nueva tesis (participación de la militancia comunista y concentración del poder en la guerrilla) con un ejemplo histórico que, según Karol, no se ajustaba en absoluto a ese modelo.

[253] Ver a Quirk (1993: 1811).

alguna justificación, no había cabida para el silencio. Hoy se puede afirmar que el silencio, el misterio, la mentira, estaban más que justificados. Lo sucedido aquel 3 de mayo de 1958 en uno de los lugares más elevados de la Sierra Maestra era la consecuencia de un antagonismo que se había venido desarrollando durante muchos meses y que tendría allí un final que necesitaba ocultarse. La guerra ideológica había terminado. La Sierra derrotaba a los demócratas del Llano mientras que los militantes de las milicias y el pueblo de Cuba se mantenían luchando y muriendo en la más completa ignorancia.

Convocatoria y Preparativos

Fidel Castro hizo su tarea antes de la reunión. En una carta fechada el 29 de abril, donde pide la opinión de los compañeros de milicias de la capital, comienza el proceso de desvincularse de la responsabilidad del llamado y desarrollo de la huelga. Les dice que necesita elementos de juicio para un análisis objetivo. "**La intervención mía en estas cuestiones, que no han estado bajo mi responsabilidad directa**," debe ser guiada por una apreciación real y certera. Y se propone hacer "todos cuantos esfuerzos estén en mis manos por convertir el revés en victoria."[254]

El Escenario

Nos encontramos con otro paralelo bíblico. Cuentan los evangelios que Jesús, en unión de tres de sus Apóstoles, subió a la cima del monte Tabor y allí se transfiguró, volviéndose radiante en toda su gloria divina. Se escuchó una voz proclamando: "Este es mi Hijo, el elegido, escúchenlo". Los Apóstoles pidieron ser como Él y, cuando bajaron, no contaron a nadie de lo que habían visto.

El lugar elegido para saldar la supuesta cuenta es conocido como el "Alto de Mompié", ubicado a unos 1,200 metros sobre el nivel del mar. Allí vivía la familia Mompié, que cooperaba con los alzados.[255] La vivienda se encontraba en una terraza al final de una pendiente pronunciada. En ella se iban a ventilar acciones pasadas y se intentaba desviar el rumbo democrático de la rebelión.

---

[254] Franqui (1976: 431) (énfasis nuestro).
[255] El hecho está documentado en Franqui (1976: 472) donde, en una carta a Celia, Fidel Castro le dice que le gusta Mompié para dirigir una cadena de suministros porque "es un hombre muy serio y recto".

Los Protagonistas

Por mera casualidad fueron 12 los participantes en la reunión:[256] Fidel Castro Ruz (Alejandro), Haydée Santamaría Cuadrado (Carín), Faustino Pérez Hernández (Ariel), René Ramos Latour (Daniel), Celia Sánchez Manduley (Aly), Vilma Espín Guillois (Débora), Marcelo Fernández Font (Zoilo),David Salvador Manso (Mario), Enzo Infante Urivazo (Bruno), Ernesto Guevara de la Serna (Che), Antonio Torres Chadebau (Ángel) y Luis M. Buch (Roque).

Los tres últimos no pertenecían a la Dirección Nacional. Se encontraban allí por diversos motivos. Guevara había sido invitado por René Ramos Latour y Faustino Pérez debido a las fuertes críticas que había expresado sobre la actuación de ambos.[257] Torres Chadebau era miembro de la DN de la sección obrera y poseía información respecto a la huelga. Buch Rodríguez era responsable de relaciones públicas y se había planeado enviarlo al extranjero. De manera indirecta se iba a juzgar también a Frank País, creador de las ideas y proyectos sobre los que iba a recaer la responsabilidad del fracaso de la huelga y una supuesta falta de obediencia a la Sierra.

La Agenda

Los temas tratados durante los dos días de sesiones incluyeron: fracaso de la huelga; relaciones entre la Sierra y el Llano; milicias urbanas; organización del Movimiento; restructuración de la Dirección Nacional; la unidad con otras organizaciones; importancia de Radio Rebelde; exilio; estado de la guerra.

---

[256] Ya el mito de los doce estaba recorriendo el mundo. No había necesidad de crear otro. Además, estos doce iban de cierta manera a destruir lo que habían comenzado los originales doce. Para un análisis del mito de los doce, ver Álvarez (2008: 59-61). Una compilación de trabajos publicada en la isla, pone fin oficial al mito: "Como se conoce, en Cinco Palmas se reunieron siete compañeros con Fidel a la cabeza y después fueron quince. Eran tres primero, después llegó Raúl con cuatro más; es decir, se reunieron siete" (Escalante 2007: 342).

[257] Aunque Infante (2007) se refiere solo a la invitación de Pérez, el propio Guevara afirma que había sido invitado por "Faustino Pérez y René Ramos Latour (Daniel) a quienes había hecho fuertes críticas anteriormente" (Guevara 1964).

Los nueve temas incluidos estaban relacionados con el viejo antagonismo entre la Sierra y el Llano. El fracaso de la huelga había abierto las puertas a la primera purga masiva en las filas dirigentes del Movimiento 26 de Julio.

Los Procesados y las Acusaciones

Que la reunión era más bien un proceso judicial se desprende de las siguientes citas. Buch afirma que "el Che había expresado opiniones críticas de la actividad de los dirigentes del Llano y Faustino [Pérez] quería, en el momento en que se nos iba a enjuiciar políticamente por el fracaso de la huelga, que el Che estuviera para confrontar criterios".[258] Por su parte, Guevara afirmaba que "había que juzgar la actuación de los compañeros del Llano, que hasta ese momento, en la práctica, habían conducido los asuntos del 26 de Julio".[259]

Se preparó de antemano una lista con los nombres de las personas y las supuestas faltas cometidas en el desempeño de sus labores. Los más amenazados incluían a David Salvador Manso, Faustino Pérez Hernández y René Ramos Latour.

Los reproches giraban alrededor de las causas del fracaso de la huelga, y a la oposición a que participaran los miembros del Partido Socialista Popular, a pesar de que los mismos habían expresado en varias ocasiones su negativa a participar.

El Debate que no Tuvo Lugar

Aunque no era miembro de la DN, Ernesto Guevara sirvió de fiscal a petición de Castro. Durante toda su carrera política, Fidel Castro jamás ha asumido la responsabilidad de sus errores, sino que la ha repartido según el momento. La del fracaso de la huelga de abril es un ejemplo bien claro. Castro no firmó uno sino dos llamados a la huelga. Creía además que la misma tenía posibilidades de triunfo, cosa que demostró en presencia del periodista argentino cuando escucharon la noticia por radio. El primer documento lo firmó junto a Faustino Pérez, quien es acusado de "falta de realismo y perspectiva". ¡Y Castro hace el papel de acusador!

---

[258] Luis Buch a Suárez Suárez (2001: 111).
[259] Guevara (1964).

Se ventilaba que el 26 de Julio debía jugar el papel primordial y la reserva sobre la participación de las otras organizaciones llegaba a una franca oposición a una alianza con los comunistas. Esta acusación de sectarismo recayó sobre David Salvador y Faustino Pérez. Aquí tampoco estaba Castro exento de culpabilidad. Cuatro meses antes de la huelga, en su carta denuncia del Pacto de Miami, fechada el 14 de diciembre de 1957, Castro había afirmado que había sido el Movimiento 26 de Julio quien pudo organizar a los obreros y los sectores cívicos.[260] Y colocaba la responsabilidad de la huelga en su Movimiento 26 de Julio, "por ser hasta el momento la única organización oposicionista que combate en todo el país".[261]

Parece punto menos que imposible encontrar una expresión de sectarismo más radical que las escritas por Castro en su carta a los firmantes del Pacto de Miami. Un dirigente del 26 y el MRC comentaría años después: En esta comunicación Castro no deja dudas de que la organización a su mando se atribuye la responsabilidad de convocar y llevar a cabo la huelga general. Cualquier apoyo no incondicional sería rechazado. El espíritu de conciliación y de coordinación de esfuerzos de todos los sectores oposicionistas predicado por Frank País ha desaparecido.[262]

Se acusó a los combatientes clandestinos de creer en "la posibilidad de realizar acciones efectivas con las milicias del Llano". Esos milicianos eran los mismos que realizaron el alzamiento del 30 de noviembre cuando el Granma no se acercaba aún a las costas orientales. Los mismos que mantuvieron en constante jaque a las fuerzas de la dictadura durante los meses que siguieron al desembarco. De ellos dijo Fidel Castro: "Hemos admirado desde aquí... el heroísmo desplegado por nuestros hombres en la clandestinidad. A veces siente uno la vergüenza de estar en la Sierra. Estar allá tiene mucho más mérito que estar aquí".[263]

El nombre de Frank País estuvo ausente de la discusión, a pesar de haber sido el creador de las milicias, su reglamento, los rangos y

---

[260] Franqui (1976: 360).
[261] Castro (1975: 114 – 116).
[262] Morán Arce (1980: 186).
[263] Franqui (1976: 263).

grados y cuanto consideró necesario para ese cuerpo militar.[264] Ramos Latour no hizo sino continuar esa labor.

Todo el Poder a Fidel Castro

No se ha revelado la forma en que se tomaron los acuerdos. ¿Existió el consenso o fueron dictados "de arriba"? Lo que aparenta veracidad es que todos apuntan a la centralización del poder absoluto dentro del Movimiento 26 de Julio en Fidel Castro. El jefe máximo se había transfigurado y sus subalternos comenzaron a temerle como nunca antes. Veamos lo que decidieron los líderes del M-26-7:

• Restructuración de la Dirección Nacional: Un ejecutivo asumiría toda la dirección política y militar del Movimiento[265] desde la sede de la Columna 1, al mando de Fidel Castro, en la Sierra Maestra. Fidel Castro se convertía en Secretario General del Movimiento y Comandante en Jefe de todas las fuerzas, incluidas las milicias. La Delegación de la Dirección Nacional estaría formada por cinco personas, excluyendo al secretario general del Movimiento de Resistencia Cívica. Las direcciones provinciales y municipales quedarían integradas como antes por un coordinador y responsables de acción, finanzas, obrero y propaganda. El secretario general provincial o municipal del MRC estaría en contacto con las direcciones respectivas y con los coordinadores.

• El ejecutivo radicará en la Comandancia de la Columna 1 – cuyo jefe es Fidel Castro- pero se establecerá una Delegación de la DN, que facilitará las comunicaciones con las provincias ya que las direcciones provinciales y municipales se mantendrán, pero estarán subordinadas a los jefes militares rebeldes de la zona.

• La dirección bélica de las milicias en las ciudades y de las fuerzas rebeldes en los campos quedaría unificada y radicará en la Sierra Maestra bajo el mando del Comandante en Jefe Fidel Castro. Desde allí se trazarán los planes de acción para las ciudades y los campos. Las direcciones provinciales y municipales se subordinarán al jefe militar de la zona.

---

[264] El autor de la fuente donde aparece el reglamento reconoce este demuestra las condiciones de País como dirigente y organizador (Rodríguez Téllez 1998: 199-211).

[265] Todos los escritos consultados se refieren a la revolución pero, obviamente, el M-26-7 no podía reclamar el monopolio de la lucha contra la dictadura.

• Para dirigir específicamente a las milicias, el estado mayor delegará en un comandante del ER que ostentará el cargo de delegado nacional de acción y que radicará en la Habana.

• La extensión de la lucha armada a otras regiones estará bajo la dirección militar y política de Fidel Castro. La huelga se mantendrá como estrategia final y será convocada oportunamente.

• Las relaciones con el exilio sobre el envío de armas y las relaciones exteriores o cualquier otro asunto en esa esfera estará bajo la dirección de Fidel Castro.

La huelga del 9 de abril de 1958 y la reunión en el Alto de Mompié, de forma premeditada, provocaron el cambio del rumbo de la insurrección. Al comprobar de lo que era capaz Fidel Castro, los apóstoles se transfiguraron en fieles fidelistas, "y cuando bajaron, no contaron a nadie de lo que habían visto." Por eso la reunión demoró tantos años en ser conocida.

Una vez que tuvo el control del M-26-7, Fidel Castro estaba preparado para caer sobre su supuesta competencia en la insurrección, especialmente la dirigencia del DR 13 de Marzo.

7 LA SIERRA MAESTRA CONTRA EL ESCAMBRAY

Los idealistas aprendieron la lección de la Sierra Maestra. . , y al lado de un puñado de... compañeros de José Antonio Echeverría escalaron la Sierra del Escambray un grupo de oportunistas y de aventureros... que no fueron allí a pelear, sino a robar; que no fueron allí a combatir contra los soldados de la tiranía, sino a comer vacas en la Sierra del Escambray...
Fidel Castro, discurso del 28 de enero de 1961.[266]

Fig. 7.1. Dirigentes del DR a bordo del Scapade.
Fuente: Foto de archivo.

Antecedentes

La polémica sobre la fundación de un segundo frente guerrillero estuvo siempre presente. Fidel Castro se opuso de manera firme a esa idea. Cuando el ejecutivo del Directorio se lanza a la apertura de otro frente guerrillero en el centro de la isla no solo no lo consultaron con Fidel Castro (no tenían por qué hacerlo), sino que

---

[266] http://www.cuba.cu/gobierno/discursos/1961/esp/f280161e.html.

hicieron cuanto esfuerzo fue necesario para mostrar su carácter independiente. López Rivero[267] lo ha analizado de la siguiente manera:

> El 8 de febrero de 1958, los representantes más relevantes de este grupo político desembarcaron en la provincia de Camagüey… De ahí se trasladaron a Las Villas, donde integraron el llamado Frente del Escambray. La lectura que se hizo entonces es la que debe primar hoy. Con una estrategia discordante, su propia prensa, himno y bandera; así como una particular emisión de billetes para engrosar sus fondos: el Directorio Revolucionario 13 de Marzo prefirió organizar una guerrilla rural distante de la del Movimiento Revolucionario 26 de Julio en la Sierra Maestra. A la luz de estos datos, ¿no es fácil imaginar por qué la relación entre el Movimiento Revolucionario 26 de Julio y el Directorio Revolucionario 13 de Marzo ha llegado a ser uno de los temas vedados de la historiografía tradicional cubana?

La Lucha entre Dos Tácticas

Desde que se instauró la dictadura en el poder en 1952, y especialmente después de los sucesos del 26 de julio de 1953, una parte de la oposición abogaba por la lucha armada; es decir, la famosa frase "golpear arriba". Pasando el tiempo, los comandos urbanos del 26 de Julio y del Directorio continuaban creyendo que esa táctica los llevaría a una victoria segura. La guerrilla de Fidel Castro jugaba un papel tal vez simbólico. Fidel Castro, sin embargo, tenía la convicción de que las guerrillas rurales podían golpear a las fuerzas represivas donde ellos quisieran, causando la desmoralización de esas tropas y la consiguiente expansión del llamado "territorio libre". La táctica cobró fuerza después de las muertes de José Antonio Echeverría y Frank País, especialmente después del fracaso de los sucesos del 13 de marzo.

Varios de los dirigentes del DR tuvieron que marcharse de Cuba para poder sobrevivir. En el exilio, exentos de presión y con más tiempo para meditar y analizar la situación, no les fue muy difícil ver el avance de la táctica de Fidel Castro, la cual podía llegar a

---

[267] "El Directorio por fuera", octubre 20 de 2008, en http://eichikawa.com/2008/10/el-directorio-por-fuera.html.

demostrar que se puede derrotar a un ejército profesional con la guerra de guerrillas y el apoyo de las zonas urbanas. La línea a seguir se había volteado, tal vez ya desde antes de salir al exilio. Había que acelerarlo todo para poder tratar de alcanzar al Movimiento 26 de Julio. Para acortar el retraso eligieron las montañas de El Escambray, donde ya tenían operando un pequeño grupo de alzados dirigidos por el comandante Eloy Gutiérrez Menoyo. Allí también se encontraban un grupo de fidelistas dirigidos por el capitán Víctor Bordón y bajo Félix Torres un núcleo independiente de su Partido Socialista Popular (PSP), los comunistas criollos.

Con el propósito anterior, los dirigentes del DR celebraron numerosas actividades para recoger los fondos necesarios para una expedición. Varias de ellas fueron el resultado de esfuerzos comunes del M-26-7 y la Organización Auténtica (OA).

Formación del II Frente del Escambray:[268] La Expedición a Nuevitas y Primeras Acciones

El 8 de febrero de 1958, después de un azaroso viaje de ocho días de navegación donde utilizaron tres embarcaciones distintas (el Scapade, el San Rafael y el Yaloven), desembarcaron cerca de Nuevitas en la provincia de Camagüey. La mayoría de las armas fueron utilizadas en la apertura de un nuevo Frente en El Escambray; otras fueron destinadas a la lucha en La Habana.

Al arribar Faure Chomón a las montañas del centro del país no se encuentra con nada agradable. Existía una grave situación creada por la actitud divisionista de Eloy Gutiérrez Menoyo. Trataron de resolver la crisis pero no pudieron. Entonces se tomó la decisión de expulsarlo de las filas del Directorio. Gutiérrez Menoyo salió del campamento con sus hombres en dirección sur, donde algunos combatientes alegan que permaneció inactivo hasta el final de la dictadura.

La tropa de Chomón, sin embargo, no demoró en comenzar a combatir. En los primeros meses participaron en numerosos encuentros, con la comandancia situada en Dos Arroyos, zona de Guaninical. Meses después, alrededor de agosto, el DR contaba con siete unidades o comandos guerrilleros, integrados por decenas de

---

[268] http://www.ecured.cu/Directorio_Revolucionario#Expedici.C3.B3n_ del_Scapade.

combatientes pobremente armados. Es alrededor de esa época que se firma en Caracas el primer acuerdo que Fidel Castro ha aprobado por haberlo redactado él mismo.

Pacto de Caracas

Ocho meses después de la carta de Fidel Castro denunciando el "Pacto de Miami", el Ejército Rebelde ha solidificado su poderío militar. Sus columnas ocupan la mayor parte de la provincia de Oriente. Los alzados del Primer Frente han rechazado la ofensiva de verano de las fuerzas de la dictadura y están a punto de comenzar la contra-ofensiva. Las columnas de Cienfuegos y Guevara se preparan para partir hacia el territorio de la Sierra del Escambray. Las células del M-26-7 y del Movimiento de Resistencia Cívica están más fuertes que nunca. El líder se siente confiado en el futuro, sobre todo porque, apenas dos meses atrás —en la reunión del Alto de Mompié— ha acaparado todos los cargos de la organización que antes estaban en poder de otros. Ya Castro tiene el control absoluto del Movimiento 26 de Julio. Ese era el momento conveniente para buscar la unidad que ha venido rechazando desde la instauración de la dictadura. Es entonces cuando puede ganar más de lo que puede arriesgar o perder. Por eso, el 20 de julio de 1958, sus representantes firman en Caracas, Venezuela (que es donde radica su delegación oficial en el extranjero), y bajo las condiciones que él ha impuesto, el llamado "Pacto de Caracas".

La lista de firmantes incluía a casi todas las organizaciones insurreccionales, que son las mismas que Fidel Castro ha venido rechazando desde el Pacto de Montreal.[269]

Después de este peregrinar por pactos e iniciativas frustradas porque no se acomodan a los deseos de Fidel Castro no es de extrañar que fuera el propio Fidel Castro quien redactara el documento y se lo enviara a las otras organizaciones para que lo firmaran. Este fue trasmitido por Radio Rebelde el día 19 de julio.[270] En medio de las discusiones, se mantenía a través de plantas de radio

---

[269] Distintas fuentes presentan discrepancias en cuanto a los firmantes, pero no en cuanto al contenido del documento. La razón parece haber sido la incorporación de otras personas y/u organizaciones que firmaron días después y fueron añadidas al documento original.
[270] (Suárez Suárez 2001: 165).

en Caracas y la Sierra una consulta constante para evitar desviaciones del pensamiento original de Fidel. El documento constaba de varios puntos.[271] En realidad, no era más que una repetición de los anteriores en cuanto a la composición de un gobierno provisional, el rechazo a una junta militar y a la intervención extranjera.

Al final el documento exhorta a que "todas las fuerzas re-volucionarias, cívicas y políticas" suscriban la declaración y se convoca a una reunión de todos los sectores, sin exclusión alguna, para discutir y aprobar las bases de la unidad.

Al momento de firmarlo, todos –menos el representante del DR– aprueban el documento. Como cuestión de principio, arrastrando tal vez el desagradable incidente provocado por la arrogancia de Fidel Castro al denunciar el Pacto de Miami y los insultos cruzados entre las dos organizaciones, el delegado del DR consideraba que tanto el 26 de Julio como el DR debían haber hecho el llamado a la unidad de manera conjunta. A pesar de su objeción, Rodríguez-Loeches firmó a nombre del DR. El dirigente se había unido a las conversaciones iniciadas por sus compañeros Orlando Pérez Rodríguez, Guillermo Jiménez y Primitivo Lima.

Ausentes de la reunión y de la firma del documento estaban, como siempre, los comunistas criollos agrupados en el Partido Socialista Popular (PSP). La razón principal era su rechazo a la lucha armada como medio de lucha porque creían todavía, según relata Luis Buch, en la posibilidad "de encontrar alguna fórmula de arreglo político de la crisis".[272] Sin embargo, el PSP realizó después de la firma un intento de incorporarse al proceso de unidad. Por medio del jefe de la sindical venezolana, el PSP había enviado una solicitud de reunirse con un representante del M-26-7. De Cuba llegó Severo Aguirre con una carta firmada por Juan Marinello y Blas Roca. El enviado le presentó a Buch una especie de demanda para ingresar en el proyecto unitario: el reconocimiento de la posibilidad de una solución política negociada con la dictadura de Batista. Evidentemente, los comunistas se habían decidido a agregar la lucha armada a su consigna de movilización de las masas. Además del rechazo unánime de los otros firmantes, el requisito estaba diametralmente opuesto al sentir y a los planes del jefe guerrillero de

---

[271] http://www.autentico.org/oa09042.php y Suárez (2001:165-166).
[272] Suárez Suárez (2001: 168).

111

la Sierra Maestra.[273] El grupo unitario se denominó Frente Cívico Revolucionario (FCR).

A pesar de que, al final de la declaración unitaria se convocaba a una futura reunión para discusiones más amplias, la misma nunca llegó a celebrarse. A Fidel Castro no le interesaba convertir la implementación del llamado a la unidad del Pacto de Caracas en una especie de parlamento donde elementos democráticos pudieran llegar a cuestionar su liderazgo unipersonal.

A lo que había prestado atención fue al establecimiento –en la Sierra Maestra, bajo su control directo– de un Gobierno Revolucionario en Armas. La idea la había sugerido después del fracaso de la huelga de abril. Aspiraba a tener allí Presidente, Consejo de Ministros, tribunales, leyes, y todo cuanto se necesitara para buscar reconocimiento internacional que facilitara el envío de recursos para acelerar el final de la lucha.

Por otro lado, la reunión propuesta en Caracas nunca se celebró. Los acontecimientos se precipitarían de forma tal que nadie se atrevería a reclamar su celebración. Este sería el único pacto de unidad que no denunciaría Fidel Castro porque fue el único diseñado por él en el momento escogido por él y el cual, dada la fuerza de su guerrilla, le podía proporcionar su ascenso al poder con su liderazgo unipersonal. No en balde, cuando se encontraba preso en Ciudad México, en medio de una discusión matinal con dos de sus compañeros, les dijo de manera tajante: "Una revolución para no dividirse y ser derrotada necesita un jefe único. Vale más un jefe malo, que veinte jefes buenos".[274]

Que la redacción y firma del Pacto de Caracas por Castro era una mera formalidad táctica se iba a demostrar con otro encuentro de Castro con el DR. Entre los acuerdos del Pacto de Caracas estaba la recogida de dinero para establecer un fondo de 100,000 pesos, con la contribución de todas las organizaciones, para ser utilizado en acciones contra la dictadura. En una reunión posterior a la firma del pacto, el DR solicitó la adjudicación del 65% del fondo de ayuda, alegando dificultades debido a la escisión producida por los que fundaron el II Frente Nacional del Escambray. Al trasmitirse el mensaje de Caracas a Fidel Castro, éste reaccionó negativamente. Luis Buch –el intermediario– declaró que Castro se había molestado

---

[273] Suárez Suárez (2001: 168).
[274] Franqui (1976: 153).

muchísimo y que en un mensaje preguntaba si la solicitud "era en serio o en broma" y que era reclamar un privilegio irrisorio, que era contrario a la unidad acordada, y que la ayuda debía ser proporcional al número de militantes listos y a los combates que se libraran.[275]

El celo con el DR no terminó ahí. A pesar del pacto que Guevara firmara con la dirigencia del DR el 1 de diciembre de 1958 en El Pedrero,[276] y de los múltiples combates en que las fuerzas de ambas organizaciones participan juntas, Fidel Castro ordena a Camilo Cienfuegos y Ernesto Guevara a marchar solos sobre la capital, demostrando así el poco caso que había prestado a los esfuerzos de unidad.

Las Columnas Invasoras del 26 de Julio

Después de luchar contra la ofensiva de verano, inspirado aún por el éxito de Guevara en el Alto de Mompié, Fidel Castro se decidió a dar un paso más arriesgado al ofrecerle a Guevara una oportunidad para continuar su labor en otros lugares de la isla. Funda la Columna 8 "Ciro Redondeo" el 24 de mayo de 1958 y la coloca bajo su mando. Semanas después, le ordena partir hacia el occidente del país. La columna estaba integrada en su etapa original por 140 combatientes, que salieron de Las Mercedes en la Sierra Maestra el 31 de agosto de 1958, con la misión de llegar a Occidente. Esta columna debía convertirse en la principal fuerza guerrillera del Frente Sur y Centro de Las Villas.

La columna llevaba una agenda oculta que ya ha salido a la luz. Sin contar al entonces capitán Ramiro Valdés, veterano del Moncada y el Granma y de su misma ideología, va acompañado de varios militantes comunistas. Uno es el capitán Armando Acosta Cordero, llegado de Sancti Spíritus directamente a su columna el verano anterior y convertido en hombre de su mayor confianza quien, por sugerencia del propio Guevara debido a ser ampliamente conocido como dirigente sindical, se cambia el nombre a Erasmo Rodríguez, para ocultar su militancia en el PSP.[277] Otro es Pablo Ribalta, el

---

[275] Suárez Suárez (2001: 174).

[276] Taibo (1996: 279); Rodríguez-Loeches (1982: 256-257).

[277] Tomado de una entrevista de Pastor Guzmán Castro a Armando Acosta titulada "El Che me pidió cambiar de nombre" y que aparece en http://www.escambray.cu/che/nombre.html.

instructor político ya convertido en teniente. Otros militantes del PSP incluían a Ángel Frías y Wilfredo Cabrera.[278]

Durante la semana que duró el trayecto por tierras orientales, Guevara trabaja con prácticos y mensajeros del M-26-7. El domingo 7 de septiembre llega al límite con la provincia de Camagüey y lo cruza. Los contactos con los comunistas, y el desprecio a la dirigencia del Llano continuaron hasta llegar a Las Villas y una vez en ella.[279] Los incidentes a continuación así lo indican.

• Al descubrirse la identidad de Armando Acosta, la dirección provincial del 26 de Julio en Las Villas pide a Guevara su separación de la tropa en una reunión que duró tres días. Guevara lo mantuvo en su cargo porque, según Acosta, "[Che] era comunista de verdad y no se dejó presionar".

• Puso a los comunistas al frente de las comunicaciones, suministros y organización, incluyendo la programación que se hacía con un transmisor de 1,000 vatios.

• Al protestar los dirigentes de Las Villas de la infiltración comunista, Guevara les dijo que como jefe máximo de la provincia podía elegir a quien le viniera en gana.[280]

• Planteó –y perdió, pues Castro no estuvo de acuerdo y ya Frank País había emitido una orden prohibiendo dicha práctica– la necesidad de robar bancos como medio de obtener fondos para la lucha. Esta acción no era de naturaleza ideológica sino táctica.

• Ratificó y concedió nuevos grados que no merecían varios militantes del PSP, entre ellos Félix Torres, Antonio Núñez Jiménez, Isidro Pérez (a quien liberó de la prisión en que cumplía 30 años por asesinato y lo nombró teniente de su columna).

• Recibió a nuevos militantes enviados por el PSP: Cidroc Ramos, Guillermo Arrastía, José Galbán del Río, Ignacio Pérez Rivas, Fausto

---

[278] Martin (1978: 267, n. 11).

[279] Los hechos a continuación fueron tomados de varias fuentes: Morán Arce (1980: 273-275), Bonachea y San Martín, (1974: 280-285), Martin (1978: 267-269), Iglesias Leyva (1979), Guzmán Castro ("El Che") y Oltuski (2002).

[280] La discusión que tuvieron Marcelo Fernández y Enrique Oltuski con Ernesto Guevara en Las Villas ha sido documentada ampliamente: "Nuestra conversación fue áspera. Pero no peleamos mucho aquella noche … Che prometió su contribución escrita al programa [del M-26-7]. No sólo el programa, se debatía la negativa de la clandestinidad urbana de hacer un frente amplio con los comunistas del PSP" (Taibo 1996: 280).

Rodríguez, Irán Pratts y otros.

• Cuando el coordinador general de Las Villas Enrique Oltuski le informó que las direcciones municipales amenazaban con renunciar debido a su comportamiento, le escribe el 3 de noviembre para decirle: "Me veo en la triste necesidad de recordarte que he sido nombrado comandante en jefe... renuncie o no renuncie yo barreré, con la autoridad de que estoy investido, con toda la gente floja de los pueblos aledaños a la Sierra".[281]

• Un oficial comunista del cuartel de Placetas, sitiado por fuerzas del Directorio, no se rindió hasta que llegó Guevara y lo incorporó a su columna con el grado de capitán.

• Incitó y propició el alzamiento en masa de los militantes del PSP en la última semana de diciembre de 1958 para aumentar su influencia en el gobierno luego del triunfo.

• Nombró al militante socialista Calixto Morales, un capitán de su columna, al frente del gobierno de Las Villas sin consultarlo siquiera con los dirigentes del Llano.[282]

No hay dudas de que el comandante Guevara cumplió a cabalidad los planes que desarrolló con Fidel Castro. La aparente independencia que le proporcionó el recorrido invasor y su estadía en El Escambray hicieron posible el reforzar contactos, continuar intrigando y hacer aún más ancha la brecha que existía entre la Sierra y el Llano, de la que fue un importante propulsor desde los mismos comienzos de la lucha.

Camilo Cienfuegos, al frente de su Columna 2 "Antonio Maceo" abandonó la Zona de Providencia, en la Sierra Maestra el 22 de agosto de 1958. La columna está integrada por 92 combatientes y cuenta con unas 82 armas. La travesía no pudo haber sido más difícil.

---

[281] Fragmentos de la carta original aparecen en Taibo (1996: 276). La versión del libro de Oltuski en inglés contiene la traducción completa (2002: 198-199).

[282] El incidente lo describe en detalle Taibo (1996). Enrique Oltuski realiza un difícil y peligroso viaje hasta su campamento para llevarle la orden de Castro de que salga hacia la Habana pero, al llegar, Guevara le dice que ya lo sabe pues Fidel se comunicó con él por radio. Luego le informa haber nombrado a la autoridad civil de la provincia, acto que Oltuski califica como una muestra de "la desconfianza política que El Che sentía por nosotros, los representantes del Llano" (pp. 329-330).

A pesar de ello, entra en la provincia de Las Villas el 7 de octubre de 1958. La Columna 8 ha demorado 45 días. El encuentro con Camilo Cienfuegos y sus hombres tiene lugar en Sagua la Grande.

En las montañas del Escambray se encuentran con los grupos que ya llevan operando allí muchos meses, incluyendo una guerrilla del 26 de Julio dirigida por Víctor Bordón, las tropas del Directorio Revolucionario 13 de Marzo, bajo el mando de Faure Chomón y Rolando Cubela, la guerrilla separada del DR por Eloy Gutiérrez Menoyo y un pequeño grupo de militantes del Partido Socialista Popular dirigidos por Félix Torres. Los meses siguientes van a ser testigos de numerosas intrigas, rencillas y una lucha enconada por la hegemonía de la dirección revolucionaria en la provincia, preludio insignificante de lo que sucedería en la capital a la caída de la dictadura.

Pacto del Pedrero

Tras múltiples esfuerzos, peticiones y concesiones las dos organizaciones antagónicas lograron ponerse de acuerdo y firmar un documento el primer día que coincidía con el último mes del año y de la dictadura en el poder. En realidad, no decía mucho aunque, como se verá seguidamente, Fidel Castro no tenía intención alguna de cumplir nada firmado. Su objetivo final era la rendición incondicional no solo de las fuerzas de la dictadura sino de las organizaciones que habían luchado contra ella. El pacto decía que la descomposición de la dictadura había entrado en su etapa final y que las pasadas elecciones del 3 noviembre habían constituido una bofetada del pueblo a todos los candidatos.[283]

El Documento continuaba diciendo que, haciendo patente la plena identificación que existe en la lucha contra la tiranía entre ambas organizaciones, estas se dirigen al pueblo de Las Villas, desde la Sierra del Escambray, donde sus fuerzas combaten por la libertad de Cuba, aspirando a mantener perfecta coordinación en sus acciones militares y a combinar operaciones donde sus fuerzas participan al mismo tiempo. Aspiran a utilizar conjuntamente las vías de comunicación y abastecimiento que están bajo el control de una u otra organización.

---

[283] Rodríguez Loeches (1982: 256-257).

Fig. 7.2. La firma del Pacto del Pedrero.
Fuente: EcuRed.

En la política administrativa, el territorio libre ha sido dividido en zonas que están bajo la jurisdicción de ambas organizaciones, donde cada una recaudará los tributos de guerra. Terminaba con un llamado a la unidad. Y firmaban el 1 de diciembre de 1958.[284]

Carta de Fidel Castro a Ernesto Guevara

Se acercaba el final y Castro quería asegurarse la totalidad de la victoria. Desde Palma Soriano, le envía la siguiente carta a Guevara el 26 de diciembre de 1958:[285]

> Che: No tengo en este momento [tiempo] de hacerte una larga carta ni tengo facilidades para hacerlo, por no contar con otra luz que la de una linterna.
>
> Considero que estás cometiendo un grave error político al compartir tu autoridad, tu prestigio y tu fuerza con el Directorio Revolucionario.

---

[284] Rodríguez Loeches (1982: 257).

[285] Castro Ruz (2010a: 343-345). Dos años antes, Padrón y Betancourt (2008: 289-290) incluyen dicha carta (citando como fuente el Archivo de Asuntos Históricos del Consejo de Estado de Cuba), pero omitiendo el corto segundo párrafo (*Considero que estás cometiendo un grave error político al compartir tu autoridad, tu prestigio y tu fuerza con el Directorio Revolucionario*) y luego casi todo el tercer párrafo que está lleno de insultos y desprecio hacia los miembros de la organización que considera no solo su competidora sino su enemiga.

Fig. 7.3. Chomón y Guevara en El Escambray.
Fuente: Foto de archivo.

La guerra está ganada, el enemigo se desploma estrepitosamente, en Oriente tenemos encerrados diez mil soldados. Los de Camagüey no tienen escapatoria. Todo eso [es] consecuencia de una sola cosa: nuestro esfuerzo. No tiene sentido aupar [a] un grupito cuyas intenciones y cuyas ambiciones conocemos sobradamente, y que en el futuro serán fuente de problemas y dificultades. Tan soberbios y presumidos son, que ni siquiera han acatado tu jefatura, ni la mía, pretenden erigir una fuerza militar autónoma y particular que no podemos tolerar de ninguna forma. Quieren en cambio compartir los frutos de nuestras victorias para robustecer su minúsculo aparato revolucionario y presentarse el día de mañana con toda clase de pretensiones. Es necesario que consideres este aspecto político de la lucha en Las Villas como cuestión fundamental.

Por lo pronto, es de suma importancia que el avance hacia Matanzas y La Habana sea efectuado exclusivamente por las fuerzas del Movimiento 26 de Julio. La Columna de Camilo debe constituir la vanguardia y apoderarse de La Habana cuando la Dictadura caiga si no queremos que las armas de Columbia se las repartan entre todos los grupos y tengamos en el futuro un problema muy grave.

En este momento la situación de Las Villas constituye mi principal preocupación. No comprendo por qué vamos a caer en el mal que motivó precisamente el envío tuyo y de Camilo a esa Provincia.

Ahora resulta que cuando podíamos haberlo superado definitivamente, lo agravamos.

Fidel Castro R.

Algo parecido le había escrito a Cienfuegos a su llegada a Las Villas.[286] Fechada el 14 de octubre de 1958, Castro lo felicita y le pide que no continúe su marcha y espere a que Guevara llegue para reunirse con él. La razón es que "la situación político-revolucionaria allí está complicada y se hace indispensable tu permanencia durante el tiempo que sea necesario en la provincia para ayudarlo a establecerse sólidamente". En esa misma carta revela una vez más sus intenciones de monopolizar la victoria: No acepta otro jefe que el Che. No desea detenerse a perder el tiempo en querellas bizantinas. Es inaceptable la existencia de más de un ejército y un mando. Los dejaremos desaparecer por consunción política; los pueblos no siguen si respaldan capillitas.

---

[286] La carta aparece en Suárez Pérez y Caner Román (2006: 329, 330).

8 EL DERROCAMIENTO DE LA DICTADURA

Yo creí que iban a gobernar la ciudad sacándola de un régimen injusto para llevarla a un sistema justo, de modo que puse una enorme atención en ver lo que podía conseguir...
Platón, Carta VII, 324d-325b.[287]

Fig. 8.1. Uno de los cuatro aviones usados en la huida de Batista.
Fuente: Foto de archivo.

La Huída del Dictador

Estaba en el ambiente. Muchos conocían de las conversaciones del general Eulogio Cantillo con Fidel Castro, pero la lógica se asemejaba a la de Santo Tomás, "si no lo veo, no lo creo". No lo pudieron ver porque sucedió en la oscuridad de la madrugada, pero no fueron pocos los habaneros que sintieron el rugir de los motores de varios aviones volando sobre partes de la capital. El tercer avión en despegar fue un DC-4 donde viajaban el dictador con su familia y varios alle-

---

[287]http://mobiroderic.uv.es/bitstream/handle/10550/29317/Historia%20del%20Pensamiento%20Pol%C3%ADtico%20Premoderno%2003%20%20Plat%C3%B3n.pdf?sequence=1&isAllowed=y

gados. Eran las 2:40 de la madrugada, la misma hora que marcaba su reloj cuando entró en el campamento de Columbia el 10 de marzo de 1952 para iniciar el golpe de estado. Años más tarde, Batista le confesaría a un colaborador cercano que el éxito del golpe se lo debía a la "Luz de Yara".[288]

Su estadía en el poder había durado 6 años, 9 meses y 21 días. La entrega del mismo no fue tampoco voluntaria. Se marchó como había llegado: escurridizo entre las sombras de la madrugada y lleno de temor. Nunca dijo si la Luz de Yara le había iluminado la senda por la que había corrido hasta la escalerilla del DC-4 que lo transportaría a un exilio que en esta oportunidad no sería auto-impuesto ni tendría regreso.

La Entrada de Fidel Castro en Santiago de Cuba

En la mañana del último día del año Fidel Castro se encontraba en la ciudad de Palma Soriano, que se había rendido cuatro días antes. Bien entrada la noche se dirigió a la sede de la comandancia del Ejército Rebelde en el Central América, a corta distancia de Palma Soriano. Poco antes de las 8:00 de la mañana comenzaron a llegar noticias preocupantes: el dictador se había fugado; nuevo Presidente y nuevo jefe del Ejército; conferencia de prensa en el Campamento Militar de Columbia y otras noticias que hacían ino-perante el plan de transición de Castro y el general Cantillo. La reacción de Fidel Castro fue tajante: "¡Es una cobarde traición! Pretenden escamotearle al pueblo el triunfo de la revolución". Castro

---

[288] Esta leyenda data de los comienzos de la Colonia. Contra los colonizadores españoles se enfrentó un cacique llamado Hatuey. Después de una corta lucha fue capturado y quemado vivo en una hoguera el 2 de febrero de 1512, en un lugar cercano al que sería escenario de la primera rebelión armada cuyo inicio se conoce como el "Grito de Yara", donde muchos alegan que se muestra el cacique en forma de una luz que cubre el histórico lugar. El mismo día del alzamiento de Céspedes, 10 de octubre de 1868, se inauguraba un faro en Punta Lucrecia, en la costa norte de Oriente, cercano a la villa de Banes, que sería años después la cuna de Fulgencio Batista. Los fanales del faro reflejaron, como coincidencia simbólica, la Luz de Yara. Según el militar golpista, dicha luz se había hecho presente en el momento de su entrada en la fortaleza militar, haciéndolo invisible para protegerlo de los guardias de la posta que ignoraban las intenciones de los recién llegados.

redactó un documento llamando a la huelga y ordenando a las Columnas avanzar sobre Santiago de Cuba, mientras continuaban las negociaciones con los militares. Al final de la tarde, Fidel Castro hacía su entrada triunfal en la heroica capital oriental.

Fig. 8.2. Fidel Castro en el Ayuntamiento de Santiago de Cuba.
Fuente: Foto de archivo.

El Discurso del Parque Céspedes

Debido a las aclamaciones y el constante aplaudir, el ahora guerrillero triunfante demoró en comenzar su primer discurso después de la victoria contra la dictadura. Lo inició cuando la noche había caído ya sobre la ciudad: "¡Al fin hemos llegado a Santiago! Duro y largo ha sido el camino, pero hemos llegado."[289]

De inmediato aborda el problema de encontrarse a casi 900 kilómetros de La Habana y, para quitarle legitimidad a cualquier acto que no convenga a sus intereses, dice: "Además, yo iba a estar en la capital de la República, o sea, en la nueva capital de la República, porque Santiago de Cuba será, de acuerdo con el deseo del presidente provisional, de acuerdo con el deseo del Ejército Rebelde y de acuerdo con el deseo del pueblo de Santiago de Cuba, que bien se lo merece, la capital. ¡Santiago de Cuba será la capital provisional de la República!" Gran acto de demagogia que, aunque genial, no puede ser legítimo pero cumple el objetivo de cargar a cuestas la República a lo largo de la marcha que ha decidido emprender hacia La Habana en unas horas.

Después de elaborar sobre el fallido intento de golpe de estado de la mañana, para reafirmar su autoridad sobre la verdadera capital, que es La Habana, anuncia a los que pudieran competir por el poder: "El Che

---

[289]Todas las secciones del discurso aparecen en
http://www.cuba.cu/gobierno/discursos/1959/esp/f010159e.html.

Guevara recibió la orden de avanzar sobre la capital no provisional de la República, y el comandante Camilo Cienfuegos, jefe de la Columna 2 Antonio Maceo ha recibido la orden de marchar sobre la gran Habana y asumir el mando del campamento militar de Columbia. Se cumplirán, sencillamente, las órdenes del presidente de la República y el mandato de la Revolución". Algo después anuncia con reservas la marcha a lo largo de Cuba que, en realidad, es un ardid para que sus leales resuelvan los problemas que están a punto de desarrollarse, sobre todo con el Directorio Revolucionario 13 de Marzo.

"Ardo en esperanzas de ver al pueblo a lo largo de nuestro recorrido hacia la capital, porque sé que es la misma esperanza, la misma fe de un pueblo entero que se ha levantado, que soportó paciente todos los sacrificios, que no le importó el hambre; que cuando dimos permiso tres días para que se restablecieran las comunicaciones, para que no pasara hambre, todo el mundo protestó. Es verdad, porque lo que querían era lograr la victoria costara lo que costara. Y este pueblo bien merece todo un destino mejor, bien merece alcanzar la felicidad que no ha logrado en sus 50 años de República; bien merece convertirse en uno de los primeros pueblos del mundo, por su inteligencia, por su valor, por su espíritu".

Una vez terminado el acto, asiste a una breve ceremonia en la Universidad de Oriente. Se mantiene al corriente de la situación en la verdadera capital.

"A Correr Liberales de Perico": El 26 y el DR Hacia la Capital

La famosa frase cubana de principios del siglo XX que implica una orden de retirada, después del sonido provocado por la caída de una rama de una cercana palma real, se convierte el 1 de enero en una de significado opuesto pues la carrera es en busca del poder político, lo cual enfrenta de nuevo a las dos organizaciones punteras.

La competencia por ser los primeros en llegar a la capital había comenzado desde la fundación del los Frentes bajo Eloy Gutiérrez Menoyo primero, y Faure Chomón y Rolando Cubela después, en El Escambray y la llegada de las columnas al mando de Cienfuegos y Guevara. Se acercaba el derrumbe de la dictadura y Castro quería asegurarse de monopolizar la victoria.[290]

Los deseos de Fidel Castro de que sus Columnas marcharan solas hacia la capital no se hicieron realidad. Las fuerzas del DR, aunque en forma separada, también marcharon rumbo a la Habana. Pérez Cabrera[291] nos revela dicha acción:

> Ese mismo día [1 de enero de 1959] en horas tempranas de la mañana, en Trinidad, el comandante Faure Chomón decidió trasladarse con las fuerzas bajo su mando hacia Santa Clara a encontrarse con el comandante Ernesto Che Guevara. El encuentro se produjo en la comandancia del Che [no dice qué hablaron]. El 2 de enero de 1959 partió rumbo a la Habana la Columna del Directorio [solita]…Durante la marcha triunfal desviaron su ruta para entrar a Cárdenas a rendir homenaje al héroe caído en combate, pusieron flores en su tumba y continuaron hasta llegar a la Universidad de la Habana y al Palacio Presidencial.

Antes de esi kis dirigentes del DR-13 hicieron escala en la casa de la familia Echeverría Bianchi la madrugada del 3 de enero (Fig. 8.3).

Fig. 8.3. Abrantes, Chomón y Cubela, entre otros.
Fuente: Foto cortesía de Lucy Echeverría.

---

[290] Prueba de ellos es la carta que le envió a Guevara desde Palma Soriano el 26 de diciembre de 1958. La misiva aparece textualmente en el capítulo anterior.
[291] (2007: 375).

La Cabaña: Batista, el BRAC, Castaño y los Comunistas

Además de convertirla en el centro principal de juicios y fusilamientos, muchos se preguntaban cuál sería el propósito de enviar a Guevara a ocupar la fortaleza de La Cabaña. La respuesta está en una madeja de hechos y personajes que trataremos de despejar. Lo primero que hay que discutir es la relación de Fulgencio Batista con los militantes comunistas agrupados en las filas del Partido Socialista Popular (PSP).

Para ello tenemos que remontarnos a la etapa democrática de Batista. El general Francisco H. (Silito) Tabernilla le afirma a su entrevistador[292] que Batista nunca quiso romper con los rusos porque sus relaciones con los comunistas criollos eran muy fuertes, originadas en parte por su rechazo y hostilidad secretos hacia los Estados Unidos.[293] Prueba de ello, según el General, es el hecho de que nunca ninguno de sus dirigentes fue molestado por la policía. Cuando alguno de sus militantes era detenido, nunca faltaba la llamada de los jerarcas del PSP intercediendo por ellos. Batista le comentaba a Tabernilla que no podía pelease con los comunistas porque era la única arma que tenía para maniobrar con Washington. Y agregaba:

> [Los americanos] han hecho esfuerzos increíbles para llevarme a una posición de franco anticomunismo, y si accediera, quedaría a merced de ellos. No, eso no nos conviene, yo no puedo enfrentarme al aparato internacional del comunismo. Es mejor tenerlos como aliados.

Según Tabernilla, existía una nómina en Palacio exclusivamente para los comunistas que ascendía a unos 20,000 pesos mensuales. A cambio de ello, los del PSP tenían infiltrados todos los movimientos conspirativos contra Batista, lo cual se puso en evidencia en el juicio contra Marcos Rodríguez (Ver el capítulo 13).

---

[292] Taborda (2009: 71-73).
[293] Tabernilla afirma no poderse explicar el motivo de esos sentimientos negativos pero hace un esfuerzo en narrar algunos sucesos (Taborda 2009: 73-75).

Por otra parte, Tabernilla reconoce que en los institutos armados había personas francamente anticomunistas y hace una acusación directa: "Uno de los hombres que más irritaba a Batista era el Teniente Castaño… [quien] tenía vinculaciones con la Embajada de Estados Unidos y era un sincero anticomunista. Batista siempre lo persiguió. Nunca pudo ascender. Nunca tuvo mando. Nunca se le dieron recursos. La cabeza de Castaño era, precisamente, una de las principales demandas que hacían los comunistas". Hace notar entonces que, cuando Batista emprende la fuga, se lleva a Ventura y a otros, pero impide que Castaño los acompañe.

¿Quién era y qué representaba el Teniente José J. Castaño Quevedo? Cuando en 1955 se funda el Buró para la Represión de las Actividades Comunistas (BRAC), por su experiencia en esa área y sus relaciones con organismos similares, como la Agencia Central de Inteligencia (CIA) de los Estados Unidos, el teniente Castaño es nombrado Jefe de la Agencia Central de Operaciones del nuevo aparato de inteligencia, cuyo puesto desempeñaba aun el 1 de enero de 1959.

Un estudio[294] destaca que el BRAC poseía agencias en todas las provincias y agentes en distintos regimientos de la Guardia Rural para trasmitir toda la información al órgano central. Establecieron niveles de prioridad dentro de la oposición: comunistas, auténticos y ortodoxos. A los primeros agregaron a los moncadistas, especialmente después de la amnistía. Son realmente impresionantes los datos encontrados en los archivos del BRAC y del SIM relacionados con estas organizaciones, de quienes aparecen inventarios por provincias, municipios, barrios y en ocasiones hasta de las cuadras donde residían y de sus actividades laborales, relaciones, características de la familia y planes de trabajo a cumplir por orientación de la máxima dirección del Partido.

El BRAC, con ayuda del Buró de Investigaciones (BI), llegó a confeccionar una ficha de cada militante y procesó, estudió y divulgó, en el mayor secreto, entre todos los mandos militares, sus documentos y directivas. Conocían cuando se reunía el Comité

---

[294] "Accionar de las fuerzas represivas de Batista ante la lucha revolucionaria (1952 – 1958)" por Marilú Uralde Cancio, oct-nov-dic 2008, en http://www.revistacaliban.cu/articulo.php?article_id=32.

Nacional y las organizaciones provinciales, qué trataban y qué se proponían realizar, así como informaciones referidas a la actividad del Partido con los trabajadores no afiliados, la CTC oficialista y hasta en qué lugares promovían paros, protestas o huelgas. Infiltró a sus delatores e informantes entre las filas del estudiantado y en cuanta organización existía, trató de sobornar a sus dirigentes, sobre todo a los de la UH, víctimas de allanamientos, detenciones y torturas.

Un factor de extrema sensibilidad eran sus archivos confidenciales. El mismo se revela en las audiencias del Sub-Comité del Senado encargado de investigar amenazas a la Ley de Seguridad Interna, celebradas el 9 de mayo de 1960.[295] Los principales testigos revelaron sus cargos y el tiempo trabajado y, a petición de los miembros del panel, los nombres y las posiciones de personas en el gobierno de Castro con antecedentes comunistas.

Finalmente, el motivo de la importancia de La Cabaña es revelado por el Sr. Ruiloba al responder a la pregunta "¿Qué sucedió con los registros y la información del BRAC?" "El 4 de enero de 1959 llegó a la oficina del BRAC el capitán [Antonio] Núñez Jiménez con un documento firmado por el Dr. Ernesto Guevara... para que se le hiciera entrega de los archivos y los autos para ser transportados a la fortaleza. Esa misma mañana, en cuatro camiones, militares de La Cabaña y soldados, llevaron todos los archivos a ese lugar". El testigo reconoce el valor de la información contenida en los archivos. De ahí el interés de apropiarse de los mismos y el resentimiento contra el capitán Castaño, personaje central en la recogida y organización de los famosos archivos.[296]

Existe también la certeza de que en el BRAC no solo se guardaban celosamente los expedientes de los comunistas sino también una abundante información sobre los comunistas que

---

295 https://archive.org/stream/communistthreatt09unit/communistthreatt09unit_djvu.txt.

296 Napoleón Vilaboa, miembro del Movimiento 26 de Julio y asesor de Ernesto Guevara en La Cabaña, relata la ejecución de José Castaño Quevedo, contra el cual no pesaban acusaciones criminales y al que llevó a la oficina de Guevara: "Mientras daba vueltas alrededor de su mesa y de la silla donde estaba el militar, Che sacó la pistola 45 y lo mató allí mismo con dos balazos en la cabeza."

(http://www.cubanet.org/htdocs/CNews/y09/enero09/23_O_4.html).

colaboraban con la dictadura de Batista. Siempre me preguntaba, ¿Por qué es Guevara quien ocupa la fortaleza de la Cabaña por orden de Fidel? Dorschner y Fabricio[297] repiten lo que no es ya secreto para los historiadores. La Cabaña comenzó a recibir oleadas de visitantes cuando cayó la dictadura. En la mañana del 4 de enero de 1959, Guevara ordenó que Núñez Jiménez, profesor de geografía en la Universidad Central de Las Villas y un viejo militante comunista unido a la guerrilla a finales del diciembre anterior, llevara cuatro camiones a las oficinas centrales del BRAC para que cargara todos los documentos y los regresara a La Cabaña, donde fueron guardados en un garaje situado al fondo de la casa del comandante Guevara.

El capitán Oscar Fernández Mell, médico en la columna de Guevara, se interesó por los documentos que mostraban claramente que el BRAC había estado cooperando con la Agencia Central de Inteligencia (CIA) de los Estados Unidos. Luego, un grupo de seis militantes del PSP dirigido por Núñez Jiménez los estudió durante un tiempo bajo el más estricto secreto.

La Caravana de la Libertad

La llamada "Caravana de la Libertad", con Fidel Castro al frente, partió de Santiago de Cuba rumbo a la región occidental de la isla el 2 de enero. No hay dudas de que Fidel Castro fue avisado del deseo de las fuerzas del Directorio Revolucionario de marchar hacia La Habana con las tropas del 26 de Julio. Eso era inadmisible para él. Dos días después, le notifican que el DR ha ocupado el Palacio Presidencial y la Universidad de la Habana. A pesar del número de oportunidades que se le presentaron en todos los discursos del largo recorrido, Castro guardó silencio sobre su rivalidad con el Directorio. El gabinete y su presidente se reunieron con él durante una escala en el aeropuerto de Camagüey rumbo a la Habana, para discutir el asunto. Pero Castro mantuvo reserva hasta el día 6 de enero, festividad de los Reyes Magos, cuando habló en la ciudad de Santa Clara.

Se refirió a que en esa provincia de Las Villas, después de Oriente, aparecieron los primeros grupos del Directorio Revolucionario y del Segundo Frente Nacional del Escambray, de los auténticos y de todas las organizaciones. Y agregaba: "Porque todo el mundo tiene

---

[297] Dorschner y Fabricio (1980: 479-480).

méritos y hay que reconocérselos; y nadie tiene derecho a negarle el mérito a los demás y a apropiarse del mérito de otros". Enseguida dejaba escapar una solapada amenaza:

> Y si la unión sincera aquí, en definitiva, de todos los elementos revolucionarios no se produce, no será por culpa mía. Yo tengo nada más que esta seguridad: que trataré de ser todo lo justo que humanamente se pueda ser con los que han luchado... Si esto no se lograra sería sencillamente por la ambición de algunos y de algunas, por la vanidad de algunos y algunas. Y quien en esta hora gloriosa de nuestra patria... pusiese su vanidad, sus cuestiones personales, por encima de la patria, no tendrá nadie que lo siga.

Fidel Castro se ha auto-designado el encargado de repartir el poder de acuerdo a la participación en la lucha. Siempre, detrás de él. Después de afirmar que es la hora de estar unidos, se refiere a ellos por sus acciones recientes al enfatizar:

> ... y que no hubiera estas dificultades de si tomó el Capitolio, de si tomó Palacio. ¿Dificultades por qué? Y en esta hora, cuando tenemos que estar todos muy unidos, y vuelvo a repetir que culpa nuestra no ha sido ni será, porque con José Antonio Echeverría fue como un hermano; con él me uní en Miami [error: se refiere a México], allí suscribimos el pacto [error: la carta] y siento que no esté vivo, porque aquel muchacho era todo espíritu santo, todo amabilidad, todo lo que se merece. Siento profundamente que haya muerto, porque aquí hacía mucha falta en esta hora y porque aquí estaría abrazado conmigo el compañero José Antonio Echeverría.

Su actuación teatral es esmerada. No parece recordar la carta que le envió llamándole cobarde. Pero Castro necesita a su familia. Cree que los halagos a José Antonio son suficientes. Al llegar a la provincia de Matanzas, la caravana se desvía hacia Cárdenas.

Al llegar al hogar de los Echeverría, solicitó ser llevado a la habitación de José Antonio. Luego de una breve e íntima conversación con los padres y hermanos, se dirigió al Cementerio local, donde pronuncia unas palabras de recordación a José Antonio.

Fig. 8.4. Castro entrando en el hogar de la familia Echeverría.
Fuente: Cortesía de Lucy Echeverría.

Fig. 8.5. Muchedumbre en la sala de la casa de los Echeverría.
Fuente: Cortesía de Lucy Echeverría.

Fig. 8.6. En la habitación de José Antonio.
Fuente: Cortesía de Lucy Echeverría

Fig. 8.7. Castro, Sinforiano y la Sra. Bianchi.
Fuente: Cortesía de Lucy Echeverría

Fig. 8.8. Castro, Gálvez y familiares.
Fuente: Cortesía de Lucy Echeverría.

Fig. 8.9. Cuño de las fotos del 8 de enero de 1959 en Cárdenas.
Fuente: Cortesía de Lucy Echeverría.

La búsqueda de apoyo para resolver el conflicto potencial con los miembros del DR no produce los resultados que esperaba Fidel. La familia no está para prestarse al pedido de Castro y se niega a acompañarlo para servir de intermediarios en su problema con los del Directorio Revolucionario.

La Entrada en La Habana

De Cárdenas a la Habana todavía le quedaban por recorrer unos 135 kilómetros. Es un escenario similar al anterior con muchos saludos y discursos. En El Cotorro, ya a las puertas de la capital, Efigenio Ameijeiras le tiene una sorpresa a Castro: carga a su hijo Fidelito y lo sube a uno de los tanques. El niño es feliz. Nadie recuerda que su padre lo había secuestrado en México semanas antes de la partida del Granma. La caravana recorre la avenida 23 del Vedado y entra en Marianao para dirigirse al Cuartel de Columbia. Demoran en moverse por la cantidad de público aglomerado en las aceras y calles. Al fin, ya casi cayendo la noche, la caravana entra en la fortaleza y Fidel Castro se dispone a hablarle a todo el pueblo de Cuba después de la derrota de la dictadura. Todos esperan un discurso de celebración, de unidad en la victoria, de planes para el futuro. Contrario a lo que todos esperan, el discurso será un ataque virulento y demoledor hacia los dirigentes y militantes del Directorio.

9 LA LUCHA POR COMPARTIR EL PODER

> [Los dirigentes del Directorio Revolucionario] *quieren en cambio compartir los frutos de nuestras victorias para robustecer su minúsculo aparato revolucionario y presentarse el día de mañana con toda clase de pretensiones.*
> Fidel Castro, *Carta a E. Guevara,* 26 de diciembre de 1958.

La parte de la carta de Castro a Guevara del epigrama de este capítulo encierra también otra de sus gigantescas mentiras. Si se sacara la cuenta, estoy casi seguro que los dirigentes del DR participaron en muchos más combates en sus 10 meses en las montañas del Escambray que Fidel Castro en sus 25 meses en la Sierra Maestra. Su reclamo del poder absoluto basado en esos términos es totalmente absurdo e injusto. ¿Por qué esperar? Veamos lo que arroja una somera comparación.

La Competencia de los Combates: Fidel Castro vs. Cubela y Chomón

No se trata de calcular el número de combates en que participaron las columnas de ambas organizaciones. Como Fidel Castro se refiere a los dos jefes del DR-13, la comparación debe hacerse entre estos (Faure Chomón, secretario general del DR-13 y Rolando Cubela, comandante en jefe del Segundo Frente Nacional del Directorio Revolucionario) y Fidel Castro durante la lucha en las montañas.

La Combatividad de Fidel

Reiteramos que fueron muchas las oportunidades que tuvo Castro para combatir durante los 25 meses entre el 2 de diciembre de 1956 y el 1 de enero de 1959. En los primeros cinco meses, hasta fines de mayo de 1957, sólo se produjeron pequeñas escaramuzas. En todas ellas, Fidel Castro se encuentra a prudente distancia, que incluso muestran los croquis oficiales de los encuentros.[298]

El 5 de diciembre de 1956, los expedicionarios son sorprendidos totalmente indefensos en un lugar conocido como Alegría del Pío. Juan Almeida, en busca de órdenes, va arrastrándose hasta el lugar donde Fidel Castro había establecido su puesto de mando pero regresa al resto del grupo con la noticia de que ya no se encontraba allí.[299] La huída de Castro ("atravesando una cerca y luego corriendo hacia el bosque cercano seguido de Universo Sánchez"), fue descrita en duros términos por sus compañeros Gómez Hernández y Gómez Calzadilla y repetida por otros durante el juicio en Santiago de Cuba.[300]

Luego ocurrieron muchos más eventos de este tipo, en los que Fidel inicia la operación haciendo un disparo con su fusil de mira telescópica también a prudente distancia. Eso ocurrió el 17 de enero de 1957 en el cuartelito de La Plata.[301] El 22 de enero de 1957 en Arroyo del Infierno.[302] El 30 de enero de 1957 los rebeldes caen en una emboscada y son bombardeados en el cerro Caracas. En medio del bombardeo, "mientras todos los guerrilleros y el propio Fidel huían, el Che se quedó para reunir a los rezagados y recoger los pertrechos abandonados, las armas y hasta la gorra del 'comandante'".[303] El 29 de mayo de 1957 en el ataque al cuartel de El Uvero, se repitió la prudente distancia.[304] Dos autores que ostentan cargos en el régimen[305] son más explícitos en cuanto al papel del jefe de la guerrilla en su primer importante combate, en el que continúa alejado de la zona de mayor peligro.

Esa situación no cambia en los próximos ocho meses y medio, hasta mediados de febrero de 1958:[306] Es entonces que ocurre un hecho al que se ha dado un matiz propagandístico. Se quiere hacer ver que la ausencia de Fidel Castro de la primera línea de combate se

---

[298]

http://www.santiago.cu/hosting/estadistica/cronologia45aniv/pasotriunfo t.htm.

[299] Guevara (1968: 43); Taber (1961: 63).

[300] Morán Arce (1980: 15-16).

[301] Morán Arce (1980: 62-63).

[302] Morán Arce (1980: 63).

[303] Anderson (1997: 216).

[304] Morán Arce (1980: 96-97).

[305] Álvarez Tabío y Hernández (1980: 102-103).

[306] Castillo Bernal (1989: 168-173).

debía a una petición hecha por 40 de sus compañeros de armas –a la cual él había accedido– en carta fechada el 19 de febrero de 1958, aunque eso venía ocurriendo desde el mismo día del desembarco.[307]

Después de aceptar la petición de sus oficiales, Fidel Castro continuó dirigiendo combates, ahora a mayores distancias que las anteriores. Casi dos meses después de aceptar la petición de sus compañeros, el máximo líder realizó un fingido intento de situarse cerca de la línea de fuego. Ocurrió el 8 de abril de 1958 (la víspera de la huelga general que él ha ordenado), cuando unos cien rebeldes se disponían a atacar el cuartel de San Ramón. Huber Matos[308] fue uno de los testigos presenciales del hecho: Minutos antes de que se inicie la operación, Matos observa que se acerca una camioneta conducida por uno de los hombres de Fidel. Castro llega con Celia Sánchez y Haydée Santamaría. Se escucha entonces a las dos mujeres casi suplicándole que desista de participar en ese combate. Argumentan que no puede sacrificarse en cualquier operación y que su lugar está asignado en la Sierra para concebir las estrategias y liderar la revolución. Fidel alega que su puesto está en la vanguardia del combate. Sin embargo se va en el vehículo, discutiendo todavía si debe o no el comandante exponer su vida como un rebelde más. En medio del silencio, ante la inminencia del combate, la camioneta de Fidel se aleja en la oscuridad con el ruido quejoso de su motor. Matos se pregunta: "¿Qué significa esta escena de Fidel entre dos mujeres que intentan protegerlo del peligro? Tenemos la elegancia de no comentarlo en el pelotón".

El periodista Guerra Alemán, presente en el escenario de los hechos, califica la insistencia de Castro de "gestos teatrales, incapaces de convencer a quien conozca la naturaleza de los hombres".[309] Atrás había quedado la temeridad de su adolescencia[310] cuando en su nativo Birán se lanzaba desde la orilla del Río Mayarí para colgarse de uno de los travesaños del puente para sentir las vibraciones del veloz tren tratando de no caer a una muerte segura.

---

[307] Dicha carta aparece en numerosas publicaciones. Esta fue tomada de http://cheguevara.cubasi.cu/content.aspx?menu_activo=5&estado=2&id= 724.

[308] (2002: 100).

[309] (1971: 78).

[310] Pardo Llada (1988:12).

Casi nueve meses después del incidente del cuartel de San Ramón, Fidel Castro hacía su entrada triunfal en Santiago de Cuba sin poder mostrar una sola herida en su cuerpo. Su saldo combativo estuvo determinado por el alcance de la mirilla telescópica de su rifle.

Los Combates de los Jefes del Directorio

¿Cómo comparar la actuación de Fidel Castro con la participación combativa de los dos jefes del DR-13 en las montañas del centro de la isla? Creo que un simple listado de lugares satisface el cumplimiento de este objetivo.[311] Hay que aclarar que muchos de estos encuentros contaron con la participación de los hombres de la columna de Ernesto Guevara.

Sin orden cronológico ni importancia estratégica podemos listar los siguientes encuentros: Güinía de Miranda (2 veces), Banao (2 veces), La diana, Cabaiguán (dos veces), Fomento (2 veces), Báez (2 veces), Placetas (2 veces), Caracusey (2 veces), Manicaragua (2 veces), Los caballitos, Charco azul, Río Negro, Marina de Casilda, Jicotea, Majagua, Algodones, Guayacanes, Polo viejo, Las tequitas, Tunas de Zaza, El puente de Falcón, La trinchera, Guayos, Dos bocas, Veguitas, Manantiales, Topes de Collantes, Sancti-Spíritus, La papelera, Pico tuerto, La felicidad, Remedios, Caibarién, Trinidad, Carretera de Camajuaní, Los caballitos, Tren blindado, Santa Clara (Estación de Policía, Escuadrón 31).

El Temor de Fidel Castro

Los seis días que Fidel Castro utilizó en su largo peregrinar desde Oriente hasta la capital tenían dos objetivos fundamentales. El primero era consolidar el apoyo del pueblo. El segundo, dar tiempo para que sus leales servidores resolvieran el problema planteado por el DR al ocupar el Palacio Presidencial y la Universidad de la Habana, a los que luego incluyeron unas armas que podía haber incendiado la capital en una guerra civil. Pero Fidel no quería compartir el poder. Lo quería para él solo. Y estaba dispuesto a hacer cualquier cosa para que así fuera. La larga marcha la empleó en fraguar un plan para deshacerse de los "rebeldes" antes de su arribo a la capital.

---

[311] La mayor parte de la información fue tomada de Rodríguez Loeches (1982); Hurtado Tandrón (2005); Pérez Cabrera (2007) y González (2010).

El Botín del Directorio

Cuando las tropas del Directorio Revolucionario 13 de Marzo llegaron a la capital, ya las columnas de Camilo Cienfuegos y Ernesto Guevara habían ocupado el Campamento de Columbia y la fortaleza de La Cabaña, respectivamente. Decenas de militantes de las milicias urbanas del M-26-7, junto a muchos más arribistas y oportunistas luciendo un brazalete rojinegro, habían ocupado numerosos edificios oficiales y perseguían ahora a los antiguos personeros del régimen que buscaban refugio en embajadas o casas amigas. La ciudad daba la apariencia de que los "buenos" habían ganado y los "malos" que no habían sido apresados se habían dado a la fuga. Parecía como si la dirigencia del DR se hubiera quedado sin botín.

Al final de una contienda, se considera parte del primer botín al "conjunto de las armas, provisiones y demás efectos del ejército vencido de los que se apodera el vencedor". Estas comprendían las instalaciones del Palacio Presidencial y de la Universidad de la Habana. El segundo botín es definido como el "conjunto de posesiones que se concedía a los soldados del enemigo vencido".

Fig. 9.1. Dirigentes del DR ocupando el Palacio Presidencial.
Fuente: Tomada de la Internet.

En este caso, ni siquiera esas les serían adjudicadas. Estas definiciones colocan al DR como vencedor y vencido. Y para despojarlos del humilde botín –simbólico además—ya el cabeza de la Caravana de la Libertad había elucubrado un plan y sus emisarios estaban en camino. Surge la comparación cuando, en vez de ser él quien se presenta a darles la bienvenida a los refuerzos enviados por Frank País a la Sierra Maestra el 17 de mayo de 1957, ordena a Ernesto Guevara recibirlos de manos de Jorge Sotús, quien se niega a entregar la tropa a otro que no sea Castro, que observa la escena oculto en un lugar cercano.[312]

Las Armas de San Antonio
y el Teniente Chinea

En estos mismos días, y antes de la llegada de Fidel Castro a la Habana, un comando del Directorio tomó la base militar aérea de San Antonio de los Baños, ocupando un cargamento de armas considerable, lo cual conllevaría a la impugnación total de Castro hacia esta acción expresándolo tácitamente en el discurso en la capital.

Esta actividad la narra años después el General de Cuerpo de Ejército Ramón Espinosa Martín para el libro *Secretos de Generales*.[313] Espinosa Martín había llegado a La Habana conduciendo un camión de guerrilleros de Las Villas al Palacio Presidencial, trasladándose luego para el hotel St. John, convertido en cuartel del DR. Alrededor de las 10:00 pm de ese día, recibió una llamada de José Moleón. Le dijo que reuniera al personal, pues se trasladarían a San Antonio de los Baños. Él lo esperaría a la entrada del pueblo. Al encontrarse, le planteó que el Directorio había decidido ocupar la base, donde residían unos dos mil hombres. En ese momento todos habían pertenecido a las fuerzas armadas derrotadas.

Hablaron con la posta, con los oficiales. Allí se encontraba el teniente Aquiles Chinea,[314] que había sido enviado por el coronel

---

[312] Morán Arce (1980: 92-93).

[313] http://www.granma.cubaweb.cu/secciones/generales/art03.html.

[314] Aquí hay que hacer una breve referencia al segundo teniente Aquiles Chinea Álvarez. El 2 de diciembre de 1956 se encontraba destacado en Manzanillo cuando recibió la noticia de un desembarco masivo a diez y seis millas al sur de Niquero. Solicitó refuerzos pero el encuentro nunca se produjo. Luego fue encarcelado por planear un atentado contra la vida del coronel José María Salas Cañizares, condenado, y trasladado al Presidio

Ramón Barquín. Se apoderaron de la base. Al amanecer empezaron a recoger el armamento y a guardarlo en los almacenes de la Base, cubriendo todas las postas con soldados rebeldes. En medio de esa situación les llegó una orden de Moleón para que enviaran un camión cargado de armas para la Universidad, las cuales dejaron en el Patio de los Laureles. Colocaron dos rebeldes para cuidarlo y Espinosa regresó a San Antonio.

A los pocos días, sin avisarle a nadie, Espinosa se fue para la casa de sus padres en Las Villas. Se dedicó a celebrar hasta que recibió un recado de Moleón de que se presentara en La Habana. Al regresar, Faure y Moleón hablaron con Espinosa. Le transmitieron la necesidad de que se quedara pues había que organizar el nuevo Ejército. Le informaron que los compañeros del Directorio habían sido asignados en dos grupos: uno con Camilo Cienfuegos en Ciudad Libertad y el otro con el Che Guevara en La Cabaña. Espinosa optó por Camilo.

La Larga Espera

El día 4 de enero, con los miembros del DR aun en Palacio se inician las negociaciones. No ha quedado mucho testimonio escrito de lo discutido en aquellos días. Sin haber estado presente, uno siente la frustración que debe haber inundado el espíritu de aquellos combatientes a quienes se les quería excluir de la victoria. Guillermo Jiménez, presente durante las negociaciones, tiene un relato interesante.[315]

> Estando solos en Palacio Faure y yo en la madrugada del 4 de enero, en medio de esta tensa situación le digo a Faure: "vamos a llamar a Camilo a Columbia para decirle que ha habido tiroteos por parte de gente del 26 y del Directorio, que esa no es nuestra política y que hay que pararlo". Hablamos con Camilo, y él nos dice que necesitaban hablar con nosotros, tanto Camilo como el Che. Yo pienso que no es solamente ya para ver lo de los tiroteos.

Modelo de Isla de Pinos, donde fue liberado al triunfo de la revolución siendo enviado a la base de San Antonio.

[315] Lo que sigue es un resumen del testimonio de Jiménez aparecido en un artículo de Waldo Fernández Cuenca titulado "Anatomía de un enfrentamiento" publicado en Cubaencuentro / revista encuentro.

El Che nos dice que vienen a Palacio a conversar personalmente con nosotros. Me doy cuenta que vienen por algo más y de mucho peso. Están buscando una definición de la situación. **Faure se va y me deja solo.**[316] Para hablar con ellos yo busco entonces a dos o tres compañeros del Ejecutivo para equilibrarlo. Localizo a Enrique Rodríguez-Loeches, Alberto Mora, Tavo Machín y al mexicano Abrahantes, a quien yo había ingresado en el Directorio y que conocía al Che por haber estrechado relaciones en el Escambray. Ambos se estimaban mucho. El Che nos plantea que debíamos abandonar Palacio en 24 horas porque se iba a constituir el Gobierno Provisional. Ante esa solicitud yo le digo al Che la idea siguiente: "Comandante, nosotros estamos en la actitud de la mayor colaboración para salvaguardar la Revolución, pero yo no le puedo aceptar eso, porque usted nos está dando un ultimátum como si nosotros fuéramos un ejército derrotado y nosotros somos un ejército revolucionario. **El Che nos dice entonces que se convocaría a las masas si no salíamos de Palacio.** Bueno, el día 6 abandonamos Palacio y toma posesión Urrutia.

Al llegar Manuel Urrutia a Palacio se reúne con los miembros del Directorio y escucha sus argumentos. El DR aspira a la unión de todas las fuerzas revolucionarias y a la inclusión de sus miembros en el ejecutivo del gobierno. Consideran injusta la relegación que contradice la trayectoria de su organización. La respuesta de Urrutia es que deben esperar por la llegada de Fidel para ventilar sus demandas. Tal vez esa fue la primera vez en que el Presidente provisional mostró su carácter de figura decorativa, ganándose el sobrenombre de "cucharita" (ni pincha ni corta).

El día El 8 de enero se produce la llegada de Fidel Castro a la Habana. Muchos periódicos publicaron la posición oficial del DR

---

[316] La actitud de Faure Chomón de evadir situaciones de peligro como esta no era nada nueva. Cuando los miembros del DR se reunieron para planear un atentado contra Santiago Rey, que resultó en la muerte del coronel Antonio Blanco Rico en el Cabaret Montmartre, Faure fue elegido para dirigir la operación. A última hora se negó a participar en la acción (Bonachea y San Martín 1974: 72-73). No hay que olvidar que nunca llegó a entrar al Palacio Presidencial por haber sido herido cerca de la puerta de acceso, aunque se dieron varias versiones del lugar del cuerpo que la recibió.

ante la actitud del nuevo gobierno. Se quejaba el Directorio de la prolongación innecesaria de la huelga, de la formación de un gobierno sin previas consultas con las organizaciones que lucharon contra la dictadura, demandando su participación en la designación del gobierno provisional, en las decisiones sobre las próximas elecciones y el diseño del programa del gobierno provisional. Eso se lo habían planteado al presidente Urrutia y ahora lo querían dar a conocer a todo el pueblo de Cuba.[317]

Fig. 9.2. El Presidente Urrutia al llegar al Palacio
Presidencial.
Fuente: Foto de archivo.

El día El 8 de enero se produce la llegada de Fidel Castro a la Habana. Muchos periódicos publicaron la posición oficial del DR ante la actitud del nuevo gobierno. Se quejaba el Directorio de la prolongación innecesaria de la huelga, de la formación de un gobierno sin previas consultas con las organizaciones que lucharon contra la dictadura, demandando su participación en la designación del gobierno provisional, en las decisiones sobre las próximas elecciones y el diseño del programa del gobierno provisional. Eso se lo habían planteado al presidente Urrutia y ahora lo querían dar a conocer a todo el pueblo de Cuba.[318]

Ese fue el regalo de bienvenida para Fidel Castro. No es difícil imaginar su estado mental mientras iba saludando al pueblo cuando se dirigía al campamento de Columbia. Creo que para una minoría de los cubanos resultó bajo y bochornoso que dedicara casi todo su

---

[317] Prensa Libre, 8 de enero de 1959 pág. 6·
[318] Prensa Libre, 8 de enero de 1959 pág. 6·

discurso a criticar y condenar al Directorio Revolucionario. Pero, ya desde ese momento, el pueblo cubano había decidido seguir ciegamente al nuevo Mesías.

El Discurso de Columbia

Ya ha caído la noche cuando Fidel Castro, al frente de su caravana, penetra en el Campamento Militar de Columbia. Lo espera una pequeña tribuna improvisada. Varios personajes hacen uso de la palabra. Inexplicablemente –al menos en aquel momento—quien precede a Fidel Castro en el uso de la palabra es Juan Nuiry, hombre de Fidel íntimamente ligado a José Antonio Echeverría, cuya organización Castro va a hacer el centro de su discurso, que haría retumbar los oídos de los dirigentes del Directorio Revolucionario.[319]

Fidel Castro afirma que "el crimen más grande que pueda cometerse hoy en Cuba… sería un crimen contra la paz… Todo el que haga hoy algo… que ponga en peligro la tranquilidad y la felicidad de millones de madres cubanas, es un criminal y es un traidor. Quien no esté dispuesto a renunciar a algo por la paz… es un traidor".

Fig. 9.3. Fidel Castro durante su discurso en Columbia.
Fuente: Foto de archivo.

---

[319] http://www.cuba.cu/gobierno/discursos/1959/esp/f080159e.html.

Después de manifestar su disposición a renunciar junto a sus compañeros si llegaran a ser un obstáculo para la paz, declaración impresionante cuando el orador acaba de ser rodeado por varias palomas blancas,[320] reitera: "desde ahora mismo el pueblo puede disponer de todos nosotros y decirnos lo que tenemos que hacer. Porque soy un hombre que sabe renunciar, porque lo he demostrado más de una vez en mi vida, porque eso he enseñado a mis compañeros, tengo moral y me siento con fuerza y autoridad suficientes para hablar en un instante como este". Su astucia lo lleva a preguntarse la necesidad de la existencia de varias organizaciones revolucionarias. ¿Por qué no una?, se pregunta. Y a continuación parece sugerir cuál debe ser esa única organización:

La suya, por supuesto, por haber sido la primera, la que libró la primera batalla en el Moncada, la que desembarcó en el Granma "y la que luchó sola durante más de un año contra toda la fuerza de la tiranía". No podía faltar una mención al sentido evangélico de su lucha y afirma que, "cuando no tenía más que 12 hombres, mantuvo enhiesta la bandera de la rebeldía". Y continúa con una comparación demoledora. Afirma que su organización "destruyó todas las falsas hipótesis sobre revolución que habían en Cuba."

Después del golpe a la táctica del DR de "golpear arriba", reclama para su organización los méritos y logros principales de la lucha que acaba de terminar. Ha sido el M-26-7 la organización

---

[320] Minutos después de haber comenzado su discurso, una paloma blanca llegó y se posó en uno de sus hombros. Luego vinieron otras que se posaron en la tribuna o en el cuerpo de Fidel Castro. Durante el resto de la noche las especulaciones de tipo religioso se multiplicaron: era el Espíritu Santo; u Obatalá, la deidad pura y blanca de la religión yoruba. La blanca paloma de la paz representaba un mensaje muy directo para ignorarlo. Al pasar del tiempo, sin embargo, surgieron otras explicaciones: una afirmaba que el uniforme de Fidel había sido impregnado con feromonas de palomo para atraer sexualmente a las hembras; otros argumentaban que a las aves les habían llenado el estómago de perdigones para impedirles que se marcharan volando. Años después, en el exilio, el dirigente del Partido Ortodoxo Luis Conte Agüero, presente en un segundo plano de la tribuna, observaba a la paloma que habían estado entrenando desde hacía una semana para que se posara en el hombro de Castro. volar en medio de la negra noche y otras tomar su lugar. (Ver "La paloma de Fidel", por Luis Reyes, publicado el 17 de enero de 2012). Ignoro cuál fue el ardid pero estoy seguro que las palomas no fueron enviadas por ninguna deidad afrocubana o cristiana.

absolutamente mayoritaria y, al caerse la tiranía, tenía tomado todo Oriente, todo Camagüey, parte de Las Villas, todo Matanzas, La Cabaña, Columbia, la Jefatura de la Policía y Pinar del Río. Después de reconocer la participación de otros en la lucha, resalta una cualidad de su revolución: no tiene generales porque el grado máximo es el de comandante y no quiere otro grado.

Los dirigentes del Directorio escuchaban estupefactos al ahora indiscutible jefe de la revolución. Tienen que haberse dado cuenta de que no supieron calibrar en toda su dimensión el carisma, la habilidad política y, sobre todo, la falta de escrúpulos de Fidel Castro al enfrentar a todos los que podían cuestionar su supuesto derecho al poder absoluto. Dice entonces que quiere hacerle una pregunta al pueblo: "¿Para qué estar almacenando armas clandestinamente en estos momentos? ¿Para qué estar escondiendo armas en distintos lugares de la capital?..." Y lo que hay que buscar aquí es que los combatientes revolucionarios, los hombres idealistas, que pueden ser engañados con esa maniobra, abandonen a los falsos lidercillos que están en esa postura y vengan a ponerse al lado del pueblo, que es al que tienen que servir antes que nada." Hace entonces una pregunta que lo perseguiría durante largo tiempo: "¿Armas para qué?, ¿para luchar contra quién?, ¿contra el Gobierno Revolucionario, que tiene el apoyo de todo el pueblo?... ¿Armas para qué?, ¿hay dictadura aquí?..."

Refiriéndose a la ocupación de las armas del cuartel de San Antonio dice que "no se pudo haber cometido provocación peor". Castro quiere explicarle al pueblo para que se exija responsabilidad sobre esos hechos. Termina diciendo que esta vez ha omitido nombres porque no quiere envenenar la atmósfera.

El Intento de Suicidio del Teniente Chinea

El discurso de Fidel Castro en Columbia sorprendió al Directorio, quienes consideraban justo y legítimo tomar uno de los cuarteles militares de la dictadura. La acción trajo como fatal consecuencia el intento de suicidio de Aquiles Chinea, oficial del ejército de Batista quien, por considerar contraproducente y hasta "desleal" al nuevo gobierno la toma de las armas, intentó quitarse la vida. Estos acontecimientos enrarecieron aún más el ambiente ya de por sí muy cargado.

Traen también a la mente el recuerdo del comandante Félix Pena, presidente del tribunal que juzgó a los miembros de la Fuerza Aérea de Cuba, quien prefirió absolverlos a todos para evitar que se condenara a algún inocente. Como siempre, Fidel Castro montó en cólera, anuló el juicio [¿y el principio *nom bis in idem*, sobre la santidad de la cosa juzgada?], nombró un nuevo tribunal dispuesto a condenarlos a todos y le ordenó a Pena que se presentara en el Estado Mayor del Ejército a la mayor brevedad. Cuando llegó, "lo hicieron razonar" y ver la falta tan grave que había cometido. Lo dejaron solo en una oficina con un arma corta a su alcance. No demoró mucho en escucharse el seco sonido de un disparo.

Años después, el guerrillero Benigno de la tropa de Guevara en Bolivia, escribía un libro titulado *Memorias de un soldado cubano — Vida y muerte de la revolución*. Nos ilustra Dariel Alarcón Ramírez: "En todo siempre aparece la mano de Fidel con la maniobra, la maquinación. Siempre en Fidel aparece la maldad. Primero, toca los sentimientos y luego prepara la cama".[321] Nunca he dejado de pensar que hubo mucho más detrás del traslado de armas del cuartel de San Antonio y el intento de suicidio del teniente Chinea. Solo hay que meditar en las palabras de Alarcón Ramírez y en los beneficios que le proporcionó el incidente a Fidel Castro.

La Última Fase del Enfrentamiento

Al día siguiente, el máximo jefe del M-26 declaraba en el programa televisivo "Ante la Prensa" que la situación creada era culpa de Faure Chomón, secretario general del Directorio Revolucionario, quien había autorizado a sus hombres a llevarse todas esas armas y traerlas hacia la Universidad, y expresó que si José Antonio Echeverría estuviera vivo eso no hubiera sucedido pues "era un muchacho sano, desinteresado, jovial, simpático, desprovisto de ambiciones desmedidas". Calificó a Chomón como "lidercillo resentido" y expone que está dispuesto a reunirse con los miembros del Directorio que son idealistas y honrados. La frase más reveladora en ese programa fue: "El poder se conserva en la misma medida en que cuesta conquistarlo", muestra inequívoca de las intenciones del joven líder.

---

[321] (1997: 180).

Los días 10 y 11 serían de extrema tensión para ambas partes, pues el Directorio mantenía una posición de enfrentamiento al nuevo gobierno mientras no se le tomara en cuenta. Pero el pueblo apoyaba en abrumadora mayoría al nuevo gobierno y no iba a permitir que una situación de este tipo desencadenara un enfrentamiento de incalculables consecuencias para el país. Así lo hace saber la convocatoria que lanza el día 11 a las madres cubanas la organización Mujeres Oposicionistas Unidas. Las convoca a reunirse en el Parque Central capitalino y marchar hacia la Universidad con el fin de exigir al Directorio la deposición de su actitud porque: "estamos cansadas de tanta sangre derramada durante más de seis años de tiranía."[322] No mencionaban, sin embargo, la sangre que había comenzado a derramarse con el funcionamiento de los pelotones de fusilamiento desde la semana anterior y que durarían muchos meses. Era la continuidad de la ley del talión.

El DR fija su posición definitiva el día 12 declarando entre otras muchas cosas que: "se nos pretendió ignorar públicamente, causándonos una profunda preocupación por el futuro de nuestra patria, (…)", y afirmando: "nosotros el Directorio Revolucionario (…) DECLARA al pueblo de Cuba que a pesar de las imposiciones, de que no se quiere llegar a soluciones con el Directorio, que es ganar soluciones para nuestro pueblo, que se mantengan las imposiciones en el Campamento de Columbia por el doctor Castro, EL DIRECTORIO REVOLUCIONARIO NO IRÁ A UNA GUERRA, (…) el DR hablará, expondrá ante el pueblo de Cuba sus razones. Y si … se persiste en la imposición, no admitiremos esa convocatoria a la guerra. El Directorio Revolucionario está consciente de su responsabilidad, de su verdadera misión histórica, que debe ser fiscalizada en el proceso que se inicia".

Fidel Castro decidió que había llegado la hora de discutir frente a frente. Los del Directorio aceptaron aprovechar esa apertura y se citó para una reunión en la Universidad de la Habana, que tuvo lugar la noche del 13 de enero de 1959.

---

[322] *Hoy*, 11 de enero, 1959, p. 1, 4.

10 FIDEL CASTRO CONSOLIDA SU PODER ABSOLUTO

Creo que todos debimos estar desde el primer momento en una sola organización revolucionaria: la nuestra o la de otro... ¿por qué tenía que haber media docena de organizaciones revolucionarias?

Fidel Castro, discurso del 8 de enero de 1959.[323]

Fig. 10.1. Fidel Castro junto al actor Armando Roblán.
Fuente: Foto de archivo.

La respuesta a la pregunta supuestamente unitaria de Fidel Castro es muy sencilla y él la conocía muy bien. Por eso siempre quiso que la "única" fuera la suya, para ser el jefe. La "media docena" de organizaciones surgieron de la diversidad de pensamiento y propósitos. De ahí nace la democracia. Ya Fidel nos enseñó el

---

[323] http://www.cuba.cu/gobierno/discursos/1959/esp/f080159e.html.

resultado del dominio de una sola organización. Por eso era tan importante para él darle el jaque mate al Directorio Revolucionario 13 de Marzo para quedarse como jefe único e incuestionable de lo que aparentemente consideraba "su" revolución.

La Reunión de Fidel Castro con el DR: La Noche de la Iguana

El día 13 de enero Fidel Castro acude a la Universidad de la Habana para reunirse con un nutrido grupo de miembros del Directorio para tratar de terminar el problema que él mismo ha creado con dicha organización. Estuvieron conversando (discutiendo a toda voz, quisiera asumir yo) toda la madrugada. No era para menos.

Entre Castro y algunos miembros del Directorio existían rencillas políticas que venían desde la época de la lucha universitaria a fines de los años 40 y que saldrían a relucir en esta histórica cita, de la cual no existe testimonio escrito alguno.

Fig. 10.2. Chomón, Castro y Cubela el 13 de enero.
Fuente: Foto de archivo.

Desde tan temprana fecha podemos ubicar una serie de diferencias que mucho pesarían en los acontecimientos de los primeros días del triunfo y que aún hoy esperan por un mejor estudio historiográfico.

La reunión resultó en la desaparición del Directorio Revolucionario 13 de Marzo como organización y la dispersión de sus dirigentes. Se me ocurre un paralelo entre esa tensa madrugada y la aclamada obra teatral de Tennessee Williams "La noche de la iguana", inspirado en el material en el portal del mismo nombre:[324]

> La iguana, en su sentido simbólico, es un animal al que se puede poner en cautiverio, atándole una cuerda al cuello, por lo que permanecerá quieta y si después le quitamos su atadura, el animal se mantendrá inmóvil durante mucho tiempo, incapaz de darse cuenta de que es libre y puede escapar, ocurriendo algo similar con algunos hombres inermes para ejercer su vuelo, o mejor dicho: ¡Miedo a la libertad!

Creo que la actitud de Fidel Castro hacia los miembros del DR antes de la reunión de la noche del 13 de enero de 1959 no pudo identificarse más con la naturaleza de la iguana. La respuesta de los ejecutivos del Directorio la superó con creces. Tal vez en este simple paralelo resida gran parte de la explicación de las relaciones entre Fidel Castro y la organización fundada por José Antonio Echeverría a quien sus antiguos compañeros habían vuelto a traicionar porque ya nada tenían en común con él.

Disuelto el DR 13 de Marzo

El Directorio Revolucionario sería la organización más importante en entregar sus armas para quedar como un simple grupo político desde una posición secundaria. El acto de entrega y despedida del DR como aparato militar lleva el signo del dolor y del desencanto, expresados en las palabras de Humberto Castelló:[325]

Fig. 10.3. Cmte. Humberto Castelló
Fuente: Foto de archivo.

---

[324] Ver http://cineparaiso.hol.es/noche.html.
[325] Prensa Libre, 13 de enero, 1959 p. 2.

Queridos Hermanos, con profundo dolor me despido de ustedes, doblemente adolorido. Dolor por separarnos del hermano en la lucha y dolor por saber que no hemos sido comprendidos (…) **Jamás hemos sembrado la cizaña y en cambio hemos recogido montañas de calumnias e injusticias.** Pero es necesario que se diga que es seguro que seguiremos manteniendo los principios de unidad que nos dio la victoria (…) **Es hora de que se sepa el rol histórico del Directorio en esta lucha.** Hemos querido que esta despedida sea como ha sido, humana, sencilla, sentimental como el carácter que trazó la vida de José Antonio Echeverría y sus ideales por una Cuba mejor y más justa para todos.

Faure Chomón despidió el acto con las esperadas palabras de dolor y emoción. ¿Cómo hubiera enfrentado Echeverría esa situación?" Chomón se expresó de la siguiente manera:

Fig. 10.4. Cmte. Faure Chomón
Fuente: Tomada de la Internet.

Hemos cumplido con nuestro deber a pesar de los peores ataques e injusticias, pero con toda serenidad hemos recibido este momento, porque nada puede empañar la libertad lograda con nuestra sangre (…) Con el derecho, la moral y la justicia que asistía al Directorio Revolucionario quisimos preocuparnos por la suerte de la Revolución; quisimos hacer igual que en El Pedrero, donde el DR y el M-26, confraternizando hacia la muerte y hacia la victoria, firmamos el pacto de unidad más grande de nuestra historia. Pero no hemos tenido éxito, hemos recibido a cambio la calumnia y la difamación (…)

Recibimos imposiciones y las hemos aceptado, todo por la paz de la patria y la tranquilidad del pueblo, estamos dispuestos a mantener, aceptando aun los más grandes sacrificios, nuestros caros postulados (...) El Directorio Revolucionario hace votos porque esos compañeros no se equivoquen. Hace votos porque sólo tengan el pensamiento y el brazo puesto al servicio de la patria y de los principios defendidos, para que puedan cumplir los principios trazados por la Revolución, por una Cuba nueva, tan regada por la sangre de los más queridos de sus hijos. Adiós compañeros.[326]

La FEU, la CTC y el Periódico Combate

Disueltos como miembros de un cuerpo militar armado, el Directorio Revolucionario 13 de Marzo contaba todavía con tres frentes desde donde exponer su pensamiento y recibir el reconocimiento por su lucha contra la dictadura de Batista: la FEU, la CTC y el periódico *Combate*. Fidel Castro no estaba ajeno a ello y todo parece indicar que intervino en los tres frentes para privar al DR de ellos.

Comencemos por la Federación Estudiantil Universitaria (FEU), su bastión principal. De ella habían surgido como líderes del Directorio Revolucionario. No había dudas del peligro que representaba que cayera en manos de los "enemigos" de la revolución, que pudiera ser cualquiera. En 1959, ya reabierta la Universidad de la Habana se convocó a nuevas elecciones en la FEU. A pesar de haber pertenecido al Movimiento 26 de Julio, Pedro Luis Boitel era considerado un elemento de derecha. Pero el gobierno (adiós a la autonomía universitaria) no tenía otro candidato del 26 de Julio que estuviera disponible y se decidieron a postular al comandante Rolando Cubela, dirigente del Directorio Revolucionario. Bajo una presión tremenda de un llamado a la "unidad" Boitel renunció a sus aspiraciones y Cubela fue designado el nuevo Presidente. Poco tiempo después fue detenido y acusado de planear un atentado contra la vida de Fidel Castro y enviado a prisión. Desde ese día, el gobierno manipulaba a los seleccionados para integrar el

---

[326] *Prensa Libre*, 13 de enero, 1959 p. 3.

organismo que antes fue en centro de actividades del antiguo Directorio Revolucionario.

El caso de la Confederación de Trabajadores de Cuba (CTC), aparentemente del dominio de los comunistas, es peculiar. Al triunfo de la revolución, el Directorio Revolucionario contaba con miembros que eran dirigentes de la CTC. Fidel Castro esperó al llamado del X Congreso, celebrado en noviembre de 1959. A pesar de que el DR contaba con una amplia delegación, aunque algo menos numerosa que la del M-26-7, no logró colocar ni a uno solo de sus miembros en el ejecutivo elegido. Luego de este Congreso, la CTC se convirtió también en otro apéndice del nuevo régimen, perdiendo el DR otro de sus centros de poder.

Por último, estaba el periódico *Combate*. Como es de suponer, durante los primeros meses de gobierno revolucionario, el diario reclamaba su papel en la conducción de la revolución, clamando por la "unidad revolucionaria". Al pasar del tiempo, con sus miembros integrados a una sola organización política, *Combate* también sucumbiría a la reorganización de los medios de comunicación y en noviembre de 1961 cerró sus puertas, aunque las maquinarias continuaron trabajando ahora bajo el nombre de *Diario de la tarde* o *La tarde*, como era conocido.

Al final de la operación quirúrgica del Dr. Castro, los dirigentes del Directorio Revolucionario 13 de Marzo, se encontraron, como dice una expresión popular, "en cueros y con las manos en los bolsillos". Fidel Castro había logrado someter, de una manera humillante, a un grupo de combatientes a quienes les sobraban los méritos revolucionarios para compartir el poder, que se habían ganado heroicamente durante todo el tiempo que duró la dictadura de Fulgencio Batista. Tal vez esa fue la primera muestra pública de la intuición que muchos alegan posee Fidel Castro para prevenir algún mal cortando a tiempo su causa de raíz. Lo hizo al principio pues, de haber esperado, la solución hubiera sido más obvia para el pueblo que, durante mucho tiempo, estuvo embriagado con el carisma del barbudo que parecía un enviado del más allá para solucionar todos los problemas de Cuba. Los dirigentes del DR-13 se entregaron, capitularon, porque, por primera vez, vieron quién era Fidel Castro y decidieron abstenerse de experimentar hasta dónde era capaz de llegar para conseguir su objetivo el Robespierre de Birán.

Aun tratando de no ser cruel, con un juicio de valor que no tengo derecho a expresar por no haber experimentado ese calvario, no puedo dejar de recordar la frase que la historia atribuye a la sultana Aixa, madre del último rey islámico de Granada, Boabdil el Chico, cuando abandonaba la Alhambra después de entregar sus llaves a los Reyes Católicos: "Llora como mujer lo que no supiste defender como un hombre". El suceso tuvo lugar el 2 de enero de 1492, el mismo año del descubrimiento de América. Muchos afirman que es una leyenda convertida en mito ya que fue escrito tres siglos después de haber supuestamente ocurrido. Como todos los mitos que se crearon en torno a la figura del que ahora había adquirido tanto poder, y emanaba tanta maldad, que bien pudieron los del Directorio haber tomado el puesto de Boadil e inundar de lágrimas su querida Colina Universitaria.

Quedaban sin armas, sin organización, sin medios de comunicación y, lo que era peor, sin posiciones en el nuevo gobierno. Me parece que aquellos hombres humillados por sorpresa (en expresión de algunos, "nos tocó por tercera base"), a quienes Fidel había enfrentado al pueblo, tenían ante sí tres opciones. La primera era doblegarse y aceptar las migajas que el comandante en jefe eligiera para cada uno de los rendidos de manera incondicional, aunque la mayoría luciera una máscara del naciente carnaval fidelista, la "única protección para no ser señalados y amonestados".[327] La segunda consistía en regresar a la lucha, esta vez contra el gobierno que habían ayudado a llevar al poder. La tercera consistía en abandonar el país, a añorar "lo que pudo haber sido y no fue". La cuarta era dejar la militancia política, encontrar un trabajo de acuerdo a sus calificaciones y esperar que lo dejaran tranquilo.

Había en realidad otra respuesta a aquella situación. Y parece que esa fue la que la dirigencia adoptó al principio de la situación al pedirles a sus miembros que no buscaran empleo en el nuevo gobierno y, de ser ofrecido, no lo aceptaran. Eso me relató en una de nuestras conversaciones José (Pepe) Vázquez, quien pasó la mayor parte del final de la dictadura en el Presidio Modelo de Isla de Pinos. Poco después de la desbandada del Directorio recibió una oferta de empleo en el servicio exterior, la cual rechazó. Meses después, al ver que sus dirigentes trataban de acomodarse, aceptó la plaza que había rechazado y marchó a servir como cónsul en una Embajada.

---

[327] "'Generación Y' o el cinismo como escudo", por Yoani Sánchez, 31 de enero de 2009, *Letras Libres – Abuelo Fidel,* en
http://www.letraslibres.com/mexico-espana/abuelo-fidel.

La reacción de Fidel Castro fue diferente con quienes tomaban cada una de las cuatro opciones anteriores: reclutó de manera individual a los ejecutivos y los situó en embajadas fuera del país o en posiciones comprometedoras en el Ministerio del Interior a los de la primera opción. Fusiló y encarceló a los de la segunda. Los de la tercera recibieron los correspondientes insultos y fueron arrojados, en sus propias palabras, "al basurero de la historia". Parecía como si la cuarta alternativa fuera la más segura, pero no fue así. García Oliveras hace una narración que contrasta con la anterior que, en aquellos días no tenía nada que ver con el imperialismo y era Fidel Castro el que determinaba el destino de todos y cada uno de los miembros del DR como se acaba de comprobar:

> En las semanas que siguieron al triunfo revolucionario en 1959, la dirección del Directorio se reunió con Fidel en Palacio [fue en la Universidad el 13 de enero], quien **nos orientó cómo incorporarnos al proceso revolucionario.** Ya se había formado el gobierno y se habían designado los ministros. En los primeros días, el Ejecutivo del Directorio había analizado la situación y, particularmente, un punto de carácter estratégico: la posible reacción de los Estados Unidos con respecto a la revolución cubana. El acuerdo resultante fue reforzar la defensa de la Revolución, y que todos los comandantes trataran de incorporarse a las fuerzas armadas. Partíamos de los funestos antecedentes históricos, de 1895, 1933, y estábamos seguros de que si esta era una revolución radical, el próximo conflicto sería con los americanos. Yo me incorporé al ejército en abril, al igual que José Moleón, Raúl Díaz Argüelles, Tabo Machín y Raúl Nieves, todos oficiales principales. Rolando Cubela iba a ocupar la Presidencia de la FEU. Faure Chomón quedaba como jefe del Directorio y Secretario General.

¡Qué manera más servil de contar la historia! Pareciera como si ellos hubieran decidido su futuro empleo. El haber "elegido" el aparato militar para estar preparados para un alegado conflicto con los americanos demuestra una habilidad de predecir el futuro ausente en la valoración que hicieron de Fidel Castro durante la lucha.

11 EL AJEDREZ DE LA EXCLUSIÓN: LOS PRIMEROS TIEMPOS

Si "Novela de ajedrez" nos presenta el choque de dos naturalezas antagónicas, nos muestra también, y en buena medida, la capacidad de resistencia del ser humano sometido a una presión extraordinaria. Y todo ello con unas grandes dosis de intriga y maestría.

Stefan Zweig, *Novela de ajedrez (2000).*[328]

Fig. 11.1. Jaque mate con un caballo.
Fuente: Tomada de la Internet.

En el primer Capítulo nos referimos a la novela póstuma del austriaco Stefan Zweig para introducir las personalidades disímiles de José Antonio Echeverría y Fidel Castro. En la última Sección de este libro lo hacemos de nuevo al recapitular sobre lo que he llamado "el ajedrez de la exclusión", expuesto en el epígrafe de este capítulo.

---

[328] El epígrafe está tomado de la carátula exterior trasera de la edición en mi poder.

Ha transcurrido más de medio siglo desde el arribo de Fidel Castro al poder. Por virtud del tiempo, y de infinidad de testimonios ya se puede afirmar con certeza que, a su privilegiado círculo íntimo no pertenecían –ni iban a pertenecer nunca—los dirigentes del DR 13 de Marzo.

Primer Gabinete

Casi en el umbral del triunfo revolucionario, Castro realiza una apertura genial. Se conoce hasta el más mínimo detalle por el testimonio de Luis Buch, seleccionado por Fidel Castro para que lo ayudara en la tarea de conformar el primer gabinete.[329]

Ya se ha trasladado al territorio libre al magistrado Manuel Urrutia Lleó, a quien Castro ha designado presidente provisional a pesar de las objeciones de varias organizaciones del Pacto de Caracas. Ahora debe asegurarse que Urrutia, basándose en la Constitución de 1940, no vaya a nombrar por su cuenta a los miembros del Consejo de Ministros. Ignorando por completo al recién creado Frente Cívico Revolucionario (FCR) surgido en el Pacto de Caracas, Castro convoca a una reunión de los miembros de la Dirección Nacional y las coordinaciones provinciales del M-26-7, y a la dirigencia del Movimiento de Resistencia Cívica. También invita a los comandantes Raúl Castro y Juan Almeida, jefes del II y III Frentes orientales, respectivamente.

Las organizaciones firmantes del pacto de unidad –incluyendo al Directorio Revolucionario— ignoraban que el 18 de diciembre de 1958, en un lugar cercano a Jiguaní, conocido por "La Rinconada", Castro estaba formando el futuro gobierno provisional de Cuba. Sin invitaciones ni consultas previas. Después de hacer un resumen del estado de la lucha contra la dictadura, Castro recuerda que su sugerencia para presidente provisional había sido aceptada por el FCR y le pide a Luis Buch, designado secretario del gabinete por Urrutia, que comunicara las designaciones que ya se habían hecho. Como sólo los ministerios de Estado y Justicia estaban cubiertos, se discutieron otras posibilidades y se acordaron otros nombramientos. La tendencia del futuro cuerpo legislativo (con la anuencia de Fidel Castro) era claramente conservadora. Se le había insistido en que ocupara el cargo de primer ministro pero Castro lo rechazó. Prefería

---

[329] Suárez Suárez (2001: 273-277; 2009).

quedarse como "fiscalizador".

Manuel Urrutia no se encontraba en la reunión. A Charco Redondo acudió Buch de emisario para comunicarle los resultados de la misma y continuar la formación del nuevo gobierno.

La reunión en La Rinconada fue como una prolongación de la celebrada en el Alto de Mompié el 3 de mayo anterior, donde Fidel Castro tomó el control absoluto del M-26-7; en esta, le dio al primer gabinete la composición que más convenía a sus intereses en ese momento. Los acuerdos del Pacto de Caracas y la formación del FCR quedaban a un lado. Los miembros del Directorio no fueron la excepción.

Cuando las primeras fuerzas rebeldes entraron en la ciudad de Santiago de Cuba, ya Fidel Castro había aumentado el número de los seleccionados para conformar el primer gabinete. El juramento del presidente provisional Manuel Urrutia y su reducido consejo de ministros se realizó en una sencilla ceremonia en el recinto de la Universidad de Oriente cuando se escapaba la tarde del 2 de enero. Además de tomar posesión, el recién estrenado primer magistrado de la nación anunciaba que había designado al comandante Fidel Castro Ruz como jefe de las fuerzas de aire, mar y tierra de la República y su delegado ante los institutos armados del país. Tomó juramento a los ministros que ya habían sido seleccionados y se encontraban presente. Luego hizo más nombramientos hasta que el primer Consejo de Ministros quedó conformado el 23 de enero como un cuerpo que era la antítesis del sistema socialista que llevaba en su agenda oculta. **En ese Gabinete compuesto por 26 funcionarios no figuraba ni un solo miembro del Directorio Revolucionario 13 de Marzo.**

Tabla 11.1. Nombre, posición y procedencia de los miembros del primer gabinete del gobierno revolucionario.

Nombre	Posición	Procedencia
Dr. Manuel Urrutia	Presidente	Poder Judicial
Dr. Fidel Castro Ruz	Delegado del Pdte. en institutos armados y Comandante en Jefe de las fuerzas de mar, aire y tierra	M-26-7
Cmd. Manuel Rego Rubido	Jefe del Estado Mayor del Ejército	Fuerzas Armadas

Cmd. Gaspar Brooks	Jefe de la Marina de Guerra	Fuerzas Armadas
Cmd.Efigenio Ameijerias Delgado	Jefe de la Policía Nacional	M-26-7
Dr. Emilio Menéndez Menéndez	Presidente del Tribunal Supremo de Justicia	Poder Judicial
Dr. Felipe L. Luaces Sebrando	Fiscal del Tribunal Supremo de Justicia	Poder Judicial
Dr. Roberto Agramonte Pichardo	Ministro de Estado	Relación Orgánica con el M-26-7
Dr. Ángel Fernández Rodríguiez	Ministro de Justicia	Relación orgánica con el M-26-7
Dr. Julio Martínez Páez	Ministro de Salubridad y Asistencia Social	M-26-7
Dr. Faustino Pérez Hernández	Ministro de Recuperación de Bienes Malversados	M-26-7
Dr. Luis M. Buch Rodríguez	Ministro de la Presidencia y Secretario del Consejo de Ministros	M-26-7
Dr. Armando Hart Dávalos	Ministro de Educación	M-26-7
Dr. Luis Orando Rodríguez	Ministro de Gobernación	M-26-7
Ing. Manuel Ray Rivero	Ministro de Obras Públicas	MRC; M26-7
Dr. Humberto Sorí Marín	Ministro de Agricultura	M-26-7
Dr. José Miró Cardona	Primer Ministro	FCR
Raúl Cepero Bonilla	Ministro de Comercio	Periodista
Manuel Fernández García	Ministro de Trabajo	Antigua militancia Joven Cuba
Dr. Rufo López Fresquet	Ministro de Hacienda	MRC; M-26-7
Cmte. Julio Camacho	Ministro de Transporte	M-26-7

Aguilera		
Ing. Enrique Oltuski Ozacki	Ministro de Comunicaciones	M-26-7
Dr. Osvaldo Dorticós Torrado	Ministro encargado de la ponencia y estudio de las leyes revolucionarias	M-26-7
Dr. Cmte. Augusto Martínez Sánchez	Ministro de Defensa Nacional	M-26-7
Dr. Regino Boti León	Ministro del Consejo Nacional de Economía	M-26-7
Elena Mederos Cabañas	Ministro de Bienestar Social	SAR

Nota: M-26-7: Movimiento 26 de Julio; MRC: Movimiento de Resistencia Cívica; FCR: Frente Cívico Revolucionario; SAR: Sociedad de Amigos de la República.
Fuente: Compilado de Suárez Suárez (2009).

La composición del equipo de gobierno no podía tener más apariencia de representantes de los derechos individuales, la democracia y la libre empresa. Los menos provenían de las filas del Autenticismo y la Ortodoxia o su presencia se debía a experiencia y prestigio. Pero, sin duda alguna, a pesar de lo anterior, el gabinete estaba compuesto mayormente por dirigentes o personas relacionadas con el Movimiento Revolucionario 26 de Julio y el Movimiento de Resistencia Cívica (MRC).

La ausencia conspicua de los miembros del Directorio Revolucionario 13 de Marzo parecía inexcusable. No hay uno solo en los 26 miembros del primer gabinete. Se pudiera alegar que, temerosos de quedar fuera del poder, sus miembros habían ocupado el Palacio Presidencial y la Universidad de la Habana y eso había producido en Fidel Castro un deseo de venganza, tal vez de temor. Pero sabemos que el problema venía de más atrás. El asunto se discutió en el aeropuerto de Camagüey cuando el avión que transportaba al presidente y su gabinete hizo una escala para entrevistarse con Castro. Era necesario que el DR abandonara Palacio para que pudiera radicarse allí el nuevo gobierno. Pero el Directorio exigía su integración al nuevo gobierno y poseía, además de su historial de luchas, tropas y armamento para reclamarlo. Cuando la comitiva arribó al aeropuerto de Rancho Boyeros el día 5, se dirigieron a Palacio, donde el presidente declaró: "Tendremos gabinete de concertación revolucionaria. Cuantos intervinieron en esta brega, tendrán allí su representación. Es la responsabilidad compartida, y al mismo tiempo el matiz de las iniciativas según las necesidades populares".[330]

La integración del DR al gabinete nunca se produjo. La promesa hecha para que abandonaran el Palacio nunca se cumplió. La astuta jugada de apertura de Fidel Castro iba a repercutir en el resto de la partida aunque, desde sus inicios, la balanza se inclinaba a favor del ya jefe indiscutible de la revolución.

El Gobierno Invisible

*¡Mierda, ahora somos el gobierno y todavía tenemos que
reunirnos ilegalmente!*
Fidel Castro, contado por un testigo a Tad Szulc.[331]

La siguiente jugada excluyente ya estaba en movimiento. Desde su entrada triunfal en la capital cubana el 8 de enero de 1959, Fidel Castro comenzó a desarrollar una serie de actividades públicas que incluían discursos en reuniones a las que era invitado, comparecencias en radio y televisión, entrevista con periodistas extranjeros y otras para las que le sobrara el tiempo pues, en esos meses, no ocupaba una posición de responsabilidad en lo que todos llamaban su gobierno. El título militar de "comandante en jefe" no conllevaba funciones específicas y el indiscutible jefe de la naciente revolución disfrutaba las muestras de adulación que recibía donde quiera que estuviera. Y, casi siempre, estaba a la vista pública.

Fidel Castro, sin embargo, llevaba una "doble vida". Esas actividades ocultas no fueron conocidas hasta muchos años después. Así fueron de secretas. Consistían en una serie de reuniones en las que participaba un reducido grupo de dirigentes con el objetivo de instaurar un sistema socialista en la isla de Cuba. A esas reuniones no fueron invitados nunca los dirigentes del Directorio Revolucionario 13 de Marzo. La razón era muy sencilla: la organización tenía un pasado anti-comunista y muchos de sus miembros se habían expresado contra esa ideología y sus representantes en la isla agrupados en el Partido Socialista Popular (PSP) que se habían convertido de la noche a la mañana en servi-

---

[330] Suárez Suárez (2009: 43).
[331] (1986: 473).

dores de primera fila de Fidel Castro.

Cuando se conoció por primera vez (tal vez a mediados de la década de 1980), se suscitó una especie de debate sobre la veracidad de la existencia de un gobierno paralelo dirigido por el propio Fidel Castro, con la asistencia de sus más íntimos colaboradores y varios dirigentes del Partido Socialista Popular (PSP).

El periodista norteamericano Tad Szulc[332] afirma que la revolución socialista echó a andar secretamente desde los primeros días de enero de 1959. Las reuniones se celebraban en una residencia de la playa Cojímar, situada en la cima de una colina, cedida temporalmente en el mes de marzo por el ex senador Ortodoxo Agustín Cruz. Al parecer, hubo reuniones en otros lugares, como una casa de la vecina playa de Tarará donde el comandante Ernesto Guevara se reponía del mal estado de salud en que había terminado la campaña. El argentino tenía especial interés en la promulgación de una ley de reforma agraria, para lo cual era asesorado cada noche por un equipo de ideólogos del Partido de los comunistas criollos.[333] Szulc afirma que Castro "conocía exactamente lo que siempre estuvo haciendo, que sus aparentes improvisaciones estuvieron siempre bien planeadas y pensadas y que no dejó nada a la suerte".[334]

¿Quiénes eran los acompañantes de Castro en esta conspiración? Aparentemente, el principal miembro de su grupo era Ernesto Guevara. Asiduos asistentes eran Ramiro Valdés y Camilo Cienfuegos (algunos investigadores afirman que su nombre fue incluido después de su misteriosa desaparición a fines de octubre de 1959) y Raúl Castro, quien volaba de Oriente donde era jefe de la plaza militar. Otros miembros incluían a Antonio Núñez Jiménez, Vilma Espín, Pedro Miret y Celia Sánchez.

Todo parece indicar que la figura principal del grupo del Partido Socialista Popular era Fabio Grobart, a quien acompañaban Blas Roca, Carlos Rafael Rodríguez, Oscar Pino Santos y Aníbal Escalante. Miembros esporádicos incluían a Segundo Ceballos, Alfredo Guevara y otros.

Aunque parece que las reuniones se prolongaron por espacio de más de un año, y llegaron a celebrarse en otros lugares también, algunos estudiosos niegan su existencia. Entre ellos se destaca Carlos

---

[332] (1986: 471-478)
[333] (Anderson 1997: 364-365).
[334] (p. 464).

Franqui.[335] Este afirma que las elucubraciones de Szulc fueron el resultado de historias contadas por Núñez Jiménez, marxista del lado fidelista, y por Fabio Grobart, del bando comunista. Ambas carecen de veracidad. Otro fidelista que se une a las afirmaciones de Franqui es Luis Buch quien, a pesar de ser un importante protagonista de la época, parecía no captar la magnitud de la trama que ya estaba funcionando, llegando a afirmar que, "cuando la Revolución negaba la acusación de comunista lo hacía apelando a la verdad: no lo era. Estaba orientada profundamente hacia el socialismo, por la formación marxista de sus líderes, pero no por una pretensión de girar en una órbita ideológica, ni política, sino como respuesta a la terrible realidad socioeconómica de Cuba". Y añade que los comunistas estaban en posiciones estratégicas, pero no formaban parte del Gobierno Revolucionario".[336]

Sin embargo, el propio Fidel Castro reconoció la existencia de esas reuniones, caracterizadas por la política excluyente al DR, y dijo que "los compañeros de más confianza nuestros y los compañeros de más confianza del PSP comenzamos a reunirnos. Nos reuníamos sistemáticamente en Cojímar, en los alrededores de la Habana". Evidentemente, los dirigentes del DR no gozaban de esa confianza, sino de una política excluyente. Esa declaración la hizo Fidel Castro a la revista Kommunist y se reprodujo en un artículo titulado "El proceso de formación del Partido Comunista de Cuba".[337] Existen otros numerosos testimonios.[338] Mencionan a Ernesto Guevara, Vilma Espín, Antonio Núñez Jiménez, Oscar Pino Santos, Segundo Ceballos y Osvaldo Dorticós.

Como una actividad paralela, desde el mismo mes de enero, Ernesto Guevara estaba también encargado de dirigir, por órdenes directas de Fidel Castro, las reuniones encaminadas a crear un nuevo aparato de seguridad estatal e inteligencia. A estas reuniones asistían Raúl Castro –quien viajaba desde Oriente— y los comandantes Ramiro Valdés y Camilo Cienfuegos junto a los representantes del Partido Socialista Popular Osvaldo Sánchez y Víctor Pina.[339]

---

[335] (1988, pp. 435-444).

[336] Buch y Suárez Suárez 2002: 95).

[337] Publicado en *Cuba Socialista* (No. 1, 2da. época, diciembre de 1981), en http://www.cubasocialista.cu/TEXTO/cs0176.htm.

[338] Ver, por ejemplo, Taibo (1997: 356).

[339] (Anderson 1997: 385).

Castañeda [340] afirma que, ya a mediados de enero de 1959, Ernesto Guevara sufría de enfisema, combinada con intensa fatiga, debilidad y estrés, lo cual hizo que fuera trasladado de su posición en la fortaleza de La Cabaña para instalarse en la casa de la Playa Tarará mencionada arriba, donde residiría desde el 17 de enero hasta el mes de mayo. La misma se convirtió en "el centro de sus actividades políticas e ideológicas". Allí comenzó a reunirse el llamado "grupo de Tarará", calificado de "gobierno invisible". Allí se discutían las medidas que luego tomaría de manera formal el gobierno revolucionario visible. Allí comenzó a construirse "un alternativo plan rector social, político y económico". Las actividades de este grupo, que estuvieron ocultas hasta la década de 1980, continuaron en la casa de Fidel Castro en Cojímar cuando mejoró la salud de Guevara. El autor menciona los mismos participantes, aunque agrega a Efigenio Ameijeiras y Ángel Ciutah, un comunista veterano de la Guerra Civil española enviado desde Moscú a organizar el aparato represivo conocido como G-2. La otra tarea encomendada era la preparación y el envío de fuerzas expedicionarias a otros países, incluyendo Panamá (abril), República Dominicana (junio), Haití (cancelada después del fiasco dominicano) y Nicaragua (rechazadas hacia Honduras en el mes de junio).

    ¿Qué había llevado a Fidel Castro a formar esa alianza con los militantes comunistas?, se pregunta Ordoqui García.[341] Su respuesta pudiera haber sido correcta años atrás. Afirma que Castro comprendió desde el principio (tal vez desde mucho antes, afirmo yo) que un país no se gobierna con los militares, y los suyos eran una legión de semi-analfabetos. El PSP poseía cuadros en todos los municipios del país. En busca del poder absoluto, el comunismo era un medio y no el fin de su estrategia, y el único disponible en aquel entonces. Para enmascarar su golpe de estado, era necesario crear la ilusión de una dirección colectiva. Más necesario aún, era el apoyo de la Unión Soviética en su enfrentamiento con los Estados Unidos. El PSP podía ofrecerle a Castro eso y mucho más. En esas faenas, Fidel Castro no consideraba de utilidad a los militantes del Directorio Revolucionario.

---

[340] (1998: 145).
[341] (2004: 111).

Resumen y Conclusiones

La información recopilada muestra una verdad irrefutable: la discriminación que ha sufrido la organización fundada por José Antonio Echeverría durante todos y cada uno de los años que los hermanos Castro han ejercido el poder absoluto.

Entre las docenas y docenas de nombramientos, en todas estas décadas el Directorio Revolucionario 13 de Marzo ha sido agraciado con cargos de relativa importancia pero que representan una cantidad mínima para la contribución que aportaron a la causa de Cuba:

Alberto Mora (1961-1965) – Destituido.
Levi Farah Balmaseda (1972-1976); (1976-1980); (1980-1987); (1987-1989)
José A. Naranjo Morales (1959-1961); (1967-1976); (1980-1995)
Faure Chomón Mediavilla (1962-6 de diciembre de 1963); (1965-1970)
Omar Fernández Cañizares (1960-1965)
Orlando Pérez Rodríguez (1962-1973)
Ramón Espinosa Martín.

Nunca he podido comprender la lealtad que siempre han mostrado los dirigentes del DR al máximo líder de la revolución. No solo han sido fieles servidores en el territorio nacional, sino que han cumplido misiones internacionalistas (esa es la terminología empleada) donde varios han perdido la vida. Sirvan de ejemplos los casos de Gustavo Machín en Bolivia y Raúl Díaz Argüelles en Angola.

12 EL AJEDREZ DE LA INCLUSIÓN INDIVIDUAL

Introducción

Desaparecido el Directorio Revolucionario 13 de Marzo junto con sus medios de apoyo, todavía le tocaba a Fidel Castro hacer una jugada: Captarlos de nuevo, pero individualmente. El DR podía ser peligroso pero sus miembros podían ser en extremo útiles. Para ello utilizó, dentro del marco de terror que creó, el halago, el chantaje, las prebendas, la amenaza, y cuanto medio pudiera servirle en su empeño de reclutarlos para que se sometieran a su autoridad de manera incondicional. Casi seis décadas después, podemos afirmar que tuvo un éxito estratégico extraordinario.

La Implantación del Terror

Admirador de Robespierre, Fidel Castro no podía menos que comenzar por implantar el terror. Desde los comienzos llegaron a Cuba expertos soviéticos para ayudar a los cubanos a armar el necesario aparato represivo que no solamente iba a contener posibles brotes de rebelión de la población sino conspiraciones dentro del aparato estatal. Poco tiempo después, todos se sentían vigilados porque todos se vigilaban entre sí. Incluso se vigilaban ellos mismos al abstenerse de realizar hechos que pudieran ser considerados en contradicción con los ideales de la revolución.

La Vieja Táctica de "Divide y Vencerás"

Separar al Líder del Grupo

El 8 de agosto de 1960 salía hacia Moscú el primer embajador de Cuba después de haberse restaurado las relaciones con la Unión

165

Soviética. **Faure Chomón Mediavilla** y **Orlando Pérez Rodríguez** habían sido nombrados embajador y primer consejero, respectivamente. El contacto personal del antiguo líder del DR con sus miembros quedaba ahora separado por casi 10,000 kilómetros. Algunos observadores ven esos nombramientos como un llamado a la concordia pero, en realidad, el objetivo era decapitar al ahora sonámbulo grupo de antiguos militantes de esa organización.

Un Ejemplo Especial: Los Gemelos De la Guardia

Los cubanos de las provincias occidentales consideran la Playa Varadero como la mejor del mundo. En ella se celebraban unas regatas de remos que se iniciaron el 31 de julio de 1910 hasta la última ocurrida el 31 de julio de 1960. El trofeo del equipo ganador siempre lo entregaba el Presidente de turno. Fueron pocas las veces que el primer mandatario de la República no pudo otorgar la Copa Presidente. Entre esas ocasiones se destaca el 26 de julio de 1953, ya que Fulgencio Batista tuvo que abandonar el balneario al recibir el aviso de que un grupo de jóvenes habían asaltado los cuarteles Guillermón Moncada, de Santiago de Cuba y Carlos Manuel de Céspedes, de Bayamo, en la entonces provincia de Oriente.

Muchos nos hemos preguntado las razones que tuvo Fidel Castro para atacar dos cuarteles, a un costo altísimo de vidas, cuando con la tercera parte de sus hombres mejor armados podía haber eliminado al dictador, presente en las regatas el mismo día de Santa Ana de 1953. Creo que la respuesta la sabemos todos.

Por ser el jefe de estado, Fidel Castro se encontraba presente en esa última regata.[342] Una de las canoas era dirigida por **Rolando Cubela**, antiguo miembro del ejecutivo del DR y actual Presidente de la Federación Estudiantil Universitaria (FEU). Dos de sus remeros eran los jimaguas **Antonio y Patricio de la Guardia**, a quienes no se les podía encontrar participación alguna en el proceso de la rebelión. En algún momento un mensajero le trajo un recado a Cubela: Fidel Castro lo esperaba en su casa de Varadero. Al recibir el permiso de entrada, Cubela abrió la puerta para encontrarse con una tremenda sorpresa. En el sofá principal de la sala se encontraba sentado Fidel Castro con uno de los mellizos De la Guardia a cada lado. Castro los presentó con orgullo como los nuevos oficiales del

---

[342] El relato aparece en Oppenheimer (1992: 38).

Ministerio del Interior, agregando: "Ya ellos no están en tu canoa. Ahora están en mi barco". Cubela comprendió que las dos frases geniales anunciaban un futuro cargado de malos presagios.

Los Reclutados por las Fuerzas Armadas

Juan Abrantes Fernández,[343] fue un militar cubano que obtuvo el grado de comandante del ejército rebelde, siendo uno de los fundadores del Directorio Revolucionario. Se alzó en El Escambray en marzo de 1958 y apoyó luego al comandante Ernesto Guevara desde el momento en que este llegó a esa zona de operaciones. Al triunfo de la revolución es designado Jefe de las Fuerzas Tácticas de Combate del Centro, puesto desde el cual ayudó a la neutralización de las primeras intentonas de alzados contra el gobierno. Falleció el 23 de septiembre de 1959 al precipitarse a tierra la avioneta en la que se trasladaba de Varadero a Las Villas. En su honor la FEU le dio su nombre al Estadio Universitario de La Habana.

Julio A. García Oliveras fue fundador del Directorio Revolucionario. Participó en varias acciones, como el asalto a la emisora Radio Reloj el 13 de marzo de 1957. Primer jefe de ingeniería de las FAR. Embajador en Vietnam y la República Democrática Alemana. Se graduó del Curso Académico Superior de las FAR en 1966. Es asesor de la dirección del Grupo Gaviota, S.A.

Carlos Alberto Figueredo Rosales (el chino) participó en numerosas acciones con el Directorio Revolucionario. Luego pasó a integrar las fuerzas del Ministerio del Interior (MININT) poco después del triunfo de la revolución. Era coronel retirado de ese ministerio cuando se suicidó el 25 de marzo de 2009 en La Habana.

Raúl Díaz Argüelles, comandante de las fuerzas del DR. Jefe de la misión militar cubana en Angola en su primera etapa. Jefe de tropas especiales en el sur angolano. Muere el 11 de diciembre de 1975 al chocar su vehículo con una mina anti-tanque.

Antonio Castell Valdés (Tony) fue fundador del Directorio Revolucionario. Después del triunfo de la revolución fue ubicado en labores relacionadas con la Inteligencia y la Contrainteligencia. Es Coronel retirado del Ministerio del Interior.

---

[343] http://www.ecured.cu/Juan_Abrantes_Fern%C3%A1ndez. Sin relación con José Abrantes, futuro Ministro del Interior.

Los Enviados al Servicio Exterior

La persona que dirigió el traslado de las armas del cuartel de San Antonio a la Universidad de la Habana fue **José (Pepe) Moleón**, militante del DR. Al igual que Faure Chomón y varios más, Moleón ingresó en el equipo triunfador a través de un nombramiento en el servicio exterior, para luego convertirse en oficial del Ministerio del Interior.

Floreal Chomón Mediavilla trabajaba en Radio Reloj cuando la emisora fue asaltada por un comando del Directorio. Fue asignado al servicio exterior siendo embajador en Hungría, Austria y Guinea Ecuatorial. En la actualidad es jubilado del Ministerio de Relaciones Exteriores (MINREX).

René Anillo Capote fue dirigente del Directorio Revolucionario. Como varios de sus compañeros, sirvió en el servicio exterior como embajador en la Unión Soviética y luego fue vice-ministro primero de Relaciones Exteriores. Es doctor en derecho. Fue secretario general de la Organización de Solidaridad con los Países de Asia, África y América Latina (OSPAAAL). Ha servido en varias posiciones partidistas. Murió en La Habana el 26 de noviembre de 2005.

Los Designados en Organismos de la Administración

Alberto Mora Becerra, hijo de Menelao Mora, es una extraña excepción.[344] Trabajó con el DR en el exilio, la Sierra del Escambray y la clandestinidad en la capital.

Llegó a ser el comandante del Directorio mejor ubicado en la primera etapa del gobierno revolucionario: Fue Presidente del Banco de Comercio Exterior y Ministro de Comercio Exterior. Desde sus posiciones, ayudaba a intelectuales contestatarios. Tal vez fue eso lo que le hizo caer en desgracias alrededor de 1965. Fue enviado a una granja de trabajo en 1971 por haber defendido a Heberto Padilla, sui-cidándose en 1972 como respuesta a esa humillación.

Gustavo Machín ingresó en el Directorio Revolucionario durante la lucha clandestina. Luego se alzó y, al fracturarse el DR, se

---

[344] Resumido del artículo "Libros del crepúsculo: El comandante Mora y sus amigos escritores", de Rafael Rojas que aparece en http://www.librosdelcrepusculo.net/2014/11/ell-comandante-mora-y-sus-amigos-escritores.

fue con el grupo de Eloy Gutiérrez Menoyo. Al triunfo de la revolución trabajó junto a Ernesto Guevara como vice-ministro de Industrias. Murió en Bolivia peleando en la guerrilla guevarista.

Humberto Castelló Aldanás fue fundador del Directorio Revolucionario y participó en el asalto a Radio Reloj el 13 de marzo de 1957. Fundador del Frente Guerrillero del Directorio en El Escambray. Embajador de Cuba en Rumanía durante siete años. Practicó psiquiatría infantil en el Hospital William Soler y murió jubilado el 25 de mayo de 2001 en La Habana.

José Assef Yara (el moro). Fundador del Directorio Revolucionario y partícipante en el asalto a Radio Reloj el 13 de marzo de 1957. Laboró como Profesor Principal de la asignatura Ortopedia y Traumatología. Falleció el 4 de diciembre de 2001.

Osmel Francis de los Reyes fue ejecutivo del Directorio Revolucionario. Al triunfo de la revolución fue ubicado en una plaza del Ministerio del Trajo, acompañada de una cátedra de Derecho Laboral en la Universidad de la Habana. Falleció en La Habana en septiembre de 2013.

Lázaro Asencio se incorporó al Segundo Frente Nacional del Escambray en 1957, donde alcanzó el grado de comandante. El triunfo del 1 de enero de 1959 se convirtió para él en un nuevo comienzo de lucha, esta vez contra lo que él consideró la traición comunista de Fidel Castro. Se marchó al exilio en una embarcación a comienzos de 1961 para retomar las armas.

El Caso de Rolando Cubela

Rolando Cubela Secades fue jefe militar del DR durante la clandestinidad. Participó en varios atentados, entre ellos el de Antonio Blanco Rico, jefe del Servicio de Inteligencia Militar (SIM), que tuvo lugar el 27 de octubre de 1956. Combatió en El Escambray. Fue uno de los que ocuparon el Palacio Presidencial. Mantuvo su grado de comandante y se convirtió en el presidente de la Federación Estudiantil Universitaria (FEU). Nunca fue designado para alguna posición de importancia en el sector militar ni en el sector productivo. Tal vez esa fue la razón que lo impulsó a comenzar a considerar la opción de eliminar a Fidel Castro como medio de cambiar el sistema. Comenzó a relacionarse con la CIA entre 1961 y 1963 con el objetivo de eliminar a Castro. Se reunió con la CIA en Helsinki en 1962, negándose luego a tomar el detector de mentiras.

Cubela regresó a Cuba con un bolígrafo de jeringuilla con veneno a fines de 1963 coincidiendo con el asesinato del Presidente Kennedy en Dallas, Texas. El líder estudiantil todavía estaba en Madrid el 10 de febrero de 1965 para recibir el fusil que había estado solicitando desde el comienzo de sus conversaciones. Regresó a Cuba en el verano de 1965 y el 1 de marzo de 1966 la agencia de noticias Reuters anunciaba el arresto de dos oficiales por actividades contrarrevolucionarias: Comandantes Rolando Cubela y Ramón Güin Díaz.

El juicio comenzó el 7 de marzo de 1966 en la fortaleza de La Cabaña. Cubela y Güin fueron juzgados junto a sus colaboradores José Luis González Gallarreta, Alberto Blanco Romariz y Juan Alsina Navarro. Todos confesaron su culpabilidad. Cubela, Güin y Romariz se salvaron de la pena de muerte por una carta de Fidel Castro pidiendo que no los mataran. El 10 de marzo de 1966 se dictó sentencia: Cubela y Güin recibieron 25 años de privación de libertad; José Luis González Callarreta y Alberto Blanco Romariz, 20 años; y Juan Hilario Alsina Navarro, 10 años. Cubela fue liberado en 1979 y se marchó a vivir en España. Luego se mudó a Miami, donde reside actualmente.

Brian Lattell,[345] un analista retirado de la CIA, dedica un número considerable de páginas de uno de sus libros al análisis del comportamiento de Cubela para llegar a la conclusión que el sujeto fue un doble agente y Fidel Castro su padrino durante el tiempo que estuvo envuelto con la CIA.

El Plan Pijama[346]

Una parte importante del régimen de terror lo constituye el llamado "Plan pijama". Instituido desde los comienzos del proceso revolucionario, ha servido como complemento excelente a todo el andamiaje del Ministerio del Interior.

El proceso puede comenzar de varias maneras aunque siempre se origina en la mente de Fidel Castro. Él es su único gerente. El encuentro puede ser planeado o furtivo: "Creo que llevas mucho tiempo en tu cargo y has trabajado muy duro. Te mereces un

---

[345] (2012).

[346] Resumido del capítulo "El pijama insomne" del libro *Tu libertad no es mía* (2016), del cual el autor retiene los derechos.

descanso. Quédate en tu casa por un tiempo. Ya te avisaré dónde te voy a ubicar". En otras oportunidades envía la sentencia con uno de los miembros de su Grupo de Apoyo: "El comandante quiere que descanses. Vete a casa hasta que te avise". Al sentenciado de esa manera le comienzan a surgir las obvias interrogantes: ¿Qué falta habría cometido para recibir este castigo del mismo Fidel Castro? ¿Estarían pensando en enjuiciarlo por algún motivo que él desconocía? ¿Cuánto tiempo duraría su castigo? Pero, si de algo estaba seguro, era que acababa de ingresar en las filas de los exiliados internos, a quienes sus antiguos amigos y compañeros, si no los rechazaban abiertamente, al menos trataban de ignorarlos para no comprometerse. Pero, ¿comprometerse con qué o en qué, si él no era un delincuente? ¿Qué intriga le habrían llevado a Fidel? ¿En qué plano quedarían ahora su esposa e hijos?

Algunos –los más cultos—recuerdan el comienzo de *El proceso* de Franz Kafka: "Alguien tenía que haber calumniado a Josef K, pues fue detenido una mañana sin haber hecho nada". Aunque posiblemente calumniado, lo habían detenido como al protagonista de la novela. ¿Lo harían después?

El Plan Pijama era una especie de sanción (sin sentencia formal) contra quienes habían cometido alguna violación de las normas revolucionarias. Se les ha aplicado a individuos envueltos en actividades de corrupción, también a aquellos envueltos en la llamada *dolce vita,* funcionarios que en Cuba o el extranjero habían abusado de sus cargos para llevar una vida licenciosa. Otras víctimas habían incluido a dirigentes que podían presentar, en el presente o en el futuro, una especie de reto al liderazgo absoluto de Fidel Castro, aunque no fuera a su mismo nivel y la víctima ni siquiera se hubiera percatado de ello. En situaciones más sutiles, los sancionados poseían información que, de ser revelada en el exterior, pudiera dañar seriamente el prestigio del Estado cubano y, cuando eso ocurría, se acudía al Plan Pijama para infligir terror en el sujeto que de seguro guardaría ahora un sepulcral silencio. Todos esos ejemplos tenían un común denominador: no estaban ni presos ni purgados, sino sólo suspendidos, y conservaban su salario y algunas de las prebendas con la esperanza de un futuro perdón –no se sabía cuándo—que los llevaría a una posición menos importante en el aparato estatal, ya marcados para siempre y sin posibilidades de poder ascender a otras de mayor categoría, aunque existen las excepciones.

Al comienzo el sancionado se niega a salir a la calle mientras observan cómo comienzan a declinar las visitas a su hogar. Ya casi nadie los llama por teléfono.

La aceptación del estilo unipersonal de dirección implantado por Fidel Castro desde el primer día, los había colocado a todos a merced de sus caprichos y los había convertido en sus servidores incondicionales. Cuando el Comandante entraba en algún lugar, todos estaban pendientes de sus gestos, sus miradas, sus palabras; sobre todo, de sus saludos. Quienes no resultaban agraciados con uno de ellos, regresaban a la oficina o al hogar cargados de negros presagios, que sólo terminarían cuando, días o semanas después, al volverse a encontrar, Fidel les obsequiaba con una sonrisa o una palmadita en un hombro o las espaldas.

Muchas veces, a la carga que ya se tiene que soportar, los esposos agregan la inseguridad de la lealtad de un hijo. Recuerdan el viaje a la Unión Soviética, con otros funcionarios de su Ministerio y dirigentes del Partido Comunista, cuando habían verificado la veracidad de una historia que le pareció haber escuchado cuando era niño pero en aquella época había pensado que era parte de la propaganda anti-comunista del período pre-revolucionario. Un muchacho ruso llamado Pavlik Morózov, después de haber denunciado a las autoridades soviéticas que su padre estaba conspirando con otros agricultores opuestos a la colectivización de sus tierras, había sido ejecutado por sus familiares en 1932.

El Estado lo convirtió en mártir, lo popularizó en programas escolares, poesías, canciones y su historia fue llevada al cine, aunque la película "El prado de Bezhin" fue censurada y engavetada hasta que se pudo reformar y exhibir en 1960. No, no eran cuentos de los imperialistas. El castigado vuelve a sentir correr por su columna vertebral el mismo frío que experimentó cuando estaba frente a la estatua erigida en el Expocentro Krasnaya Presnyaa, cerca de Moscú, al contemplar a un niño de 14 años de edad sosteniendo una bandera en actitud desafiante. Esa noche, llorando a solas en el baño, se piensa que tal vez había estado luchando para fundar una sociedad donde la traición a los padres se premia con la inmortalidad.

A veces, el proceso termina de una manera más kafkiana aún que como había comenzado: un mensajero de Castro, un encuentro fortuito con Fidel, una carta. No existe Manual. Cada caso es distinto, aunque el común denominador es la crueldad.

No hay dudas de que casi todos los antiguos dirigentes del Directorio Revolucionario 13 de Marzo pasaron por esta amarga experiencia. Recordamos a muchos. Una página web en la actualidad[347] reporta los de esta nueva época.

Resumen e Implicaciones

Una lectura somera de los párrafos anteriores iniciales, complementados con el material contenido en el Apéndice, indica que, aunque no han engrosado las filas de los desempleados, los cargos donde han sido situados no son representativos del sacrificio y la dedicación de los dirigentes del Directorio Revolucionario 13 de Marzo.

Una gran incógnita de las agrias relaciones de Fidel Castro con los dirigentes del Directorio Revolucionario es que, a pesar del mal trato, la discriminación en los cargos importantes y el obvio desprecio del máximo líder hacia ellos, la mayoría de ellos decidió permanecer en la isla. Creo que esta situación amerita una investigación seria por profesionales expertos en materias que este servidor desconoce.

A pesar de ello, deseo aportar lo que he encontrado para que sirva de comienzo a futuras labores investigativas. En una de las publicaciones de la isla,[348] se revela la siguiente información, que corrobora lo afirmado anteriormente sobre la actitud contra los que decidieron no continuar en la farsa fidelista sometidos a sus caprichos:

> ... abandonaron los nobles ideales por los que el pueblo derramó su generosa sangre y se convirtieron en traidores y connotados enemigos de la Revolución. Dentro de los combatientes del Directorio Revolucionario mencionados en este libro y que se encuentran en ese caso están: Eloy Gutiérrez Menoyo, Rolando Cubela, Armando Fleites, Ramón Güin, César Páez, Evelio Duque y Osvaldo Ramírez.

¿Por qué tan pocos? El desprecio constante debió haber incitado a la deserción. Existe una explicación: ¡El Poder! Aunque sea una

---

[347] http://www.eyeoncuba.org/en/
[348] Pérez Cabrera (2007: 379-380).

mínima parte. Fidel Castro lo sabe. Lo demostró cuando defenestró a Carlos Lage Dávila, el llamado "zar de la economía" y al canciller Felipe Pérez Roque. El 2 de marzo de 2009 enviaron sendas cartas de renuncia a Raúl Castro.

En su famosa *Reflexión* tratando de explicar el motivo de la purga exponía el Comandante en jefe: "La miel del poder por el cual no conocieron sacrificio alguno, despertó en ellos ambiciones que los condujeron a un papel indigno". Para Fidel Castro los sacrificios para el acceso al poder incluyen el Moncada, Isla de Pinos, el exilio en México, el Granma y la Sierra Maestra. ¿Qué oportunidad de "sacrificarse" tuvieron estos dos individuos si Lage nació en 1951 y Pérez Roque en 1965?

Castro tocó un punto central de este libro: la miel del poder. No importan su origen y alcance. Lo importante es estar en el panal. Y esa puede haber sido una de las razones de la lealtad de los miembros del Directorio: disfrutar aunque fuera de un poquito de poder, de una pequeña cuota de miel.

13 EL CASO MARQUITOS: SATURNO. EL DIRECTORIO Y EL PSP

¡Y que esos amagos de la Ley de Saturno sean rechazados!
Y que nunca, nunca jamás, haya que decir que un solo
Revolucionario fue injustamente castigado, que un solo inocente
Fue fusilado, que un solo hijo de la Revolución fue devorado.
Fidel Castro, 26 de marzo de 1964.

Fig. 13.1. El acusado Marcos Rodríguez durante el juicio.
Fuente: Fotos de archivo.

Introducción

El 20 de abril de 1957 fueron asesinados en un apartamento del barrio capitalino de El Vedado los dirigentes del Directorio Revolucionario Fructuoso Rodríguez Pérez, Juan Pedro Carbó Serviá, José (Joe) Westbrook Rosales y José Machado Rodríguez. Aunque el asesinato ocurrió hace casi seis décadas, la masacre resulta todavía motivo de controversia. Después de muchos años de denuncias –y pocas investigaciones—la dirigencia del DR identificó a Marcos Rodríguez como el delator. Nunca aportaron pruebas. En realidad no es hasta muchos años después que el mismo Fidel Castro logra arrancarle una confesión de culpabilidad

175

al sospechoso. Quedaban dudas sobre el motivo de tan deleznable acto, pero un historiador que considera a Marcos culpable de la delación, la atribuye a un deseo de venganza producto de las humillaciones sufridas por parte de dos de los asesinados.[349]

Los intereses de Fidel Castro y el DR volvieron a enfrentarse antes y durante la celebración del juicio y su sesión de apelación. Los hechos merecen al menos un análisis sobre los beneficiarios del resultado de la denuncia que llevó a la fuerza pública al edificio situado en Humboldt # 7 aquella tarde de sábado, víspera de la celebración del domingo de resurrección, que señala el fin de la Cuaresma.

Aunque la lógica indica que se debe comenzar por el principio, en este caso hemos decidido presentar un resumen cronológico (Apéndice 1) que el lector debiera leer antes de analizar el contenido de este capítulo. Algunos investigadores creen que el caso ya está esclarecido; otros insisten en que no se conoce toda la verdad.

Dos Fotos en Pugna

Poco después del triunfo de la revolución, Marcos Rodríguez regresa a Cuba del exilio. Los sobrevivientes del DR, junto a la viuda de Fructuoso, Marta Jiménez, acuden a Camilo Cienfuegos para que les permita entrevistarse con Luis Alfaro Sierra–uno de los esbirros de Esteban Ventura[350]—y así lo hacen.[351] La viuda le muestra más de 100 fotos de diversas personas y el prisionero identificó sin titubeos una foto de carnet de Marquitos como el delator de Humboldt 7. Marta Jiménez le pidió a Camilo que suspenda el juicio a Alfaro y ordene la detención del supuesto delator. Camilo cursó la orden y Marquitos fue arrestado. Sin embargo, horas después fue liberado por Osmany, el hermano de

---

[349] Briones Montoto (2015).

[350] Ventura tenía alrededor de una docena de criminales bajo su mando. Además de Alfaro, se distinguían Eladio Caro, Miguel Rodríguez Lazo (conocido como Miguelito el Niño) y Ramón Calviño, traidor al 26 de Julio, apresado en la invasión de Bahía de Cochinos en 1961.

[351] Aunque esta información ha aparecido en numerosas fuentes, la hemos tomado del artículo "La muerte de Edith García Buchaca: De la traición y la desmemoria", por Osvaldo Fructuoso Rodríguez, publicado en la edición del 10 de febrero de 2015 de *caféfuerte*, en http://cafefuerte.com/csociedad/22283-ante-la-muerte-de-edith-garcia-buchaca-de-la-traicion-y-la-desmemoria/.

Cienfuegos que militaba en el PSP. Desobedeciendo la orden de Camilo aprobada por el propio Fidel Castro, Alfaro Sierra fue fusilado sin que miembros del DR fueran avisados, perdiéndose la oportunidad de obtener evidencias más convincentes. Esa es la versión de la viuda de Fructuoso Rodríguez y varios de sus compañeros.

Existe otra versión basada también en una foto que le muestran al mismo Alfaro.[352] Jorge Valls, un revolucionario fundador del Directorio y amigo del acusado, afirma que, cuando Marcos es detenido después de regresar de su exilio en México, él se dirigió a Columbia para hablar con Osmany Cienfuegos para decirle que se necesitaba averiguar los hechos hasta el final. Una amiga suya va a ver a Alfaro y le muestra fotos y el detenido le dice: "No, este no es". Valls hace notar que el esbirro fue fusilado al amanecer.

¿Cuál de los dos relatos es cierto? Ambos se basan en un preso tratando de identificar a Marquitos en las fotos que le mostraron. En la primera versión, resulta culpable y lo fusilan. En la segunda, resulta inocente y lo fusilan también. No creo que se puedan sacar conclusiones de estos hechos. Hasta ese momento no existe una prueba sólida de la culpabilidad de Marcos Rodríguez, quien sale para Checoslovaquia con una beca de estudios conseguida por Alfredo Guevara, militante del PSP y fundador del Instituto Cubano de Arte e Industria Cinematográficos (ICAIC). Luego Marcos entra a formar parte del personal de la embajada cubana en ese país. Parece que, de haber sido culpable, Marquitos piensa que ha escapado.

Opiniones Divergentes

Con la excepción de dos personas que pertenecen a grupos antagónicos, lo creen culpable. Uno que lo considera inocente es Jorge Valls. El otro es el oficial de la antigua Policía Esteban Ventura, al mando del grupo de responsables de la masacre. No ha sido honesto arrancar sus declaraciones de las páginas de la historia. Son en extremo importantes para el debate.

---

[352] "Entrevista - Jorge Valls: 'Esta es la playa de las ilusiones perdidas'", por Manuel Zayas, Nueva York, 6 de noviembre de 2015, *Diario de Cuba*, en http://www.diariodecuba.com/cuba/1446848150_17967.html.

Dejemos que sea el propio Valls[353] quien nos describa parte de su lucha a favor de su amigo que, según él, es inocente:

> En 1964, un amigo nombrado Marcos Rodríguez,[354] que había trabajado junto a mí en actividades revolucionarias, fue juzgado por supuestamente denunciar a algunos estudiantes universitarios a la policía de Batista, que les causó la muerte. Yo creía que era inocente y realicé un gran esfuerzo para reunir pruebas que lo demostraran.
>
> Esto fue sólo el último capítulo de sus problemas, en 1960 había sido detenido en Praga y acusado de conspiración contra el gobierno checo, que lo lleva a cumplir casi cuatro años en los calabozos de la Seguridad del Estado cubana. **En el momento en que apareció en público para enfrentar estos últimos cargos, era como un trozo de cuero crudo, incapaz de mantenerse de pie por sí mismo o sostener erguida la cabeza.**
>
> Su juicio fue una burla a la justicia. Yo quería declarar a su favor, y fui a la corte donde se estaba celebrando su juicio. A pesar de que me dejaron entrar a la cámara de los testigos, nunca me llamaron a declarar. En su lugar me condujeron por la fuerza al apartamento de Fidel Castro, donde el propio Castro me interrogó. Me preguntó por mi contacto con Marcos en México, y sobre otros miembros de nuestro círculo. No se me permitió ofrecer cualquier información adicional, y me enviaron de vuelta a casa.
>
> Al día siguiente fui llevado a la corte, pero el fiscal declaró que mi testimonio era inadmisible porque yo era un conocido opositor del gobierno. Testifiqué, pero no hubo interrogatorio, y yo era el único testigo de la defensa. A continuación, el vice primer ministro se ofreció para arreglar otra entrevista con Castro. Pensé que podría ayudar y fui al apartamento de Castro al día siguiente, pero me dijeron que no estaba allí.
>
> Como último recurso, fui a la casa presidencial. Osvaldo Dorticós, que había sido nombrado Presidente de la República, me dijo: "No estamos interesados en la culpabilidad o la inocencia de Marcos

---

[353] (1986: 5-6).
[354] Valls (1986: 5-6).

Armando Rodríguez. Estamos interesados en las implicaciones políticas de este juicio".
Marcos fue fusilado el 25 de abril de 1964, día de su fiesta de 25 años. El 8 de mayo fui arrestado en una casa de La Habana.

La otra persona que rechaza la culpabilidad del acusado es el propio coronel Esteban Ventura. El oficial apunta en otra dirección, alegando que el responsable de la delación sería su beneficiario directo. No existía un candidato más fuerte que Faure Chomón Mediavilla quien, a partir de la masacre, se convertiría en el jefe máximo del Directorio al sustituir a Fructuoso Rodríguez. Ventura afirmaba que Chomón fue quien personalmente acudió a delatar a sus compañeros, afirmación hecha en sus memorias publicadas en enero de 1961 y luego reiteradas en diversas entrevistas.[355] Muchas personas rechazan de plano esta acusación por venir del oficial que dirigió la matanza y ser un connotado asesino de la dictadura de Batista. Creo que, por muy repugnante que resulte, no se debe descalificar su señalamiento basándonos en su reputación personal. Los responsables de crímenes bajo Fidel Castro hacen declaraciones que son tomadas por verdaderas sin ningún cuestionamiento. Y eso debe formar parte de los elementos a considerar.

Durante ese tiempo los acusadores de Marcos Rodríguez no se dedicaron a recoger pruebas. La única evidencia que existe son las conjeturas de los miembros del Directorio quienes, por un proceso de eliminación, llegaron a la conclusión de que "tenía que haber sido" Marquitos. Parece bastante obvio que la única razón que condujo al procesamiento de Rodríguez fue un conjunto de oscuras maquinaciones vinculadas a la lucha por el poder entre las diferentes facciones revolucionarias y las entonces cambiantes relaciones de Cuba con la Unión Soviética. Después de innumerables intentos, los miembros del DR consiguen que Marquitos sea detenido por segunda vez, el 10 de enero de 1961 en Praga, para ser sometido a juicio.

---

[355] Ver "La chivatería", por Julio Soto Angurel, de 18 de octubre de 2010, donde se reproduce este evento de las MEMORIAS de Esteban Ventura Novo, en http://julio-soto-angurel.blogspot.com/2010/10/la-chivateria-por-julio-soto-angurel.html.

El Juicio y la Apelación

Habían transcurrido 3 años y 2 meses desde la segunda detención de Rodríguez cuando se inició el juicio por delación el 14 de marzo de 1964. Durante los cinco días que duró el mismo, los testigos del DR provocan un escándalo al acusar al PSP de complicidad en la delación. Marquitos fue encontrado culpable y condenado a la pena capital. Se produce entonces la apelación de oficio al Tribunal Supremo, que se convierte prácticamente en un segundo juicio por las largas exposiciones de los testigos, especialmente la de Fidel Castro.

Durante ambos procedimientos judiciales, la duda que alimenta el misterio de este caso no se centraría en la culpabilidad o no de Marcos Rodríguez [un acusado se debe asumir inocente hasta que se pruebe su culpabilidad], sino en sus motivaciones: el dilema está en aceptar la versión oficial de que Marquitos actuó por propia convicción o si la delación fue ordenada por la dirección del Partido Socialista Popular (comunista). Exceptuando Jorge Valls, nadie movió un dedo para que se investigara si podía haber sido inocente.

Marquitos y la Protección de Batista al PSP

La relativa impunidad de que disfrutó Marquitos antes de salir de Cuba estaba respaldada por las garantías que Batista les otorgaba a los miembros del Partido Socialista Popular porque, según palabras del general Francisco Tabernilla, el dictador Batista le decía: "Yo no puedo pelearme con esa gente".[356] Además de ofrecerles protección, Batista tenía asignado para los comunistas unos $20,000 en la nómina mensual del Palacio Presidencial. Macabra coincidencia que la nómina de los comunistas radicara en el lugar donde se derramara tanta sangre de militantes del DR.

Según lo confiado por Tabernilla a su biógrafo Taborda, "en el juicio contra Marquitos Rodríguez se demostró que los dirigentes comunistas actuaban francamente como agentes de la policía de Batista". Esas confidencias se iniciaron en el Pacto de Montreal cuando Batista tuvo en sus manos todos los acuerdos del evento.[357]

---

[356] Taborda (2009: 72).
[357] Taborda (2009: 73).

Una Visión General

Útiles después de muertos, a pesar de las críticas negativas que recibió cuando salió a la luz, nos ofrece una visión panorámica del llamado "caso Marquitos". La obra fue escrita por Carlos Manuel Pellecer, un político guatemalteco que abjurara del comunismo en la década de 1960. Alejándose de la ficción novelesca, el autor reconstruye los hechos con el nombre real de cada personaje, tratando de reconstruir tanto las causas que llevarían a Marcos a delatar a los miembros del Directorio como el funcionamiento del PSP de la época, sus relaciones con la URSS, con Batista y con el resto de las organizaciones revolucionarias y en especial la trayectoria de Joaquín Ordoqui dentro del Partido y sus relaciones con Marcos. Veamos:

■ Marcos Rodríguez, un tipo débil y manipulable aunque de buenos sentimientos, es coaccionado por el PSP para espiar al Directorio Revolucionario y luego delatarlos a la policía batistiana.

■ La detención de Marcos en 1961 cuando se desempeñaba como funcionario de la embajada de Cuba en Checoslovaquia fue inducida por Faure Chomón, en aquellos tiempos embajador de Cuba ante la URSS. La publicación de las Memorias de Ventura debe haber aumentado el incentivo de dicha denuncia que pudiera llegar a librarlo de toda sospecha.

■ La caída de Ordoqui -al ser a su vez implicado en el caso Marquitos- obedecería a una venganza de la cúpula del PSP contra un honesto dirigente y al que uno de los principales líderes del Partido no perdonaba haberlo puesto en ridículo al quitarle la esposa.

Me inclino a pensar que el caso Marquitos fue fabricado por Castro desde su detención en 1961 como instrumento de chantaje y división del PSP. Quería así vencer cualquier resistencia de un grupo que pretendía vender cara su condición de intermediarios con Moscú, de quien Castro iba a depender de manera casi absoluta en las siguientes décadas. De ahí que en principio lanzara al Directorio a pelear contra el PSP en la primera vista del juicio para luego intervenir como árbitro y salvador de los comunistas en el proceso de apelación.

Enrique del Risco[358] comenta: Así se reafirmaba Castro como el intermediario supremo de la unidad revolucionaria y su principal representante; tampoco a él le interesaba un PSP demasiado débil

---

[358] http://enrisco.blogspot.com/2009/07/el-caso-marquitos-final.html

o un Directorio reforzado en la doble condición de víctima y acusador. Al final de su comentario, Del Risco se refiere a dos aspectos en los que parecen coincidir casi todos los que escriben sobre el tema. Uno es el modo uniforme de imaginar a dos de sus principales personajes. Por una parte está Esteban Ventura a quien su demonización parece quitarle toda responsabilidad sobre la tragedia. Sus culpas son absorbidas por el personaje de Marquitos Su delación es casi presentada como un subproducto de la debilidad con la que es definido una y otra vez durante el juicio, modo aparente benévolo de referirse a su supuesta homosexualidad pero, al parecer, incuestionable.

Las actas del juicio se esfuerzan en establecer la naturaleza de su "debilidad" como una relación de causa y efecto. Hay más alusiones a su manera de vestir, su pelo y sus sandalias que a la delación en sí, allanando el camino a futuras purgas universitarias basadas en el principio de que en la gente "rara" existe un potencial natural para la traición. No exagero. Apenas un año después del fusilamiento de Marquitos, Faure Chomón justificaba las purgas de homosexuales (supuestos o verdaderos) en la Universidad basándose en ese caso:

> ¿… cómo vamos a tolerar a gente extraña, a tipos de actitud rara, que igual los vimos un día en la Plaza Cadenas, para un día conocerlo como traidores convertidos entregando a Fructuoso Rodríguez, a Juan Pedro Carbó, a José Machado y a Joe Westbrook? Porque esa gente responde al mismo aspecto de los Marcos Rodríguez, carne de traición en el seno de nuestra juventud. O cambian y actúan como hombres y como mujeres o no pueden ser nuestros compañeros ni tampoco tienen derecho a estudiar con el sudor de los trabajadores.[359]

¡Ya Chomón habla en plural! Como si estuviera al mismo nivel que Fidel Castro. Utiliza los mismos argumentos que su jefe, que ve detrás de cada homosexual (hombre o mujer) un Marquitos en potencia. Esa es la invitación homofóbica del antiguo dirigente del Directorio que había aceptado la colaboración de ese individuo. Tiene que haberle pasado por la mente incitar a los estudiantes a reconocer futuros Venturas porque, después de todo, aquél era un

---

[359] Declaraciones homofóbicas similares aparecieron en *Alma Mater,* 6 de junio de 1965, p. 2.

"hombre que actuaba como hombre". Curiosa claridad tras un juicio tan oscuro. Manera lamentable de utilizar la misma verborrea homofóbica de Fidel Castro para mostrarle su lealtad.

La Comparecencia de Faure Chomón

El comandante heredero de la jefatura del Directorio Revolucionario fue llamado a declarar el 23 de marzo de 1964.[360] Me limito a señalar las partes conflictivas debido a la lucha interna entre las distintas organizaciones, o "sectarismo" para Chomón.

■ Mi declaración ha de constar de dos aspectos: un aspecto que juzga este Tribunal y un segundo aspecto que ha de conocer este Tribunal también, pero que será juzgado por el Tribunal de la historia.

■ **Mediante un proceso de eliminación**, Marcos Rodríguez quedó como el principal sospechoso y un tal Zaragozi y Pérez Cowley como posibles culpables, que fueron eliminados por pruebas después de un largo tiempo. [Así es como determinan la culpabilidad de Marquitos, por eliminación de sospechosos potenciales].

■ Averiguamos que Marcos manejaba grandes sumas de dinero cuando estaba asilado en la Embajada de Brasil, costeándose su pasaje y recibiendo favores especiales del personal diplomático cubano en Costa Rica.

■ Después del triunfo de la revolución tratamos de resolver este problema. Los dos sospechosos se ofrecieron para participar en cualquier tipo de prueba, no así Marcos quien se escapa a Praga con una beca. Allí estuvo algún tiempo hasta que es llevado a Cuba acusado de trabajar para la CIA. Es entonces cuando Marquitos hace su confesión, confiado en que las amistades que cultivó en México iban a poder ayudarlo.

■ Mientras es investigado, escribe su tesis de defensa tratando de escapar, pero en definitiva a través del tiempo la fuerza de la verdad lo aplasta y reconoce su culpabilidad. [Como se verá más abajo, la confesión se la hace al mismísimo jefe de Estado, aunque este no proporciona prueba alguna de la veracidad de esa acción].

---

[360] Aparece en la declaración del testigo en la sala cuarta de la Audiencia de La Habana, reproducida en
http://www.latinamericanstudies.org/cuba/Faure-Chomon-testimonio.pdf

■ Además de juzgar a Marcos, tenemos que analizar el fenómeno que lo produce para que sus experiencias les sirvan a nuestra revolución. El juicio de la historia podría decir que Marcos Rodríguez es un fruto amargo del sectarismo. ¿Por qué? La respuesta la da el mismo en una carta que escribió estando preso al compañero Joaquín Ordoqui.

■ Un párrafo crítico de la carta de Marcos Rodríguez: "Cuando durante la clandestinidad a mí se me designó para realizar trabajos de información en el seno del Directorio Revolucionario siempre se mantuvo el criterio de que era una labor meticulosa. De ello son partícipes los compañeros Valdés Vivó, Amparo Chaple, Antonio Massip y otros. Nuestras pequeñas entrevistas tenían que ser subrepticias, no solo en el recinto universitario sino también fuera de él. La utilidad de este trabajo era innegable pues cada paso que se fraguaba, cada acción a ejecutar, cada compromiso contraído eran informados. Ubiquémonos dentro de aquel período y comprenderemos todas esas posiciones que obedecían a una lucha estratégica necesaria para compaginar no solo los pasos de la fuerza revolucionaria pequeño burguesa, sino la lucha de masas en su conjunto".

■ Chomón comenta: "Esto que dice este señor aquí es una infamia". ¿Labor de un revolucionario infiltrado en un grupo de combatientes para vigilar cada paso, cada acción que se fraguaba? Despreciable acción de este tipo. Mal método de lucha que permitió hacer un daño tan grande a la revolución. [Chomón reconoce que el PSP los estaba espiando, lo cual irrita a Fidel Castro. Pero no admite que lo mismo pudiera haber estado haciendo Juan Nuiry por indicaciones de Fidel Castro]..

■ Otro párrafo de la carta: El DR sospechaba de mi militancia pero no podía aventurarse a expulsarme por mis vinculaciones tácticas con un miembro de su Ejecutivo Central: Jorge Valls. ¿Qué era el Directorio en aquella época? Un grupo de acción combinado con elementos del Priato, del Aurelianismo y una pequeña facción de Trujillo. Anti-unitario e incluso no popular en las mismas filas universitarias, se hacía urgente saber hacia qué rumbo marchaba.

■ Ese era el pensamiento que tenía ese individuo, cómo veía a José Antonio y a Fructuoso, como dos dirigentes que no eran populares en las filas universitarias.

■ Tres días antes del 13 de marzo Marcos saca al aire una grabación contra la embajada norteamericana y afirma que **José Antonio lo desconectó y le dijo que no quería comunistas en**

el D.R.

■ Afirma Rodríguez que el día 13 de marzo a la 1 de la tarde, Joe Westbrook le comunicó en una cita concertada en la Calle 27 entre D y E, Vedado, que ese mismo día se realizaría un asalto decisivo que derrocaría al régimen y que **había decidido excluirlo por su militancia comunista.**

■ Chomón afirma que aquí ya se ve cómo él va tejiendo sus intrigas. A través de un documento de este tipo trata de justificar todo lo que hizo con una supuesta militancia comunista, cumpliendo con sus ideas porque era contra un grupo anti-comunista. Esa es la infamia de este individuo.

■ Marcos afirma que Jorge Valls era en esa época la cabeza pensante del Directorio y que, mediante su trabajo, se fue apartando de la lucha terrorista en lo interno y de la anti-unitaria en lo externo. De ahí su separación definitiva, siendo acusado públicamente de "traidor". Al estar vinculado a Marcos, se promovió una campaña contra otros compañeros y él, acusándolos de homosexuales para desprestigiarlos.

■ Los sucesos del 13 de marzo son desastrosos. Un documento denunciaba como traidores a Jorge Valls, Tirso Urdanivia (desaparecido más tarde) y Calixto Sánchez (muerto en la fracasada expedición del Corynthia). Este documento era en esencia una delación a la policía.

■ Hay que establecer la diferencia que existió entre el hombre que le brinda información a su Partido y el hombre que se la brinda a la policía. Chomón alega que son la misma persona porque quien hace lo primero está dispuesto a hacer lo segundo.

Luego de una serie de imágenes sobre el traidor, Faure Chomón termina con un llamado: "Juzguemos a Marcos Rodríguez que en él también vamos a enterrar, a sepultar el sectarismo". Esas declaraciones no le agradaron en absoluto a Fidel Castro y así lo expresó durante su larga y sesgada comparecencia.

La Comparecencia de Fidel Castro

Como siempre, Castro resultó la estrella del espectáculo.[361] Entra con largos y firmes pasos y se dirige a su lugar como testigo.

---

[361] Alguna información aparece en el largo reportaje "Segunda vista del juicio contra el delator Marcos Rodríguez", que aparece en la *Revista Bohemia*, 3 de abril de 1964, pp. 28-77. La intervención de Fidel Castro comprende las páginas 60-77.

Al llegar, después de jurar que va a decir la verdad, afirma: "Comienzo por decir que considero, con absoluta convicción, culpable al acusado".

Las palabras han salido de la boca de un abogado. Aunque los móviles de su conducta no se han podido establecer con entera exactitud, "me inclino a creer que fue movido por una pasión de odio bajo y cobarde contra las víctimas".

Fidel no llevó una grabadora para interrogar a Marcos Rodríguez días atrás. El acusado le dice que no tiene inconveniente en aceptarlo. Ya no se podrá comprobar si el diálogo entre ambos, que aparece nítidamente mecanografiado, omite o aumenta las palabras del acusado o el interrogador. Ya Castro ganó de entrada.

Solo mencionaremos las pocas veces que se manifestaron los sentimientos entre Fidel y el Directorio Revolucionario durante su interrogatorio a Marcos Rodríguez.

■ El carácter político del juicio se deriva de la comparecencia del comandante Faure Chomón en el juicio que tuvo lugar en la Audiencia. Castro no cree que Chomón tuviera el propósito de convertirlo en un juicio político. Lo que sí fue un error el elegir el lugar donde se podían hacer esas declaraciones. Lo justifica porque había circunstancias y hechos que no estaban claros.

■ Lo correcto hubiera sido que el comandante Chomón hubiera expuesto aquellas cosas que a él le preocupaban en el seno de nuestra Dirección general del Partido.

■ Rodríguez conoce durante aquellos acontecimientos a Jorge Valls, uno de los fundadores del DR y se vinculamos mucho por la similitud de sus pensamientos. Esa relación le permite acercarse más a la Dirección del DR.

■ **Los compañeros del Directorio eran de la pequeña burguesía, eran pro-imperialistas, no eran anti-imperialistas.** Un día, cuando estaba dirigiendo al pueblo una proclama en la cual atacaba al imperialismo yanqui, apareció Fructuoso [Chomón dijo que había sido José Antonio], apagó los controles y lo insultó alegando que el problema nuestro no era contra los yanquis, sino contra Batista, y que todos los "ñángaras"[362] éramos su comparsa desde la Constituyente del 40. **Esa posición ideológica de Faure y Fructuoso se oponía a toda conversación con los comunistas.**

---

[362] Expresión coloquial despectiva utilizada en Cuba y otros países para los simpatizantes o militantes de las izquierdas.

■ De nuevo fue blanco de incomprensión al decirle Carbó, Fructuoso y otros que si los "ñángaras" no tenían valor para sostener un revólver, que se fuera a vender bonos.[363]

Todos Ganadores

Acostumbrado a ser el único ganador, Fidel Castro no debe haber aceptado los resultados de su propia declaración de buena gana. Resulta incuestionable que el comandante en jefe se benefició de la desaparición de Marquitos por haberle servido para reforzar el liderazgo sobre los grupos que no habían aceptado la forma en que se habían trazado las líneas divisorias (invisibles también) en que se había efectuado una alegada división del poder. Ganaba también el ego de Fidel, al demostrar [nunca presentó prueba de ello] que estaba en posesión de una técnica de interrogar más efectiva que la utilizada por sus cuerpos de Seguridad.

El Partido Socialista Popular (PSP) obtuvo una victoria al "sacudirse el muerto" que lo había poseído desde que ocurrieron los asesinatos y Marquitos se relacionó con ellos en el extranjero. Es cierto que uno de sus miembros cargó con parte de la injusta infamia pero las acusaciones de agente de la CIA vertidas sobre Joaquín Ordoqui aparentan ser una invención de Castro basada en aparentes fuentes confiables.

Por fin, el Directorio Revolucionario alegó haber tenido la razón desde que acusaron por primera vez al encontrado culpable. Una vez más, la dirigencia del Directorio se afanaba en convertirse (¿de nuevo?) en el número 2 que le correspondía y que, por causas de lejanas alianzas, lo ostentaba ahora el PSP. Su secretario general Faure Chomón, parecía poder respirar tranquilo después de haber ejercido, al menos desde el punto de vista de un grupo, la labor dual de principal acusador y sospechoso.

Víctima junto a Marquitos resultó el ya cadavérico sistema judicial de Cuba. Si el supuesto chivato hubiera muerto en los calabozos de la seguridad cubana, se hubiera convertido en otra víctima del sistema. Pero le dieron cámara y lo exhibieron como una víctima de una acusación inicial del jefe de estado que traía en

---

[363] Más información aparece en
http://enrisco.blogspot.com/2009/07/el-caso-marquitos-i.html. Parte de la comparecencia de Fidel Castro aparece en
http://enrisco.blogspot.com/2009/07/el-caso-marquitos-final.html.

su mente la "prueba" de una tardía confesión.[364] Por último, "hizo a todo el país cómplice de un modo de juzgar que confundía prejuicios con legalidad, necesidades políticas con pruebas de convicción, hábitos de lectura con argumentos acusadores, formalidades legales con estorbos, ideología con ética".[365]

El guiñapo que presentaron como acusado no tuvo posibilidades de defenderse. El proceso judicial a los pilotos del régimen anterior en Santiago de Cuba tuvo que celebrarse dos veces. El de Marcos, una sola vez. El principal testigo acusador ya había dictado sentencia: Marcos Rodríguez es culpable... "¡porque lo digo yo!"[366]

Violación del Principio Jurídico de Legalidad

Concentrados todos los interesados en la culpabilidad del acusado, cegados por las imágenes del crimen, e investigando o asumiendo los supuestos motivos de la delación, pocos repararon en los aspectos legales del proceso. Pero existe un artículo con un enfoque evadido por el resto de los analistas de este evento.[367] Águila analiza el procesamiento de Marcos, que considera parcializado y sin las garantías del debido proceso, a través de cinco preguntas.

1.¿Fue Marquitos el delator de Humboldt 7?

Nunca se presentaron pruebas sólidas. La única "evidencia" fue su confesión, después de tres años de prisión preventiva y bajo la presión de fuertes interrogatorios, incluyendo uno por Fidel Castro, quien se atribuye el haberle arrancado la confesión.

Solo en Cuba tiene valor la inculpación. En un Estado de derecho nadie está obligado a declarar en su contra y esta carece de validez probatoria *per se*.

---

[364] Esta comparecencia de Fidel Castro se puede ver en http://enrisco.blogspot.com/2009/07/el-caso-marquitos-i.html. También en http://www.veoh.com/watch/v4145668jFsQsQF5?h1=DESAR-CHIVANDO...+EL+JUICIO+DE+MARCOS+RODRIGUEZ

[365] http://enrisco.blogspot.com/2009/07/el-caso-marquitos-final.html.

[366] Geyer (1991: 40-41) relata que desde sus días en Belén, Castro evitaba el debate y exigía que todos aprobaran lo que decía. La razón: "porque lo digo yo".

[367] "Marquitos, ¿inocente o culpable?" por Nicolás Águila, *Diario de Cuba*, Madrid, 25 de abril de 2005, en http://www.diariodecuba.com/cuba/1429767475_14161.html.

2.¿Es la delación un delito?

La delación jamás ha estado tipificada como figura delictiva en el código penal cubano. En la dictadura de Batista y en la actual ha sido estimulada e incluso remunerada.

3.¿Fue mínimamente justa la sentencia de muerte dictada contra Marquitos?

Aunque fuera el delator, no se le pueden achacar los crímenes cometidos por Ventura. Es por eso que la sentencia fue extremadamente injusta y excesiva. Como estaba en posesión de información del *modus operandi* del PSP le aplicaron la vieja máxima de "los muertos no cuentan cuentos".

4.¿Era el acusado mayor de edad en la fecha de su supuesta delación?

Marcos declaró una fecha de nacimiento en 1937, que lo hacía mayor de edad para ser fusilado (más de 18 años) pero menor para contraer matrimonio (21 años).El tímido abogado de oficio pidió clemencia alegando su corta edad pero su petición fue desestimada. Al Fidel Castro pedir la pena capital, era obvio que Marquitos ya estaba sentenciado a morir frente a un pelotón de fusilamiento.

5.¿Existía en Cuba la pena de muerte como sanción en abril de 1957?

No, estaba abolida desde la promulgación de la Constitución de 1940 con una sola excepción que no aplicaba al caso Marquitos. La declaración de Marquitos es anterior a la ley de pena de muerte promulgada en la Sierra Maestra el 21 de febrero de 1958 que se basaba en las leyes penales durante la segunda guerra de independencia. Marquitos es fusilado por la aplicación retroactiva de la legislación mambisa de 1896. La aplicación retroactiva de la ley debe hacerse cuando beneficia al reo y nunca si lo perjudica. Cuba, por supuesto, es la excepción de todas estas reglas.

En resumen, termina Águila, Marcos Rodríguez fue víctima de una serie de irregularidades con la intención premeditada de asesinarlo "legalmente". Su ejecución "fue un crimen comparable a la masacre de Humboldt 7. O aún peor… Técnicamente, Marquitos era inocente."

Y, tal vez, no solo técnicamente o teóricamente sino también a la luz de la praxis. La duda al menos se ha sembrado en este capítulo. ¿Por qué no vamos a poner en tela de juicio lo que creemos que fue un montaje de Fidel Castro? ¿Qué hace un jefe de estado interrogando a un acusado? ¿Sería capaz Castro de semejante burla al pueblo y a la justicia? Tal vez en aquellos años muchos creían en las buenas intenciones del jefe de la revolución.

Después de tantas décadas de mentiras y montajes teatrales se puede creer que la falta de escrúpulos de Castro nunca tuvo límites. Si alguien necesita una prueba nos remitimos a la famosa Causa No. 1 de 1989.[368] Es un cuarto de siglo después de "cerrado" el caso Marquitos.

El 14 de junio de 1989 una nota en *Granma* anunciaba el arresto del General de División y Héroe de la República de Cuba Arnaldo Ochoa Sánchez "por graves hechos de corrupción y manejo deshonesto de recursos económicos". Esa era la acusación. Por otra parte, es detenido el ex oficial del MINFAR Diocles Torralbas por "una conducta personal inmoral, disipada y corrupta"… aunque ambos casos "no están directamente vinculados entre sí".

Dos días después se anuncia el arresto del capitán Jorge Martínez Valdés y el coronel Antonio Rodríguez Estupiñán, ambos ayudantes de Ochoa. Los principales implicados del MININT son el general de brigada Patricio de la Guardia Font, el coronel Antonio de la Guardia Font, el teniente coronel Alexis Lago Arocha y el mayor Amado Padrón Trujillo. Es entonces que comienzan las acusaciones de narcotráfico que involucran a muchas más personas y llegan hasta la Colombia de Pablo Escobar.

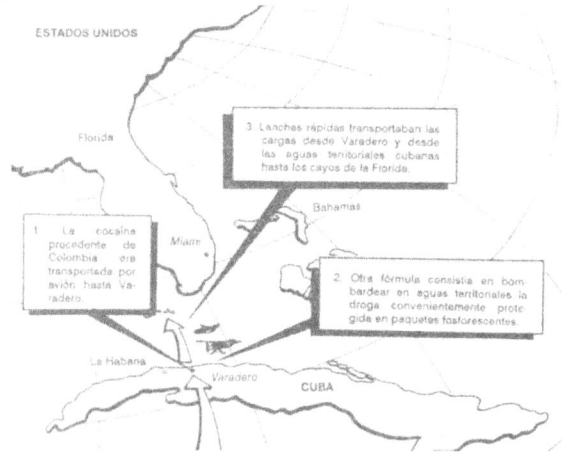

Fig. 13.2. Esquema de la conexión cubana en el narcotráfico. Fuente: *Causa 1/89* (1989:322).

---

[368] La versión oficial del gobierno aparece en *Causa 1/89. Fin de la conexión cubana.*

Quienes conocen el estilo absolutista de gobernar de Fidel Castro saben que es imposible que oficiales suyos durante un largo período de tiempo lleven divisas a la isla producto de la venta de drogas, "bombardeen" pacas de cocaína frente a la playa de Varadero y entren y salgan del país conocidos narcotraficantes… ¡sin que él lo sepa!

Fidel Castro lo sabía, lo tuvo que haber autorizado, pero lo mantuvieron alejado para no implicarlo personalmente. Su guardaespaldas por 17 años asegura haber escuchado una conversación entre Castro y el ministro Abrantes en 1988 donde discutieron el tema de la participación de Cuba en el narcotráfico.[369] Tan es así que el entonces jefe de la Marina Aldo Santamaría Cuadrado estuvo a punto de caer en una trampa tendida por la agencia de administración de drogas de los Estados Unidos en alta mar.[370] Se dio la voz de alarma y comenzaron los arrestos en la isla.[371]

Durante el juicio todos se declararon culpables, pidieron perdón por el daño que le habían hecho a la revolución. A los cuatro acusados principales les prometieron una sentencia carcelaria si confesaban sus delitos sin involucrar al comandante en jefe.[372] Los acusados cumplieron al punto de Ochoa declarar: "Si soy fusilado, mi último pensamiento será para Fidel, por la gran revolución que le ha dado a su pueblo".[373] No podía faltar la negativa de la participación de Castro: "Quiero afirmar ante este tribunal que ni el comandante en jefe, ni el ministro, ni el partido,

---

[369] Sánchez (2014: 233-234); Martín Madem (2014).

[370] Un artículo de Armando Navarro Vega, publicado en *Cubanálisis*, contiene una narración bastante completa de cómo se inició el lucrativo negocio para Cuba y los primeros pasos para el contacto con personas en Estados Unidos. Ver su libro *Cuba, el socialismo y sus éxodos* o este artículo en http://www.cubanalisis.com/ART%C3%8DCULOS/ARMANDO%20NAVARRO%20-%20DE%20LA%20SOVIETIZACI%C3%93N%20A%20LA%20SUPERVIVENCIA%20-%202.htm. Se puede consultar también el artículo "Arnaldo Ochoa" publicado en *Foro Militar General* de 28 de julio de 2009 en http://www.militar.org.ua/foro/general-ochoa-t19561.html.

[371] Ver a Martín Medem (2014).

[372] Ver Sánchez (2014: 241).

[373] Artículo de Nicole Guardiola en *El país*, 29 de junio de 1989, en http://elpais.com/diario/1989/06/29/internacional/615074410_850215.html.

ni el Gobierno, ni nadie de las fuerzas armadas tuvo nada que ver con esto. Todo fue un artificio de mi mente".[374] El régimen no cumplió. Los cuatro antiguos servidores del sistema fueron fusilados en la madrugada del 13 de julio.

¿Habrá sucedido lo mismo en el caso de Marcos Rodríguez?

---

[374] *Ibíd.*

14 EL AVATAR[375] DEL PODER ABSOLUTO

Robespierre fue idealista y honrado hasta su muerte. La revolución en peligro,…Eran necesarios unos meses de terror para acabar con un terror que había durado siglos. En Cuba hacen falta muchos Robespierres.

Fidel Castro, *carta desde Isla de Pinos*, 23 de marzo de 1954.

Un Paralelo con Robespierre

La Federación Estudiantil Universitaria (FEU), precursora del Directorio Revolucionario de aquel entonces, estaba unida a ese mundo alucinante que Castro describe en el epígrafe y que vivió hasta su fallecimiento el 25 de noviembre de 2016. Nunca pudo llegar a ningún cargo de importancia en la FEU y por eso, como vimos en el primer capítulo, se entregó a las actividades gansteriles en la Universidad mientras pasaba sus cursos, y a las de la politiquería cuando, ya graduado, se postuló para ocupar un escaño en la Cámara de Representantes. Perdió en ambos intentos. Sus dos oraciones dicen mucho: "Eran necesarios unos meses de terror para acabar con un terror que había durado siglos. En Cuba hacen falta muchos Robespierres". Deseo intercalar dos simples comentarios. El primero tiene que ver con el número de meses de terror necesarios y compararlos con las casi seis décadas que llevó ejerciéndolo en una islita sin un pasado de terror de esa naturaleza. El segundo comentario tiene que ver con el número de Robespierres que hacían falta. Solo puede haber uno… ¡y ese es ÉL!

---

[375] En Internet y otras tecnologías de comunicación modernas, se denomina **avatar** a una representación gráfica, generalmente humana, que se asocia a un usuario para su identificación. Los avatares pueden ser fotografías o dibujos artísticos, y algunas tecnologías permiten el uso de representaciones tridimensionales (https://es.wikipedia.org/wiki/Avatar_(Internet).

El lector con un conocimiento mayor que el del ciudadano promedio sabe que Fidel Castro se estaba refiriendo al político francés que impuso una sangrienta represión para impedir el fracaso de la revolución sin importarle lo arbitrario del proceso ni la severidad de la sanción. ¡Ese es el Robespierre de Castro! ¡Ese es Fidel Castro!

En las páginas de aquella historia quedaron escondidos hechos e ideas que hubieran convertido al asaltador de cuarteles detrás de unos barrotes inexistentes en un enemigo feroz del dirigente francés: Robespierre frecuentaba los círculos literarios y filosóficos de su ciudad, donde sus escritos muestran la influencia de las ideas democráticas de Rousseau. Robespierre fue llamado a resolver nada más y nada menos que la quiebra de las finanzas reales. Luego, con la revolución en marcha, se erigió en defensor de las ideas liberales y democráticas más avanzadas, como la prohibición de la reelección de los diputados para estimular la renovación del personal político. En el plano personal, se le consideraba un hombre íntegro, virtuoso y austero que lo hizo acreedor al sobrenombre de "El Incorruptible". Enemigo de las guerras consideraba que la paz era necesaria para la consolidación de la revolución en Francia.

Lo anterior lo alejaría de un paralelo apropiado con Fidel Castro. Para salvar la revolución, instauró una dictadura, con represión sangrienta, se aprobaron leyes que recortaban las libertadas y se aceleró el proceso judicial para los juzgados. Importante fue la instauración de un sistema de vigilancia y delación en todo el país mediante 20,000 comités de vigilancia. Tal vez en estas encontramos cierta semejanza con el jefe de la revolución fidelista.

Todo tiene su final. El triunfo en la batalla de Fleurus culminó la obra de Robespierre poniendo a salvo el sistema revolucionario pero iniciando el proceso de su caída. Fue juzgado y guillotinado en la plaza de la revolución, poniendo fin al terror y abriendo el camino a un período de políticas moderadas.

Fidel Castro se caracterizó por su comportamiento brutal hacia sus enemigos, envuelto en mentiras y adquiriendo lealtades por chantaje y prebendas, pero siempre, basado en el terror. Sus relaciones con los miembros del Directorio Revolucionario 13 de Marzo no iban a ser la excepción.

Un Final con Eco Infinito

Avatar

Uno de los discursos más importantes en la carrera de Fidel Castro era el de la conmemoración de los hechos del 13 de marzo de 1957, el de sus enemigos del Directorio Revolucionario. Siempre habló desde la escalinata de la Universidad de la Habana. En 1991 lo hizo en el antiguo Palacio Presidencial, principal objetivo de los combates de 34 años atrás. Cuba había anunciado el 29 de agosto de 1990 el comienzo de un llamado "Período Especial en Tiempos de Paz" para enfrentar los problemas económicos que se avecinaban con la desaparición de la URSS el 26 de diciembre de ese año de 1991.

Como siempre, se refirió a su vida en las montañas aquel 13 de marzo aunque, en esta ocasión, no mencionó a los 12 hombres. Sin embargo, con tantos problemas que se le venían encima, no desperdició la oportunidad para "regañarlos":[376]

> Antes del triunfo, unos meses después de nuestro desembarco, los compañeros del Directorio, que habían hecho un acuerdo y todavía no habían podido participar en la lucha armada, se sintieron en el deber de cumplir aquel acuerdo que hicieron con nosotros en México, y cuando nosotros éramos un puñado de hombres en las montañas, ellos asaltaron el Palacio para cumplir su compromiso; asaltaron el Palacio para hacer su aporte, asaltaron el Palacio para apoyarnos a nosotros, que luchábamos en muy difíciles condiciones.

No creo que exista otro párrafo con una dosis de mentiras superior. ¡Qué manera de cambiar la historia! No tengo dudas de que el pensamiento que utiliza para terminar su discurso es una amenaza directa (otra más de tantas) a los sobrevivientes del Directorio Revolucionario 13 de Marzo. La oración que le agrega

---

[376] http://www.cuba.cu/gobierno/discursos/1991/esp/f130391e.html.

bien pudo haberla omitido porque el mensaje está bien claro:

> [Es] tan decisiva esta convicción que recordamos hoy en este histórico 13 de marzo; eso que debemos recordar siempre, lo que dije y repetí hoy: ¡Yo soy la Revolución!, ¡Yo soy la independencia de la patria!, ¡yo soy el honor de la patria!, ¡yo soy la fuerza, el ejército de la patria!, ¡yo soy la victoria de la patria!

Ya el comandante no es nada de eso... si es que alguna vez lo fue. Terminando estas páginas salió al mundo la noticia de su fallecimiento en La Habana a la edad de 90 años. Ahora le toca recibir el juicio de la historia. Me alegra saber que ya no hay que esperar a que desaparezca físicamente para dictar sentencia.

APÉNDICE 1 CRONOLOGÍA DE EVENTOS RELACIONADOS CON HUMBOLDT 7

FECHA	EVENTO
10/03/1952	Golpe de estado de Fulgencio Batista establece una dictadura militar.
26/07/1953	Más de un centenar de jóvenes dirigidos por Fidel Castro asaltan los cuarteles militares de Santiago de Cuba y Bayamo. La mayoría son asesinados. Entre los detenidos se encuentran los miembros de la dirigencia del Partido Socialista Popular (PSP) quienes alegaron estar en la ciudad celebrando el cumpleaños de su secretario general Blas Roca.
09/1953	Se celebra el juicio por los sucesos del 26 de julio. Los comunistas condenan el aventurismo de su líder y el putchismo de la acción. Todos sus militantes resultaron absueltos.
02/02/1954	Elegido José Antonio Echeverría presidente de la escuela de arquitectura. El día 23 lo designan secretario general de la FEU. El 30 de septiembre asume la presidencia.
20/05/1954	Se crea el Buró para la Represión de Actividades Comunistas (BRAC).
10/11/1954	Ilegalizado el Partido Socialista Popular. Clausuran algunas de sus publicaciones pero permiten la circulación de otras.
1954	Joaquín Ordoqui Mesa, miembro de la dirección del PSP, sale al

	exilio rumbo a México, marchando luego a Checoslovaquia y Francia. A comienzos de 1958, regresa a México y de ahí a Cuba en enero de 1959.
05/1955	Fidel Castro y un grupo de los combatientes apenas liberados fundan en la Habana el Movimiento Revolucionario 26 de Julio. Días después, Fidel Castro marcha al exilio en la capital mexicana.
23/11/1955	Se funda el Directorio Revolucionario Estudiantil. La mayoría de sus miembros proviene de las filas estudiantiles. José Antonio Echeverría es uno de los elegidos en el primer grupo de ocho miembros.
31/08/1956	Fidel Castro (a nombre del M-26-7) y José Antonio Echeverría (a nombre de la FEU, aunque en realidad era el Directorio Revolucionario) firman un acuerdo llamado "Carta de México", de carácter muy general sobre la cooperación en la lucha contra la dictadura.
30/11/1956	Alzamiento de Santiago de Cuba y otros lugares en Oriente. Frank País dirige la operación que ha organizado. El 26 de Julio toma la ciudad, pero Fidel Castro no llega. En la capital, José Antonio se responsabiliza por no realizar acciones debido a la falta de recursos.
2/12/1956	Se produce el desembarco del Granma por Playa Las Coloradas. Son asesinados o detenidos la

	mayoría de los 82 invasores. Fidel y Raúl Castro logran alcanzar el firme de la Sierra Maestra.
13/03/1957	Miembros del DR y de la Organización Auténtica (OA) atacan el Palacio Presidencial. José Antonio Echeverría dirige el asalto a la emisora radial Radio Reloj, y muere disparando contra un carro patrullero junto a la Universidad. Sus compañeros lo abandonan agonizando en la calle.
04/1957	En una entrevista con un corresponsal norteamericano, Fidel Castro condena los hechos desde la Sierra Maestra, alegando que "en el asalto a Palacio se derramó la sangre inútilmente".
20/04/1957	Los miembros del DR que sobrevivieron se encontraban desamparados. Cuatro de ellos encontraron refugio en un apartamento de la calle Humboldt # 7, en el Vedado: Fructuoso Rodríguez, José Westbrook, José Machado y Juan Pedro Carbó Serviá fueron denunciados y asesinados en el lugar. Comienza un drama que ha durado hasta hoy.
04/1957	Marcos Rodríguez se asila en la embajada de Brasil y sale a residir en Costa Rica. Luego viaja a Argentina y México, donde permanece hasta el triunfo de la revolución de 1959. En la capital mexicana desarrolla una estrecha amistad con Joaquín Ordoqui y su esposa Edith García Buchaca, dirigentes del PSP.
10/11/1957	Se firma el "Pacto de Miami" por

	las principales organizaciones contrarias a la dictadura. Entre ellas se encuentran el DR y el M-26-7.
14/12/1957	Fidel Castro denuncia el pacto desde la Sierra Maestra y niega que sus representantes hubieran sido autorizados.
05/01/1958	En un artículo publicado en el Diario Las Américas de Miami, el DR responde a la carta de Fidel Castro en términos duros.
10/02/1958	Desembarcan, procedentes de la Florida, por un lugar cercano a Nuevitas, un grupo del DR para dirigirse al Escambray. Fundan oficialmente el II Frente Nacional del Escambray, donde ya se encontraba Eloy Gutiérrez Menoyo.
20/07/1958	Se firma el "Pacto de Caracas", esta vez con la anuencia de Castro quien lo dicta por radio desde la Sierra Maestra. El DR no está completamente de acuerdo pero firma en aras de la unidad.
10/1958	Arriban a la provincia de Las Villas las columnas dirigidas por Camilo Cienfuegos (día 7) y Ernesto Guevara (día 16), enviadas desde la Sierra Maestra por Fidel Castro.
01/12/1958	Se firma en El Pedrero, montañas de El Escambray, un pacto de unidad guerrillera entre el DR y las fuerzas del M-26-7.
18/12/1958	Reunión en La Rinconada, cercana a Palma Soriano, de la dirigencia del M-26-7. Ignorando los firmantes del Pacto de Caracas, Fidel Castro comienza el proceso de formar un gobierno provisional.

01/01/1959	Huye el dictador. Fidel Castro ordena a Camilo Cienfuegos y Ernesto Guevara avanzar hacia la capital y tomar el Campamento de Columbia y La Cabaña, respectivamente. Se inicia la llamada Caravana de la Libertad, llegando Castro a la Habana el día 8.
1959	Marcos Rodríguez regresa a Cuba y es investigado por las sospechas que recaían sobre él en el caso de Humboldt 7. Es liberado por falta de evidencias. Los hombres de Ventura son fusilados apresuradamente, lo que frustra obtener evidencias fundamentales.
1959	Marcos Rodríguez sale para Checoslovaquia con una beca de estudios conseguida por el miembro del PSP y fundador del ICAIC Alfredo Guevara. Luego entra a formar parte del personal de la embajada cubana en dicho país.
08/05/1960	Faure Chomón es nombrado embajador de Cuba en la Unión Soviética. Lo acompaña como primer secretario de la embajada el también dirigente del Dr. Orlando Pérez Rodríguez.
11/1960	Salen publicadas en Miami las "Memorias" de Esteban Ventura Novo.
10/01/1961	Marcos Rodríguez es detenido en Praga bajo acusaciones de espionaje no muy específicas.
02/12/1961	Frente a las cámaras de la televisión nacional, Fidel Castro declara el carácter marxista-leninista de la revolución. Entre el

	reducido grupo de asistentes se encuentra la plana mayor del PSP.
16/03/1962	Fidel Castro ataca por primera vez a la dirección de las ORI, en manos de ex dirigentes del PSP.
26/03/1962	Fidel Castro denuncia la actitud sectaria y dogmática del secretario general de las ORI Aníbal Escalante, quien es destituido y enviado a Checoeslovaquia.
10/10/1962	Desde la prisión, Marcos Rodríguez le escribe a Joaquín Ordoqui solicitando lo ayude en la defensa de su caso.
15-28/10/1962	Desarrollo de la llamada "crisis de octubre" o de los misiles en Cuba. Las relaciones entre Cuba y la Unión Soviética sufren un enfriamiento.
12/1962	Joaquín Ordoqui recibe el grado de comandante y es nombrado viceministro del Ministerio de las Fuerzas Armadas Revolucionarias.
27/04/1963	Fidel Castro llega por primera vez a la Unión Soviética. Se estrechan aún más las relaciones económicas y políticas.
09/1963	Copias de la carta de Marcos Rodríguez a Joaquín Ordoqui son enviadas a algunas de las principales figuras del gobierno, incluyendo Fidel Castro y Faure Chomón.
13/01/1964	Fidel Castro arriba de manera sorpresiva a Moscú, donde firma jugosos convenios comerciales y de ayuda económica.
14-19/03/1964	Se celebra el juicio contra Marcos Rodríguez por el delito de delación. Han transcurrido 3 años y 2 meses desde que fue detenido.

	Los miembros del DR provocan un escándalo al acusar al PSP de complicidad con la delación.
23-30/03/1964	Tiene lugar la apelación de oficio al Tribunal Supremo, convertido en un segundo juicio donde la estrella del mismo es Fidel Castro.
6/03/1964	Fidel Castro hace una larga declaración como testigo. Comienza afirmando que cree que el acusado es culpable.
19/04/1964	Basándose en su confesión al mismo Castro, sin ninguna prueba adicional, Marcos Rodríguez es declarado culpable y fusilado.
16/11/ 1964	Joaquín Ordoqui es detenido y acusado de colaborar con la Agencia Central de Inteligencia (CIA) de los Estados Unidos. Morirá en reclusión domiciliaria en 1973.

APÉNDICE 2 EN BUSCA DEL VERDADERO JUAN NUIRY

Introducción

Después de seis décadas de observar el comportamiento de Fidel Castro, y leer suficientes testimonios de colaboradores cercanos y enemigos, podemos afirmar que Castro siempre desconfió de todo el mundo, no dejando nada al azar. Su relación con el Directorio Revolucionario, antes y después de la muerte de José Antonio Echeverría, no pudo ser más antagónica. En numerosas ocasiones, cuando necesitaba estar al corriente de las actividades de otros, acudía a personas de su confianza que podían suministrarle la información que deseaba o simplemente les infiltraba a uno de sus hombres. Creemos que el caso de Juan Nuiry merece ser investigado. El texto de este libro está repleto de evidencias que lo pudieran señalar como "el hombre de Fidel" en las filas del Directorio Revolucionario.

Otros comparten mis sospechas. El profesor Sergio López Rivero, un experto en las actividades del DR, ha pedido una mayor atención por parte de los historiadores para tres figuras que califica de comodines políticos. Una de ellas es Juan Nuiry.

Un programa de la televisión de Estados Unidos titulado *To tell the truth* [Decir la verdad] se desarrolla con un panel compuesto por tres personas: el personaje real y dos que pretenden serlo. Cuatro celebridades les hacen preguntas para tratar de descubrir al verdadero. Se les permite mentir a los tres para despistar al panel de celebridades. Al terminar la votación, el conductor del programa pide: "*Will the real* [person's name] *please stand up?*" ["¿Se pudiera parar, por favor, el verdadero [nombre de la persona?]"

Comencemos esta investigación con la pregunta final: "¿Se pudiera parar, por favor, el verdadero Juan Nuiry?"

Antecedentes

Juan Nuiry Sánchez nació en Santiago de Cuba el 2 de mayo de 1932. Su relación con Fidel Castro se remonta al año 1952

204

cuando, siendo Raúl Castro estudiante de ciencias comerciales, conoció a Nuiry en la Universidad de La Habana y se lo presentó a Fidel en casa de su hermana Lidia, un apartamento en los altos de un edificio situado en una esquina de las calles 23 y 18 en el Vedado, donde Nuiry será asiduo visitante desde entonces. Ya en esa época, confiesa haber decidido: "siempre estaré al lado de Fidel". Eso hizo, al menos desde mayo de 1955.

Los Hechos

Nuiry aparece constantemente junto a Fidel Castro desde que este abandonó el Presidio Modelo debido a una amnistía el 15 de mayo de 1955. Ambos asistieron a una reunión en la casa de Rafael García Bárcenas en Marianao. Días después hubo otra reunión en la casa de la familia Roa en Miramar, participando Fidel Castro, García Bárcenas y Roa junto a los dirigentes de la FEU José Antonio Echeverría, Fructuoso Rodríguez y Juan Nuiry. No hubo acuerdo en cuanto a la táctica a seguir.

Castro decide salir de Cuba. El 6 de julio de 1955, víspera de la misma, Nuiry y otros visitan el apartamento de Lidia Castro. En esa reunión, Fidel invita a Nuiry al aeropuerto para **concretar otros asuntos**. Y así lo hizo Nuiry en compañía de René Anillo. A petición de Fidel, los tres caminaron hasta el final del pasillo donde debía tomar el avión. Nunca han revelado el tema de la charla.

El 30 de agosto de 1956 Fidel Castro y Echeverría firman la Carta de México. Un mes después llegaron desde La Habana José Machado, Juan Pedro Carbó Serviá y Juan Nuiry, este último como enviado de la FEU. El ejecutivo del DR se reunió con Castro durante largas sesiones para exponer sus puntos de vista.

Fig. A2.1. F. Rodríguez, J. Westbrook, F. Chomón y J. Nuiry.
Fuente: Foto de archivo.

De regreso en Cuba, Nuiry participa en el atentado que el DR organizó contra Santiago Rey Pernas, miembro del Gabinete de Batista. El 28 de octubre, junto a los miembros del DR Rolando Cubela y Juan Pedro Carbó Serviá entra en el Cabaret Montmartre pero Santiago Rey no se encontraba. Presentes, sin embargo, estaban los coroneles Antonio Blanco Rico y Marcelo Tabernilla, sobre los que disparan, muriendo Blanco Rico e hiriendo a una de las esposas.

Las acciones del 13 de marzo de 1957 están bien detalladas en el Capítulo 3, incluyendo la desobediencia de Nuiry al desviarse de la ruta planeada para llegar de Radio Reloj a la Universidad, lo cual deja a Echeverría completamente solo. Nunca ha habido una válida explicación. Poco tiempo después se asila en la Embajada de México y el 19 de abril, un día antes de la masacre de Humboldt 7, se marcha de Cuba. De México viaja a África, de nuevo a la capital azteca, a Nueva York y por último a Miami.

En Miami se encuentran los dirigentes del Directorio preparando lo que sería la expedición de Nuevitas, pero Nuiry no quiere relacionarse con ellos. Después de la ruptura del Pacto de Miami, le confía a un periodista [377] años después: "Mucho antes de que ocurrieran estos acontecimientos, Fidel había recibido una carta enviada por mí, en la que le comunicaba la disposición de la dirección estudiantil de organizar una expedición a Cuba como acto de plena reafirmación unitaria." Se pone en contacto con Haydée Santamaría, dirigente del Movimiento 26 de Julio en el exterior, y le pide "que **le reiterara a Fidel que la FEU estaba junto a él y que nuestras armas estaban a su disposición**".

No quiere ir al Escambray. Está decidido a unirse a la guerrilla de Fidel Castro, a pesar de la prohibición de José Antonio de que los miembros del DR se unieran a las fuerzas fidelistas. Pero Nuiry no es un miembro oficial de esa organización. En Miami vuelve a transfigurarse y se viste con el traje de la FEU que preside para abordar el avión que lo condujo junto a su jefe Fidel Castro en la Sierra Maestra.

Sus dos compañeros incluyen a José Fontanills y Omar Fernández, dirigentes también de la FEU. De él se ha dicho que "fue uno de los que rápidamente reconoció el liderazgo del Movimiento Revolucionario 26 de Julio y se incorporó a la lucha

---

[377] Wilmer Rodríguez Fernández, periodista del sistema informativo de la televisión, para *La colina inquieta*.

en la Sierra Maestra".[378] La expedición parte de la Florida el 13 de octubre. Está financiada y dirigida por el M-26-7 a través de Luis Buch, radicado en la jefatura del M-26 en Caracas. Aterrizan en Cienaguilla y se dirigen al Campamento de La Plata, donde los espera Fidel Castro. De ese reencuentro diría luego Nuiry: "Desde el primer momento, entre Fidel y nosotros existió la confianza de antiguos compañeros".[379] A finales de ese mes, el 30 de octubre, firman juntos en La Plata un documento titulado "Manifiesto del Movimiento Revolucionario 26 de Julio y la Federación Estudiantil Universitaria, al pueblo de Cuba", donde se afirma que es la ratificación del compromiso hecho en México y se abrazan en el campo de batalla.

Nuiry narra su reencuentro con Carlos Rafael Rodríguez.[380] Dicho dirigente comunista se encontraba ya en la Sierra Maestra, "junto a otros destacados dirigentes y un grupo numeroso de militantes de nuestra primera organización marxista-leninista". Y agrega: "Fresco conservo el recuerdo de nuestros encuentros, desde el primero en Las Vegas de Jibacoa con nuestro profesor Carlos Rafael; reunirnos con él sólo constituyó reanudar el diálogo. Si esto fue estratégicamente necesario no destacarlo ayer, entendemos darlo a conocer hoy. ¿Por qué no fue posible darlo a conocer?" Se enfrasca entonces en la cansona explicación del silencio debido al anti-comunismo imperante y saca a relucir de nuevo el silencio que reclamaba José Martí para lograr cosas difíciles sin hacerlas públicas. El capitán Juan Nuiry se convierte ahora en una pieza mucho más valiosa para Fidel Castro. Su nueva transfiguración parece ser la que revela su verdadero ser. ¿Se pudiera establecer ahora un paralelo entre Juan Nuiry y Marcos Rodríguez?

A las puertas de Santiago de Cuba, en Palma Soriano, el 26 de diciembre, Fidel Castro asciende a Juan Nuiry a capitán del Ejército Rebelde. En la carta que firma dice que "debe seguir prestando sus servicios en la Columna bajo mi mando". Nuiry nunca perteneció a la Columna 32 "José Antonio Echeverría" del IV Frente Oriental, como afirman varios autores. Fidel Castro lo necesitaba a su lado. Sabe que se avecina una pelea en la que el

---

[378] "Cuando la FEU subió a la Sierra", por Mario Cremata Ferrer, *Juventud Rebelde,* 22 de octubre de 2008, en http://www.juventudrebelde.cu/cuba/2008-10-22/cuando-la-feu-subio-a-la-sierra/
[379] *Ábide.*
[380] (1988: 167).

antiguo compañero del grupo del Directorio le puede ser de mucha utilidad. Se ha puesto de pie el verdadero Juan Nuiry, con su uniforme del Ejército Rebelde y sus grados de capitán. Casi a la misma hora, Castro le escribe a Ernesto Guevara reprochándole el estrechar relaciones con el DR-13 en Las Villas, insulta a sus miembros y le ordena marchar junto a Camilo hacia la capital.

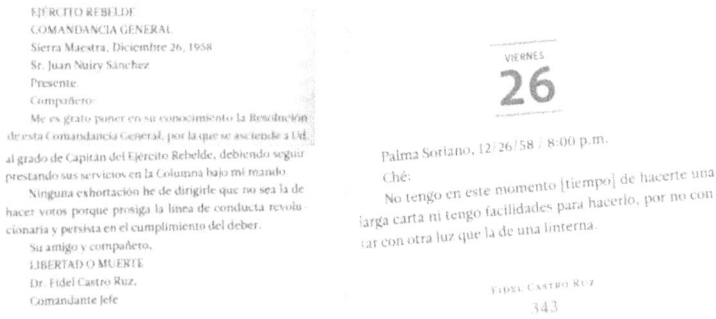

Fig. A2.2. Carta de Castro a Guevara y ascenso de Nuiry.
Fuente: Castro Ruz (2010a: 343-345, 346-347).

Desde ese momento, Juan Nuiry aparece constantemente al lado de Fidel Castro.

Fig. A2.3. Nuiry a la izquierda de Castro en Palma Soriano.
Fuente: Tomada de la Internet.

Con Fidel entra en Santiago de Cuba. Es uno de los pocos combatientes en el Ayuntamiento y uno de los oradores que preceden a Fidel. No hay nexo revolucionario ninguno entre el orador y la ciudad; solo que nació en ella.

¿Por qué esa relevancia a un combatiente que, al menos por lo que se sabe, ha ingresado en el M-26-7 hace apenas unas semanas? Castro necesita que se identifique al presidente de la FEU con el DR y, por ende, , con Echeverría.

Fig. A2.4. Acto en la Universidad de Oriente.
Fuente: Foto de archivo.

Cuando la Caravana de la Libertad parte de la ciudad de Santiago de Cuba, Nuiry continúa al lado de Fidel Castro. Comparten a lo largo del trayecto.

Fig. A2.5.Nuiry y Castro al salir la Caravana y en Santa Clara.
Fuentes: Tomadas de la Internet.

El 8 de enero de 1959, casi a las puertas de la capital, el jefe de la revolución ordena desviar la trayectoria de la Caravana de la Libertad y, luego de descansar unas horas en el Hotel Internacional de Varadero, se dirigen a Cárdenas. Al entrar en la ciudad va directo al hogar de la familia Echeverría-Bianchi. Fidel penetra en la casa, y tras saludar a los familiares solicita ser llevado a la habitación del líder estudiantil. Luego de sostener una breve e íntima conversación con los padres y hermanos de José Antonio se dirige al Cementerio para depositar una ofrenda floral en la tumba de Echeverría. Allí pronuncia unas breves palabras de recordación y homenaje a José Antonio y a los caídos en la guerra de liberación nacional. Resulta significativo que, en publicaciones oficiales, se afirma que Juan Nuiry se encontraba entre los acompañantes de Fidel Castro. Sin embargo, Lucy Echeverría me ha reiterado en varias ocasiones que el capitán Nuiry no estuvo presente ni en su casa ni en el cementerio. ¿Por qué?

La Caravana continúa hacia La Habana sin los familiares de José Antonio, que se han negado a ser los intermediarios para hacer "entrar en razones" a los miembros del DR-13. Castro no lo consiguió.

Junto a Fidel, Nuiry entra en el antiguo campamento de Columbia. Mientras sus antiguos compañeros esperan nerviosos por el discurso de Fidel Castro, Nuiry es presentado como el orador que precedería a Castro. Su discurso fue corto y nada revelador con respecto a la situación que se estaba viviendo.

De inmediato es nombrado Auditor General del Ejército Rebelde por Fidel Castro. No he podido encontrar una referencia sobre un posible contacto con los dirigentes del DR. Tampoco se hace mención –aunque, en honor a la verdad—no se puso por escrito la lista de participantes ni lo discutido o acordado, a su posible participación en la reunión del DR con Fidel Castro en la Universidad el 13 de enero de 1959. Obviamente, el ahora capitán del Ejército Rebelde Juan Nuiry Sánchez, estaba en el grupo ganador y no tuvo que atravesar por la zozobra y las humillaciones de sus antiguos compañeros. Un miembro del DR radicado en Miami me reiteró que se mantuvo a distancia pero, sin embargo, no dudó en hacerle un gran favor.

Se dedicó luego a labores académicas, la cual no revela una temporada en el Plan Pijama. Llegó incluso a representar a Cuba como embajador plenipotenciario en la FAO de las Naciones Unidas, como muestra esta foto junto a Fidel Castro.

Fig. A2.6. Juan Nuiry y Fidel Castro en una reunión de la
FAO.
Fuente: Foto de archivo.

Juan Nuiry falleció en La Habana el 19 de octubre de 2013 a la edad de 81 años. Por última vez se reveló su relación especial con la jerarquía. Su cadáver fue velado en el Aula Magna de la Universidad de la Habana. La prensa anunció que Fidel y Raúl Castro habían rendido honor al fallecido enviando sendas ofrendas florales.

Sus funerales contrastaron con los de Carlos (el Chino) Figueredo —el chofer del auto de José Antonio que no se desvió como Nuiry de la ruta ordenada en el trayecto de Radio Reloj a la Universidad. Un amigo calificó a Figueredo de haber sido "un personaje irrelevante en el proceso de la revolución que tuvo un entierro irrelevante". *El Blog de Pedro Schwarze*, en su edición del 26 de marzo de 2009, apunta que "el Diario *Granma* de este jueves no le dedicó una línea al Chino Figueredo". Pero sí anunció el falleci-miento del director del conjunto de baile "Los guaracheros de Regla", la comparsa más popular de Cuba. En 2013 fueron invitados al Carnaval de Veracruz. A la hora de regresar, 21 miembros decidieron permanecer en México para dirigirse luego a Miami. Estaban cansados de llevar con hipocresía la máscara del carnaval fidelista que ocultaba sus verdaderos sentimientos. Juan Nuiry nunca necesitó esa máscara. La pregunta "¿Se pudiera parar, por favor, el verdadero Juan Nuiry?" del final del programa de televisión "Decir la verdad", ya había sido contestada desde mucho antes de la victoria que Fidel Castro le escamoteó al pueblo de Cuba.

211

REFERENCIAS

Alarcón, Ricardo. 2007. "El movimiento revolucionario en la enseñanza media". EN *Memorias de la Revolución*, pp. 295-322. Enrique Oltuski, Héctor Rodríguez y Eduardo Torres-Cueva (Coordinadores). La Habana: Imagen Contemporánea.

Alarcón Ramírez, Dariel. 1997. *Memorias de un soldado cubano – Vida y muerte de la revolución*. Barcelona: Tusquets Editores.

Alfonso, Pablo. 1991. *Los fieles de Castro*. Miami: Ediciones Cambio.

Álvarez, José. 2008. *Principio y fin del mito fidelista*. Victoria, BC, Canada: Trafford Publishing.

Álvarez, José. 2009. *Frank País y la revolución cubana*. Denver: Outskirts Press.

Álvarez, José. 2014. *Anatomía de un incendio*. Kindle Book. Amazon.com.

Álvarez, José. 2014. *Fidel Castro's agricultural follies: absurdity, waste and parasitism*. North Charleston, SC: CreateSpace.

Álvarez, José. 2016. *Tu libertad no es mía*. Madrid, España: Lácre Ediciones.

Álvarez Blanco, Ernesto A. 2009. *Subiendo como un sol la escalinata. Biografía de José A. Echeverría Bianchi. La Habana: Casa Editorial Abril*.

Álvarez Blanco, Ernesto. 2013. "La toma de Radio Reloj y la muerte del eterno presidente de la FEU". *El Cardenense*, jueves, 28 de marzo.
http://elcardenense.blogspot.com/2013_03_01.archive.html

Álvarez Estévez, Rolando. 1999. *Un día de abril de 1958*. La Habana: Editorial Letras Cubanas.

Álvarez Tabío, Pedro y Otto Hernández. 1980. *El combate del Uvero*. La Habana: Editorial Gente Nueva, 1980.

Anderson, Jon Lee. 1997. *Che Guevara – a revolutionary life*. New York: Grove Press.

Anderson, Jon Lee. 1997. *Che Guevara – una vida revolucionaria.* Barcelona: Emecé Editores.

Anillo, René. 1969. *Biografía de José Antonio Echeverría.* La Habana: Editorial de Ciencias Sociales.

Barquín, Ramón M. 1975. *Las luchas guerrilleras en Cuba - De la Colonia a la Sierra Maestra.* Tomo 1. Madrid: Editorial Playor.

Barroso, Miguel. 2009. *Un asunto sensible – Tres historias cubanas de crimen y traición.* Barcelona: Mondadori.

Beruvides, Esteban M. 2001. *Cuba: archivos confidenciales BI, PN; SIM, EC; SIN, MG. Tomo 3.* Miami: Colonial Press International.

Bianchi Ross, Ciro. 2005. "Orlando Piedra: El hombre de oro de Batista". **EN** Colectivo de autores, *Welcome home: torturadores, asesinos y terroristas refugiados en EE.UU.* La Habana: Editorial Capitán San Luis, pp. 41-59.

Blanco Castiñeira, Katiuska. 2012a. *Fidel Castro Ruz: GUERRILLERO DEL TIEMPO – Conversaciones con el líder histórico de la Revolución Cubana.* Panamá: Ruth Casa Editorial. Primera Parte, Tomo I.

Blanco Castiñeira, Katiuska. 2012b. *Fidel Castro Ruz: GUERRILLERO DEL TIEMPO – Conversaciones con el líder histórico de la Revolución Cubana.* Panamá: Ruth Casa Editorial. Primera Parte, Tomo II.

Bolívar, Natalia. 2011. "Batista era mayombero, santero y practicante de Ifá". *Letras y alternativas,* en https://napoleon03.wordpress.com/2011/06/01/natalia-bolivar-batista-era-mayombero-santero-y-practicante-de-ifa/.

Bonachea, Ramón L. y Marta San Martín. 1974. The Cuban insurrection, 1952-1959. New Brunswick: Transaction Books.

Briones Montoto, Newton. 2015. *¿Víctima o culpable? La delación de Humboldt 7.*Panamá: Ruth Casa Editorial.

Buch Rodríguez, Luis M. y Reinaldo Suárez Suárez. 2002. *Otros pasos del gobierno revolucionario cubano.* La Habana: Editorial de Ciencias Sociales.

Castañeda, Jorge G. Translated from the Spanish by Marina Castañeda. 1998. *Compañero – The life and death of Che Guevara*. New York: Vintage Books.

Castillo Bernal, Andrés. 1989. *Tronaron los fusiles Sierra abajo*. La Habana: Editorial Pablo de la Torriente.

Castro, Fidel. 1975. *La revolución cubana*. México, DF: Ediciones Era, 2da. ed.

Castro, Fidel. 1964. "Segunda vista del juicio contra el delator Marcos Rodríguez". *Revista Bohemia*, abril 3, pp. 28-77.

Castro, Fidel & Ignacio Ramonet. 2006. *Fidel Castro – My life: a spoken autobiography*. *New York: Scribner*.

Castro, Juanita (Memorias de) (Contadas a María Antonieta Collins). 2009. *Fidel y Raúl. Mis hermanos – la historia secreta*. Miami: Aguilar, Santillana.

Castro Figueroa, Abel R. 2012. *Quo vadis, Cuba: religión y revolución*. Bloomington, **IN**: Palibrio.

Castro Ruz, Fidel. 2010a. *De la Sierra Maestra a Santiago de Cuba – La contraofensiva estratégica*. La Habana: Oficina de Publicaciones del Consejo de Estado.

Castro Ruz, Fidel. 2010b. *Por todos los caminos de la Sierra – La victoria estratégica*. La Habana: Oficina de Publicaciones del Consejo de Estado.

Castro, Fidel e Ignacio Ramonet. 2008. *Fidel Castro – My life – A spoken autobiography*. New York: Scribner.

Casuso, Teresa. 1961. *Cuba and Castro*. New York: Random House.

Causa 1/89. Fin de la conexión cubana. 1989. La Habana: Editorial José Martí, 3ra. Ed.

Cercas, Javier. 2009. *Anatomía de un instante*. Barcelona: Mondadori.

Chao, Raúl Eduardo. 2014. *Three days in March*. Miami: Ediciones Universal.

Cherson, Samuel B. 1982. *José Antonio Echeverría: Guía del pueblo cubano: A los 25 años de su muerte.* Miami, Florida, 13 de marzo.

Chomón, Faure. 1969. *El asalto al palacio presidencial.* La Habana: Editorial de Ciencias Sociales.

Chomón, Faure. 2007. "La hombrada de José Antonio". **En** Oltuski Ozacki et al. (Coord.) *Memorias de la revolución,* pp. 194-205.

Colección Latinoamericana de Antarca. 1987. *Diario de la guerra.* Buenos Aires: Editorial Antarca.

Conte Agüero, Luis. 1959. *Cartas del presidio – Anticipo de una biografía de Fidel Castro.* La Habana: Editorial Lex.

DePalma, Antony. 2006. *The man who invented Fidel: Castro, Cuba and Herbert L. Matthews of the New York Times.* New York: Public Affairs.

De la Cova, Antonio Rafael. 2007. *The Moncada attack: birth of a revolution.* Columbia: University of South Carolina Press.

Directorio Revolucionario Estudiantil de Cuba. n/d. *Humboldt 7 y el comunismo cubano.* Ciudad Panamá: Directorio Revolucionario Estudiantil de Cuba.

Dorschner, John y Roberto Fabricio. 1980. *The winds of December.* New York: Coward, McCann & Geoghegan.

Draper, Theodore. 1970. *Castro's revolution: myths and realities.* New York: Praeger Publishers, 10th ed.

Escalante, Amels. 2007. "La victoria en la Sierra Maestra". **En** Oltuski Ozacki et al. (Coord.) *Memorias de la revolución,* pp. 341-352.

Farber, Samuel. 1976. *Revolution & reaction in Cuba, 1933-1960 – A political sociology from Machado to Castro.* Middletown: Wesleyan University Press.

Farber, Samuel. 2006. *The origins of the Cuban revolution reconsidered.* Chapel Hill: The University of North Carolina Press.

Fernández Cuenca, Waldo. 2010. "Anatomía de un enfrentamiento. ¿La paz? " *Cubaencuentro,* 1 de enero.

http://www.cubaencuentro.com/opinion/historias-de-fondo/anatomia-de-un-enfrentamiento-la-paz-228521.

Fernández León, Julio. 2007. *José Antonio Echeverría – Vigencia y presencia*. Miami: Ediciones Universal.

Fernández Miranda, Roberto. 1999. *Mis relaciones con el General Batista*. Miami: Ediciones Universal.

Figueras Pérez, Luis y Marisel Salles Fonseca. 2002. *Guantánamo insurrección – apuntes para una cronología crítica 1958*. Guantánamo: Editorial El Mar y la Montaña.

Franqui, Carlos. 1976. *Diario de la revolución cubana*. Barcelona: Ediciones R. Torres.

Franqui, Carlos. 1981. *Retrato de familia con Fidel*. Barcelona: Editorial Seix Barral.

Franqui, Carlos. 1988. *Vida, aventuras y desastres de un hombre llamado Castro*. Barcelona: Editorial Planeta.

Franqui, Carlos. 2006. *Cuba, la revolución: ¿mito o realidad? – Memorias de un fantasma socialista*. Barcelona: Ediciones Península.

Furiati, Claudia. Traducción de Rosa S. Corgatelli. 2003. *Fidel Castro – La historia me absolverá*. Barcelona: Plaza Janés.

Gálvez Rodríguez, William. 1991. *Frank: Entre el sol y la montaña*. La Habana: Unión de Escritores y Artistas de Cuba, 2 vols.

García Oliveras, Julio. 1959. "La operación de Radio-Reloj". (Tal como lo relató a Luis Rolando Cabrera). *Revista Bohemia*, Marzo 15, pp. 10-12, 152-153.

García Oliveras, Julio A. 1979. *José Antonio Echeverría: La lucha estudiantil contra Batista*. La Habana: Editorial Política.

García Oliveras, Julio A. 1998. "El Directorio Revolucionario en 1958", *Revista Santiago* (84-85): 93-103.

García Oliveras, Julio. 2003. *Los estudiantes cubanos*. La Habana: Ediciones Abril.

Gay-Sylvestre, Dominique (Coord.) 2007. *La revolución cubana – miradas cruzadas (1959-2006)* Gran Canaria: Ediciones Idea.

Geyer, Georgie Anne. 1991. *Guerrilla prince: The untold story of Fidel Castro*. Boston, MA: Little, Brown and Company.

González, Sergio-Albio. 2010. *El gordo y todos los demás – Una Cuba que fue*. Barcelona: Parnass Ediciones.

Guerra Alemán, José. 1971. *Barro y cenizas – Diálogos con Fidel Castro y el "Che" Guevara*. Madrid: Fomento Editorial.

Guevara, Ernesto. 1964. "Una reunión decisiva". *Revista Verde Olivo*, 22 de noviembre.

Guevara, Ernesto. 1967a. *Pasajes de la Guerra revolucionaria*. Reproducido en https://diario-octubre.com/?p=51519.

Guevara, Ernesto. 1967b. "Prefacio a El partido marxista-leninista". En Regis Debray, *Revolution in the revolution?* New York: Grove Press.

Guevara, Ernesto. 1968. *Reminiscences of the Cuban revolutionary war*. New York: Grove Press.

Gutiérrez, E.I. 2010. *Un Castro desconocido: una convergencia fatal – The unknown Castro: a fatal convergence*. Xlibris.

Halperin, Maurice. 1974. *The rise and decline of Fidel Castro*. Berkeley: University of California Press.

Halperin, Maurice. 1981. *The Taming of Fidel Castro*. Berkeley y Los Angeles: University of California Press.

Harnecker, Marta. 1987. *From Moncada to victory. Fidel Castro's political strategy*, with *History will absolve me by Fidel Castro*. New York: Pathfinder.

Harnecker, Marta. 2001. "José Antonio Echeverría: El movimiento estudiantil en la revolución cubana". Rebelión – Movimientos Sociales. (http://www.rebelion.org/hemeroteca/sociales/harnecker070701.htm).

Hart Dávalos, Armando. 1998. *Aldabonazo*. Madrid: Ediciones Libertarias.

"Historia de Bayamo". 1968. *Revista de la Universidad de la Habana* 32: 192.

Hoffman, Wendell L. 1957. "Fidel Castro en el Pico Turquino." *Revista Bohemia* 49:21 (26 de mayo), pp. 70-72, 97-98.

Hurtado Tandrón, Aremis A. 2005. *Directorio Revolucionario 13 de Marzo – Las Villas*. La Habana: Editorial Política.

Infante, Enzo. 2007. "La reunión de Altos de Mompié". **En** Oltuski Ozacki et al. (Coord.) *Memorias de la revolución*, pp. 323-340.

Karol, K.S. 1970. *Guerrillas in power - The course of the Cuban revolution*. New York: Hill and Wang.

Kozolchyk, Boris. 1966. *The political biographies of three Castro officials*. Memorandum RM-4994-RC. Santa Monica: The Rand Corporation.

Kushner, Rachel. 2008. *Telex from Cuba*. New York: Scribner.

"La radiodifusión por Frecuencia Modulada (FM) en Cuba". *Radio Cubana, ICRT,* 22 de abril de 2013. http://www.radiocubana.cu/index.php/historia-de-la-radio-cubana/2434.

Latell, Brian. 2012. *Castro's secrets: The CIA and Cuba's intelligence machine*. New York: Palgrave Macmillan.

Lazo, Mario. 1968. *American policy failures in Cuba - Dager in the heart!* New York: Twin City Publishing.

Llerena, Mario. 1978. *The unsuspected revolution – The birth and rise of Castroism*. Ithaca: Cornell University Press.

Llovio-Menéndez, José Luis. Translated by Edith Grossman. 1988. *Insider – My hidden life as a revolutionary in Cuba*. New York: Bantam Books.

López Rivero, Sergio. 2007. *El viejo traje de la revolución – Identidad colectiva, mito y hegemonía política en Cuba*. Valencia: Universidad de Valencia.

Martín Medem, José Manuel. 2014. *El secreto mejor guardado de Fidel – los fusilamientos del narcotráfico.* Madrid: Catarata.

Masetti, Jorge Ricardo. 2006. *Los que luchan y los que lloran (El Fidel Castro que yo vi) Y otros escritos inéditos.* Buenos Aires: Nuestra América.

Massón Sena, Caridad. 2009. "Proyectos y accionar del Partido Socialista Popular entre 1952 y 1958." **En** Valmaña Lastres, Sandra (Ed.) *1959: Una rebelión contra las oligarquías y los dogmas revolucionarios.* La Habana: Ruth Casa Editorial, pp. 225-247.

Matos, Huber. 2002. *Cómo llegó la noche.* Barcelona: Tusquets Editores., 2da. ed.

Matthews, Herbert L. 1961. *The Cuban story.* New York: George Braziller.

Matthews, Herbert L. 1970. *Fidel Castro.* New York: A Clarion Book by Simon & Schuster.

Matthews, Herbert L. 1975. *Revolution in Cuba – A new look at Castro's Cuba.* New York: Charles Scribner's Sons.

Mencía, Mario. 1980. *La prisión fecunda.* La Habana: Editora Política.

Mencía, Mario. 2007a. "El Directorio Revolucionario y la FEU de José Antonio Echeverría". **En** Oltuski Ozacki et al. (Coord.) *Memorias de la revolución,* pp. 166-193.

Mencía, Mario. 2007b. "La huelga del 9 de abril de 1958". **En** Oltuski Ozacki et al. (Coord.) *Memorias de la revolución,* pp. 269-294.

Morán Arce, Lucas. 1980. *La revolución cubana: Una versión rebelde.* Ponce, PR: Imprenta Universitaria, Universidad Católica.

Muller, Alberto. 2014. *Che Guevara – Valgo más vivo que muerto.* Madrid: Editorial Biblioteca Nueva.

Nuiry Sánchez, Juan. 1988. *¡Presente!* La Habana: Editorial de Ciencias Sociales.

Nuiry, Juan. 2007. "Cincuenta años en la memoria". **En** Oltuski

Ozacki et al. (Coord.) *Memorias de la revolución*, pp. 221-230.

Oltuski, Enrique. 2000. *Gente del llano*. La Habana: Ediciones Imagen Contemporánea.

Oltuski Ozacki, Enrique. 2002. *Vida clandestina - My life in the Cuban revolution*. New York: Wiley.

Oltuski Ozacki, Enrique, Héctor Rodríguez Llompart y Eduardo Torres-Cuevas (Coord.) 2007. *Memorias de la revolución*. La Habana: Ediciones Imagen Contemporánea.

Oppenheimer, Andrés. 1992. *Castro's final hour – An eyewitness account of the disintegration of Castro's Cuba*. New York: Touchstone.

Ordoqui García, Joaquín. 2004. "El Partido Socialista Popular (1934-1961) y su relación con el gobierno de Castro". *Encuentro* 32 (primavera): 102-115.

Padrón, José Luis y Luis Adrián Betancourt. 2008. *Batista: Últimos días en el poder*. La Habana: Ediciones Unión.

Pardo Llada, José. 1988. *Fidel y el «Che»*. Barcelona: Plaza & Janés.

Paterson, Thomas G. 1994. *Contesting Castro – The United States and the triumph of the Cuban revolution*. New York: Oxford University Press.

Pavón, Luis (ed.) 1970. *Días de combate*. La Habana: Instituto del Libro.

Pellecer, Carlos Manuel. 1967. *Útiles después de muertos*. México: R. Costa-Amic, Editor, 2da. Ed.

Pérez Cabrera, Arístides. Ramón. 2007. *De Palacio hasta Las Villas – En la senda del triunfo*. La Habana: Editorial Nuestra América.

Pérez Cabrera, Arístides, Ramón. 2010. *La revolución – pilares del socialismo en Cuba. Lexington, 2da. Ed.*

Portes, Alejandro and Alex Stepick. 1993. *Citiy on the edge – the transformation of Miami*. Berkeley and Los Angeles: The University of California Press.

Portuondo López, Yolanda (Comp.) 1986. *30 de noviembre: El heroico levantamiento de la ciudad de Santiago de Cuba.* Santiago de Cuba: Editorial Oriente.

Prieto Blanco, Alejandro. 2014. *Fidel Castro – escupiré sobre su tumba.* Sevilla: Punto Rojo Libros.

Quirk, Robert E. 1993. *Fidel Castro.* New York: W.W. Norton.

Raffy, Serge. 2006. *Castro, el desleal.* Doral, FL: Santillana USA Publishing Co.

Raimundo, Daniel Efraín. 1994. *Habla el coronel Orlando Piedra.* Miami: Ediciones Universal.

Ramonet, Ignacio. 2006. *Cien horas con Fidel.* La Habana: Oficina de Publicaciones del Consejo de Estado, septiembre.

Rasco, José Ignacio. 1993. "Semblanza de Fidel Castro: Los rasgos característicos del personaje". **En** http://mailgate.supereva. 2013. "Semblanza de Fidel Castro", **En** http://www.cubanet.org/otros/semblanza-de-fidel-castro/

Robreño, Jorge. 1973. *La verdad, aunque severa – Cuba 1902-1972.* Barcelona: Tecnisa.

Rodríguez, Osvaldo Fructuoso. 2007. "Humboldt 7 y el hombre que delató a mi padre". *Miami Herald,* 20 de abril. Reproducido en *Letras y alternativas:* https://napoleon03.wordpress.com/2011/03/06/humboldt-7-y-el-hombre-que-delato-a-mi-padre/

Rodríguez Loeches, Enrique. 1982. *Bajando del Escambray.* La Habana: Editorial Letras Cubanas.

Rodríguez Pérez, Orlando. 2001. *Testimonios de un rebelde – Episodios de la revolución cubana, 1944-1963.* Miami: Ediciones Universal.

Rosabal, Heriberto. 2005. "Esteban Ventura Novo: el hombre del traje blanco". **EN** Colectivo de autores, *Welcome home: torturadores, asesinos y terroristas refugiados en EE.UU.* La Habana: Editorial Capitán San Luis, pp. 7-25.

Sánchez, Juan Reinaldo. 2014. *La vida oculta de Fidel Castro*. Barcelona: Ariel.

Sauvage, Leo. 1963. *Autopsia del castrismo*. Madrid: Ediciones Cid.

Skierka, Volker. Translated by Patrick Camiller. 2006. *Fidel Castro – a biography*. Cambridge: Polity Press.

Smith, Earl E.T. 1990. *The fourth floor – an account of the Castro Communist revolution*. Washington, DC: U.S. Cuba Press, 3rd. ed.

Suárez, Andrés. 1967. *Cuba: Castroism and communism, 1959-1966*. Cambridge, MA: The MIT Press.

Suárez, Eugenio. 2013. "La huelga del 9 de abril de 1958". *Boletín Revolución*, No. 24. Abril.

Suárez Pérez, Eugenio y Acela A. Caner Román. 2006. *Fidel: De Cinco Palmas a Santiago*. Ciudad de La Habana: Editorial Verde Olivo.

Suárez Suárez, Reinaldo. 2001. *Un insurreccional en dos épocas - Con Antonio Guiteras y con Fidel Castro*. La Habana: Editorial de Ciencias Sociales.
(Disponible en http:www.lajiribilla.cu/pdf/ libro_villena.html).

Suárez, Reinaldo. 2007. "El gobierno revolucionario en armas". **En** Oltuski Ozacki et al. (Coord.) *Memorias de la revolución*, pp. 353-385.

Suárez Suárez, Reinaldo. 2009. "El gobierno provisional revolucionario (enero- febrero de 1959), *Ciencia en su PC, No.1 , 4 pp*.

Sweig, Julia. 2002. *Inside the Cuban revolution – Fidel Castro and the urban underground*. Cambridge: Harvard University Press.

Symmes, Patrick. 2007. *The boys from Dolores – Fidel Castro's schoolmates from revolution to exile*. New York: Vintage Books.

Szulc, Tad. 1986. *Fidel – a critical portrait*. New York: William Morrow.

Taber, Robert. 1961. *M-26 biography of a revolution*. New York: Lyle Stuart.

Taborda, Gabriel E. 2009. *Palabras esperadas – Memorias del General Francisco H. Tabernilla Palmero.* Miami: Ediciones Universal.

Taibo, Paco Ignacio. 1996. *Ernesto Guevara - También Conocido Como el Che.* México, DF: Grupo Editorial Planeta.

Thomas, Hugh. 1971. *Cuba - The pursuit of freedom.* New York: Harper & Row.

Thomas, Hugh. 1977. *The Cuban revolution.* New York: Harper & Row.

Valls, Jorge. 1986. *Twenty years and forty days: Life in a Cuban prison.* New York: Americas Watch.

Valmaña Lastres, Sandra (Ed.) 2009. *1959: Una rebelión contra las oligarquías y los dogmas revolucionarios.* La Habana: Ruth Casa Editorial.

Zito, Miriam. 1998. *Asalto.* La Habana: Ediciones Abril.

Zweig, Stefan. Traducción de Manuel Lobo. 2000. *Novela de ajedrez.* Barcelona: Acantilado.

ACERCA DEL AUTOR

José Álvarez (Antilla, Cuba, 1940). Siendo un adolescente se opuso a la dictadura de Fulgencio Batista. Luego ingresó en las filas del Movimiento 26 de Julio cuando se fundó en 1955 y militó en el mismo hasta su desaparición en 1960. A fines de 1961 rompió con el gobierno de Fidel Castro. Algunas de sus experiencias las narra en la sección de este libro titulada "La necesidad de repensar la Historia", además de su encuentro fortuito con el cadáver de José Antonio Echeverría durante su recorrido la tarde del 13 de marzo de 1957. Desde hace varias décadas investiga y escribe sobre el período 1952-1959 que llevó a Fidel Castro al poder absoluto en Cuba. Ha publicado varios libros sobre el tema que han sido acreedores a varios premios y reconocimientos nacionales e internacionales. El Dr. Álvarez es Profesor Emérito de la Universidad de la Florida y reside en Wellington, Florida, con su esposa, hijos y nietos.

www.ingramcontent.com/pod-product-compliance
Lightning Source LLC
Chambersburg PA
CBHW060244290526
45789CB00001B/190